O CREME DO CRIME

E. C. Bentley

O ÚLTIMO CASO DE TRENT

Jorge Zahar Editor

Ju 4

4

H

O Último Caso de Trent

coleção

O CREME DO CRIME

E. C. Bentley

O Último Caso de Trent

Tradução:
José Sanz

Jorge Zahar Editor
Rio de Janeiro

Título original: *Trent's Last Case*

Tradução autorizada da edição norte-americana
publicada em 1944 por Alfred A. Knopf, EUA

Jorge Zahar Editor Ltda.
rua México 31 sobreloja
20031 Rio de Janeiro, RJ

Produção editorial *Revisão*: Andréa Farias (copy); Vera Garrido, Shirlei Nataline, Cecília Devus (tip.); *Diagramação*: Celso Bivar; *Capa*: Gilvan Francisco da Silva (arte-final); *Composição* e *Impressão*: Tavares e Tristão Gráfica e Editora de Livros Ltda.

ISBN: 85-7110-015-2

Sumário

Principais Personagens

Sigsbee Manderson
Um potentado da Wall Street que encontra morte súbita

Sir James Molloy
Jornalista que arrasta Philip Trent para o seu último caso

Calvin Bunner
Um dos secretários de Manderson

Mabel Manderson
A encantadora esposa de Manderson

Philip Trent
Um artista com talento para investigações criminais

Dr. Stock
O legista que realiza a autópsia

Nathaniel B. Cupples
Tio de Mabel

John Marlowe
O outro secretário de Manderson

Inspetor Murch
Do Departamento de Investigações Criminais da Scotland Yard

Martin
Mordomo em White Gables

Celestine
A criada muito francesa da Sra. Manderson

Para GILBERT KEITH CHESTERTON

Meu caro Gilbert:

Dedico esta história a você. Primeiro: porque o único motivo realmente nobre que tive para escrevê-la foi a esperança de que você gostasse dela. Segundo: porque lhe devo um livro em troca de *O homem que era quinta-feira*. Terceiro: porque lhe disse que a escreveria quando lhe expus o plano, rodeado de franceses, faz agora dois anos. Quarto: porque relembro o passado.

Estive pensando hoje de novo naqueles dias surpreendentes em que nenhum de nós jamais olhava para um jornal; quando éramos pura e simplesmente felizes no ilimitado consumo de papel, lápis, chá e a paciência dos nossos pais; quando abraçávamos a mais austera literatura e apenas produzíamos leitura amena na medida das nossas necessidades; quando (nas palavras do poeta do Canadá) estudávamos as obras da natureza, inclusive aquelas pererecas. Enfim, quando éramos extremamente jovens.

Em consideração para com aquela idade, ofereço-lhe este livro. Sempre seu,

E. C. BENTLEY

I
Más Notícias

ENTRE O QUE TEM IMPORTÂNCIA e o que apenas parece tê-la, como deve o mundo que conhecemos julgá-lo sabiamente?

Quando o cérebro ardiloso e indomável de Sigsbee Manderson foi estraçalhado por um tiro de origem desconhecida, esse mundo nada perdeu que valesse uma única lágrima; ganhou algo memorável num severo lembrete da fatuidade da fortuna que esse morto acumulara — sem ter feito um amigo leal para chorar sua perda, sem ter realizado qualquer ato que contribuísse para honrar um mínimo de sua memória. Mas, quando foram divulgadas as notícias de seu trágico fim, pareceu aos que viviam nos grandes turbilhões dos negócios que a própria Terra tinha tremido sob o impacto do golpe.

Em toda a lúgubre história comercial do seu país, não houve um vulto que tivesse se imposto tanto no cérebro do mundo dos negócios. Ele tinha uma posição especial em seus templos. Gigantes financeiros, fortes para dirigir e aumentar as forças do capital e desfrutando de uma taxa aprovada em milhões para seu trabalho, já haviam existido antes mas, no caso de Manderson, houvera aquela singularidade de um pálido halo de romance plagiado, uma coisa especialmente cara aos corações dos seus compatriotas, ter permanecido impropriamente sobre sua cabeça através dos anos, quando ele se manteve aos olhos de todos como o indiscutível guardião da estabilidade, o aniquilador de crises provocadas, o inimigo dos chefetes incursores que infestavam os limites de Wall Street.

A fortuna deixada por seu avô, que havia sido um desses chefetes em menor escala no seu tempo, tinha chegado a ele aumentada por seu pai, que, no decorrer de sua longa vida, continuara silenciosamente a emprestar dinheiro e nunca chegara à reserva. Manderson, que em tempo algum soubera o que era estar desprovido de grandes somas, poderia ter feito parte dessa mais nova plutocracia americana, que era mantida pela tradição e hábito de grande fortuna. Mas não era assim. Enquanto sua criação e educação lhe transmitiram as idéias européias adequadas a um homem rico com a devida aparência externa; enquanto incutiram nele um instinto para a tranqüila magnificência, para a suntuosidade maior que não se gaba de si mesma; ainda assim foi-lhe passado muito do aventureiro de Quarenta e Nove * e pirata financeiro, seu antepassado. Durante esse primeiro período de sua carreira de negócios, que tinha sido chamada sua primitiva má educação, ele tinha sido pouco mais que um jogador de talento, sua mão contra a de todos os outros — uma criança prodígio que acrescentou à cativante perseguição da especulação um cérebro melhor dotado que o de qualquer adversário. Em St. Helena, determinaram que a guerra é *une belle occupation;* e desse modo o jovem Manderson descobriu a múltipla e complicada briga de cães da Bolsa de Valores de Nova York.

Então aconteceu sua mudança. Com a morte do pai, quando Manderson tinha 30 anos de idade, uma nova revelação do poder e da glória do deus a quem servia pareceu ter baixado sobre ele. Com a súbita e elástica adaptação da sua nação, ele dedicou-se a um trabalho firme no negócio bancário do pai, fechando os ouvidos ao som dos combates na Bolsa. Em poucos anos conseguiu controlar toda a atividade da grande firma, cujos conservadorismo inatacável, segurança e poder financeiro a transformaram num rochedo sobre o mar encapelado dos mercados. Toda a desconfiança proveniente do seu comportamento juvenil tinha desaparecido. Era um homem inteiramente diferente. Como a mudança acontecera ninguém sabia ao certo, mas havia uma história sobre certas últimas palavras ditas por seu pai, a única pessoa a quem ele tinha respeitado e talvez amado.

Ele começou a dominar a situação financeira. Logo seu nome era citado nas bolsas do mundo. Quem citasse o nome de Manderson evocava uma visão de tudo o que era firme e amplamente baseado na vasta riqueza dos Estados Unidos. Ele planejou grandes combinações de capitais, juntou e centralizou indústrias de extensão con-

---

* Assim eram chamados os aventureiros que partiram para a Califórnia em 1849 em busca de ouro. (N. T.)

tinental, financiando com infalível julgamento os amplos desígnios de estado ou empresa privada. Muitas das vezes em que "assumiu o comando" para esmagar uma greve ou para reunir-se à posse de um grande campo de trabalho provocou a ruína de uma enorme quantidade de lares modestos; e, se mineiros ou metalúrgicos ou pecuaristas o desafiavam e provocavam desordem, ele podia ser mais ilegal e impiedoso que os oponentes. Mas isso era feito com finalidades comerciais legítimas. Dezenas de milhares de pobres podiam amaldiçoar seu nome, mas nem por isso o financista e o especulador o execravam menos. Ele estendia a mão para proteger ou manipular o poder da riqueza em cada canto do país. Violento, frio e imperturbável, em tudo o que fazia atendia ao desejo ansioso de grandeza; e um país agradecido apelidou-o de Colosso.

Contudo, havia um aspecto de Manderson, do seu último período, que permaneceu durante muito tempo desconhecido e insuspeitado, a não ser por uns poucos secretários e prepostos, além de alguns sócios do seu violento tempo passado. Esse pequeno círculo sabia que Manderson, o pilar de negócios sérios e estabilidade nos mercados, tivera suas horas de saudade dos tempos animados em que Wall Street tremia ao ouvir seu nome. Foi, disse um deles, como se o Barba Negra tivesse se instalado como um comerciante decente em Bristol com a pilhagem do Main. De vez em quando o pirata ficaria subitamente atento, a faca entre os dentes e os fósforos crepitando na fita do seu chapéu. Durante tais espasmos de reviravolta, uma quantidade de incursões tempestuosas sobre o mercado tinham sido planejadas no papel, na sala interna dos escritórios de Manderson, Colefax e Companhia. Porém, nunca foram realizadas. Barba Negra dominaria a revolta do seu velho eu no íntimo e desceria contidamente para seu escritório... solfejando talvez um ou dois versos de "Mulheres Espanholas" de forma quase inaudível. Manderson se permitiria a inofensiva satisfação, tão logo passasse o tempo de ação, de mostrar a algum Rupert dos mercados como um *coup* * poderia valer um milhão ao saqueador que o executasse. "Parece-me", diria quase saudosamente, "que Wall Street vai ficar um lugar muito chato quando eu cair fora." Pouco a pouco, essa cordial fraqueza do Co-

* Em francês no original: golpe. (N. T.)

losso foi-se tornando conhecida do mundo dos negócios, que exultou enormemente ao tomar conhecimento.

À notícia da sua morte, o pânico espalhou-se pela zona comercial como um furacão; pois tinha chegado num momento infeliz. Os preços tremeram e desabaram como torres num terremoto. Durante dois dias, Wall Street foi um barulhento inferno de grande desespero. Por todos os Estados Unidos, onde quer que a especulação tivesse seus devotos, passou uma rajada de ruínas, uma praga de suicídios. Também na Europa não foram poucos os que tomaram nas próprias mãos vidas que tinham se tornado lamentavelmente ligadas ao destino de um financista que a maioria deles jamais vira. Em Paris, um banqueiro muito conhecido saiu silenciosamente da Bolsa e caiu morto nos amplos degraus entre a multidão de encolerizados judeus com um frasco esmagado na mão. Em Frankfurt, um pulou do cimo de uma catedral, deixando uma mancha sangrenta onde se chocara contra a torre vermelha. Homens apunhalavam-se, atiravam uns nos outros e se estrangulavam, bebiam a morte ou a respiravam como ar, porque num solitário canto da Inglaterra a vida tinha fugido de um coração gélido, dedicado ao serviço da ganância.

O golpe não poderia ter acontecido num momento mais desastroso. Aconteceu quando Wall Street estava numa condição de "pânico" contido — contido porque, durante a semana anterior, os grandes interesses que, sabia-se, iriam agir com o Colosso ou ser realmente controlados por ele estiveram desesperadamente combatendo os efeitos da súbita prisão de Lucas Hahn e da revelação do saque dos bancos Hahn. Essa surpresa estarrecedora, por sua vez, tinha acontecido numa hora em que o mercado tinha sido "impulsionado" além de sua força real. Na maneira de dizer local, esperava-se um colapso. Os informes recebidos não eram bons, e houve dois ou três relatórios de ferrovias que poderiam ter sido muito melhores do que foram. Mas, na vasta área da especulação, não importando a que ponto o tremor da quebra ameaçadora tenha sido sentido, "a turba de Manderson" afluiu e manteve o mercado em alta. Durante toda a semana a mente do especulador, tão superficial quanto arguta, tão sentimental quanto ávida, tinha visto nisso a mão do gigante estendida de longe como uma proteção. Manderson, disseram os jornais unanimemente, comunicava-se a cada instante com seus prepostos em Wall Street. Um jornal foi capaz de dar em números redondos a quantia gasta em telegramas entre Nova York e

Marlstone nas últimas 24 horas; ele contou como um pequeno grupo de telegrafistas foi enviado pelas autoridades postais a Marlstone para se ocupar da quantidade de telegramas. Um outro revelou que Manderson, às primeiras notícias da quebra de Hahn, tinha conseguido interromper seu feriado e voltado para casa no *Mauretania;* mas que ele imediatamente controlou tão bem a situação que resolveu permanecer onde estava.

Tudo isso era inexato, elaborado mais ou menos conscientemente pelos "editores financeiros", conscientemente iniciado e encorajado pelos astutos homens de negócios do grupo Manderson, que sabiam que nada poderia ajudar mais seus planos que essa ilusão de veneração — sabiam também que nenhuma palavra tinha chegado de Manderson em resposta às suas mensagens e que Howard B. Jeffrey, famoso na indústria de aço e ferro, era o verdadeiro organizador da vitória. Portanto, combateram a apreensão durante os quatro dias febris, e as cabeças se acalmaram. No sábado, apesar de o solo sob os pés do Sr. Jeffrey ainda ser acometido de vez em quando de resmungos vulcânicos de inquietação, ele considerava sua tarefa quase terminada. O mercado estava firme e crescia lentamente. Wall Street voltou ao seu sono de sábado, abatida mas agradecidamente em paz.

Na primeira hora de negócios na segunda-feira, um hediondo boato espalhou-se pelos 240 mil metros quadrados do distrito financeiro. Ele penetrou à maneira dos relâmpagos: um piscar que pareceu ter início em lugar nenhum; embora houvesse a suspeita de que foi primeiro sussurrado pelo telefone — juntamente com uma ordem urgente de venda por um empregado do serviço de telegramas. Um espasmo agudo convulsionou a convalescente lista de ações. Em cinco minutos, o ruído surdo do mercado em Broad Street tinha subido para uma alta nota de frenética interrogação. Dentro da colméia da Bolsa podia-se ouvir um surdo zumbido de medo, e homens sem chapéus entravam e saíam apressados. Seria verdade? perguntavam todos; e todos respondiam, com lábios trêmulos, que era uma mentira veiculada por algum inescrupuloso interesse "menor", tentando proteger-se. Em outros quinze minutos chegaram notícias de um súbito e ruinoso colapso de "Yankees" em Londres no fechamento da Bolsa naquele dia. Era demais. Nova York ainda tinha quatro horas de negócios pela frente. A estratégia de apontar para Manderson como o salvador e protetor dos mercados tinha recaído sobre seus autores com força aniqüiladora, e Jeffrey, com o ouvido pregado no telefone particular, ouviu a história do desastre com o maxilar contraído. O novo Napoleão tinha perdido a sua Marengo.* Ele viu a completa paisagem financeira deslizando e tombando no caos diante dele. Em meia hora, as notícias da descoberta do corpo de Manderson, com o inevitável boato de que tinha sido suicídio, estavam sendo impressas numa dúzia de jornais; mas antes que um exemplar tivesse chegado a Wall Street o furacão do pânico estava em plena fúria, e Howard B. Jeffrey e seus colaboradores foram varridos como folhas antes de poderem respirar.

Tudo isso surgiu do nada. Nada na estrutura da vida geral tinha mudado. O milho não tinha deixado de amadurecer ao sol. Os rios exibiam suas barcaças e forneciam energia a milhares de máquinas. Os rebanhos engordavam nos pastos, as reses eram incontáveis. Homens trabalhavam em todas as partes, nos vários serviços para os quais tinham nascido, e se desgastavam não mais que o habitual em seu cativeiro. Belona** agitava-se e murmurava como sempre, embora ainda dormisse seu sono inquieto. Para toda a humanidade, salvo um milhão ou dois de jogadores meio loucos, cegos a toda realidade, a morte de Manderson nada significava; a vida e o trabalho do mundo continuou. Semanas antes de sua morte, mãos fortes estiveram no comando de todos os fios da imensa rede de comércio e indústria que ele havia supervisado. Antes de o seu cadáver ter sido enterrado, seus compatriotas fizeram uma estranha descoberta: a potente máquina de monopólio que atendia pelo nome de Sigsbee Manderson não possuía a menor condição de prosperidade material equilibrada. O pânico explodiu em dois dias, os pedaços foram arrebanhados, os falidos esconderam-se; o mercado "recuperou um tom normal".

Enquanto o breve delírio ainda subsistia, arrebentou um escândalo doméstico na Inglaterra que subitamente atraiu a atenção de dois continentes. Na manhã seguinte, a Chicago Ltda. estava arruinada, e, no mesmo dia, um político famoso tinha sido assassinado a sangue-frio pelo irmão de sua mulher nas ruas de Nova Orleans.

---

* Marengo: cidade em Piemonte, Itália, onde Napoleão venceu uma batalha em 1800; também nome de uma antiga moeda de ouro italiana que Napoleão mandou cunhar depois da Batalha de Marengo. (N. T.)

** Belona: deusa da guerra na mitologia romana. (N. T.)

Uma semana após ter acontecido, "o caso Manderson", na opinião experimentada dos editores de jornais de toda a União, estava "frio". A onda de visitantes americanos espalhando-se pela Europa provocou remoinhos em torno de lembranças ou estátuas de muitos homens que morreram pobres; e nunca pensou no seu mais famoso plutocrata. Como o poeta que morreu em Roma jovem e pobre cem anos antes, ele foi enterrado longe de sua própria terra; mas, entre todos os homens e mulheres conterrâneos de Manderson que se amontoam em volta do túmulo de Keats,* no cemitério situado na encosta do monte Testaccio, não existe um só, nem jamais existirá, que se aproxime, reverente, do túmulo do homem rico, junto à igrejinha de Marlstone.

* John Keats, poeta inglês, 1795-1821. (N. T.)

II

Batendo a Cidade de Ponta a Ponta

NA ÚNICA PEÇA CONFORTAVELMENTE MOBILIADA dos escritórios do *Record,* o telefone da mesa de Sir James Molloy tocou. Sir James fez um gesto com a caneta, e o Sr. Silver, seu secretário, interrompeu o que fazia e dirigiu-se ao aparelho.

— Quem é? — perguntou. — Quem?... Não estou entendendo... Ah, é o Sr. Bunner, não é?... Sim, mas... Eu sei, mas ele estará tremendamente ocupado esta tarde. O senhor não poderia... Ah, é mesmo? Bem, nesse caso... espere um instante, sim?

Estendeu o fone para Sir James.

— É Calvin Bunner, o braço direito de Sigsbee Manderson — informou concisamente. — Insiste em falar com o senhor pessoalmente. Diz que é uma notícia da maior gravidade. Está ligando da casa de Bishopsbridge, e por isso é preciso falar com clareza.

Sir James olhou o aparelho sem prazer e pegou o fone.

— Então? — perguntou com sua voz forte e ficou ouvindo. — Sim — disse. A seguir, o Sr. Silver, observando-o ansiosamente, captou um olhar de espanto e pavor. — Meu Deus! — murmurou Sir James. Agarrando com força o telefone, levantou-se devagar, continuando a prestar muita atenção. A intervalos, repetia "Sim". No momento, enquanto ouvia, lançou um olhar ao relógio e falou rapidamente com o Sr. Silver por cima do aparelho:

— Corra e traga Figgis e o jovem Williams. Depressa.

O Sr. Silver saiu correndo.

O grande jornalista era um irlandês alto, forte, de cinqüenta anos, moreno, com um bigode preto, de incansável energia nos negócios e muito conhecido no mundo, que ele compreendia inteiramente e com o qual lidava com a competência meio cínica de sua raça. Contudo, ele não possuía nenhum toque de charlatanismo: não fazia mistério, não fingia conhecimento e percebia isso instantaneamente nos outros. Na sua elegante, bem-educada e bem vestida aparência surgia alguma coisa um tanto sinistra quando o ódio ou a intensa ocupação punha sua marca em seus olhos e fronte; mas, quando a sua generosa natureza não estava sob pressão, era o mais cordial dos homens. Era diretor-gerente da companhia proprietária do mais poderoso jornal matutino, o *Record,* e também do mais indispensável jornal vespertino, o *Sun,* que tinha sua redação no outro lado da rua. Era, além disso, editor-chefe do *Record,* ao qual, no decorrer dos anos, tinha vinculado o pessoal mais capaz do país. Uma de suas máximas era que, quando não se pode ter talento, precisa-se fazer o maior esforço possível para se ter mérito; e ele empregou uma grande quantidade de ambos. Era respeitado por seu pessoal como poucos o eram numa profissão não favorável ao crescimento do sentimento de veneração.

— Tem certeza de que é tudo? — perguntou Sir James após alguns minutos de atenção e interrogatório. — E há quanto tempo sabem disso?... Sim, claro, a polícia; mas e os criados? Sem dúvida, agora está tudo acabado por lá... Bem, vamos fazer uma tentativa... Olhe, Bunner, estou-lhe infinitamente agradecido por isso. Fico lhe devendo. Você sabe que cumpro o que digo. Venha me ver assim que aparecer por aqui... Está bem, de acordo. Agora preciso agir. Adeus.

Sir James pendurou o fone e pegou um horário de trens na prateleira à sua frente. Depois de uma rápida consulta a esse oráculo, largou-o com um palavrão ao mesmo tempo em que o Sr. Silver entrava apressadamente na sala, seguido por um homem de óculos e de feições duras e um jovem de olhar vivo.

— Quero que tome nota de alguns fatos, Figgis — disse Sir James, eliminando todos os sinais de agitação e falando com uma rápida calma. — Quando tiver tudo, dê-lhe forma o mais depressa possível para uma edição especial do *Sun.*

O homem de feições duras balançou a cabeça e lançou um olhar ao relógio, que acusava alguns minutos depois das 3 horas; tirou um caderno de notas e puxou uma cadeira para a enorme mesa de escrever.

— Silver — prosseguiu Sir James —, vá dizer a Jones que telegrafe urgentemente ao nosso correspondente local para largar tudo e ir a Marlstone imediatamente. Ele não deve dizer a razão no telegrama. Não deve haver uma palavra desnecessária sobre essas notícias até que o *Sun* esteja nas ruas com a matéria — vocês compreendem. Williams, corte caminho e diga ao Sr. Anthony para ficar preparado para uma abertura de duas colunas que vai estarrecer a cidade de ponta a ponta. Diga-lhe apenas que deve tomar todas as precauções e medidas para um furo. Diga-lhe que Figgis terá terminado em cinco minutos e que é melhor que ele escreva o texto na sua sala particular. Quando você for, peça à Srta. Morgan para vir aqui imediatamente e diga aos telefonistas para ver se conseguem me pôr em contato com o Sr. Trent. Depois de falar com o Sr. Anthony, volte aqui e fique de prontidão.

O rapaz de olhar vivo desapareceu como um fantasma.

Sir James virou-se imediatamente para o Sr. Figgis, cujo lápis estava apoiado no papel.

— Sigsbee Manderson foi assassinado — começou, rápida e claramente, andando de um lado para o outro com as mãos nas costas. O Sr. Figgis garatujou uma linha de taquigrafia com tanta emoção como se lhe tivessem dito que o dia estava lindo — a pose estudada da sua profissão. — Ele, a mulher e dois secretários passaram a última quinzena na casa chamada White Gables, em Marlstone, perto de Bishopsbridge. Ele a comprou há quatro anos. Ele e a Sra. Manderson passaram, desde então, parte de cada verão lá. Na noite de ontem, foi dormir cerca de onze e meia, como de costume. Ninguém sabe quando se levantou e saiu de casa. Sua ausência não foi notada até hoje de manhã. Por volta das 10 horas, seu corpo foi encontrado por um jardineiro. Estava caído perto de um barracão no terreno. Foi baleado na cabeça, no olho esquerdo. A morte deve ter sido instantânea. Nada no corpo foi roubado, porém há marcas nos pulsos que denotam ter havido luta. O Dr. Stock, de Marlstone, foi imediatamente chamado e orientou o exame post mortem. A polícia de Bishopsbridge, que chegou logo ao local, está reticente, mas acredita-se que não possuam indícios da identidade dos assassinos. É isso, Figgis. O Sr. Anthony está à sua espera. Agora preciso telefonar-lhe e organizar as coisas.

O Sr. Figgis ergueu os olhos.

— Um dos detetives mais capazes da Scotland Yard — sugeriu — foi colocado no caso. É uma declaração tranqüilizadora.

— Como queira — disse Sir James.

— E a Sra. Manderson? Ela estava lá?

— Estava. Que é que tem?

— Prostrada pelo choque — sugeriu o repórter — e não quer ver ninguém. Interesse humano.

— Eu não escreveria isso, Sr. Figgis — disse uma voz calma. Pertencia à Srta. Morgan, uma mulher clara e graciosa que entrara silenciosamente durante o ditado. — Eu conheço a Sra. Manderson — continuou, virando-se para Sir James. — Ela parece muito bem-disposta e inteligente. Seu marido foi assassinado? Não acredito que o choque a abalasse. Ela provavelmente fará o que puder para ajudar a polícia.

— Então faça uma matéria no seu próprio estilo, Srta. Morgan — disse Sir James, com um sorriso breve. A eficiência imperturbável da moça era proverbial na redação. — Deixe isso, Figgis. Agora pode ir! Pois bem, minha cara, espero que saiba o que eu quero.

— A nossa biografia de Manderson está bem atualizada — replicou a Srta. Morgan, deixando as pestanas escuras caírem numa posição que ela considerava adequada. — Examinei-a há poucos meses. Está praticamente pronta para o jornal de amanhã. Acredito que o *Sun* fará melhor uso do esboço da vida dele que eles possuíam há dois anos, quando ele foi a Berlim acertar aquele caso da potassa. Lembro que era um esboço muito bom, e eles não serão capazes de fazer muito mais. Quanto ao nosso jornal, claro que tenho uma grande quantidade de sobras, na maioria droga. Irão para os subeditores tão logo cheguem. Então teremos dois retratos muito bons, de nossa propriedade; o melhor é um desenho feito pelo Sr. Trent quando estavam a bordo de um navio. É melhor que qualquer fotografia; mas o senhor diz que o público prefere uma foto ruim a um bom desenho. Vou mandá-los imediatamente para o senhor, que, assim, poderá escolher. Até onde posso julgar, o *Record* está bem na frente da situação, a menos que o senhor não seja capaz de conseguir alguém especial lá a tempo para a edição de amanhã.

Sir James exalou um profundo suspiro.

— Para que prestamos, afinal? — perguntou desanimadamente ao Sr. Silver, que tinha voltado para sua escrivaninha. — Ela até conhece Bradshaw de cor.

A Srta. Morgan ajeitou os punhos com ar de paciência.

— Mais alguma coisa? — perguntou, e nesse momento o telefone tocou.

— Sim, uma — retrucou Sir James, pegando o fone. — Desejo que realmente cometa um grave engano um dia, Srta. Morgan —

um sólido erro —, apenas para nos colocar numa posição de encorajamento.

Ela se permitiu o esboço do que poderia ser um sorriso encantador quando saiu.

— Anthony? — falou Sir James e logo empenhou-se numa discussão com o editor do outro lado da rua.

Ele raramente entrava pessoalmente no prédio do *Sun;* o ambiente de um vespertino, costumava dizer, era ótimo para alguém que gostasse dessa espécie de coisa. O Sr. Anthony, o Murat da rua Fleet, que adorava cavalgar o furacão e enfrentar uma luta violenta contra o tempo, diria a mesma coisa de um matutino.

Passaram-se cinco minutos, e um garoto uniformizado entrou para dizer que o Sr. Trent estava no telefone. Sir James interrompeu abruptamente a conversa com o Sr. Anthony.

— Ligue-me com ele imediatamente — disse para o garoto. — Alô! — gritou no bocal momentos depois.

Uma voz no aparelho replicou:

— Alô, gritão! Que é que você quer?

— Aqui é o Molloy — replicou Sir James.

— Sei disso — retrucou a voz. — Aqui é o Trent. Um homem está pintando um quadro e é interrompido num momento crucial. Bem, afinal de contas, espero que seja uma coisa importante!

— Trent — disse Sir James, em tom comovente —, é importante. Preciso que você faça um trabalho para nós.

— Você quer dizer uma brincadeira — respondeu a voz. — Creia-me, não quero um feriado. Ando muito ocupado. Estou fazendo coisas realmente decentes. Por que não podem deixar um homem em paz?

— Aconteceu uma coisa muito séria.

— O quê?

— Sigsbee Manderson foi assassinado — um tiro na cabeça —, e ninguém sabe quem fez isso. Encontraram o corpo esta manhã. Aconteceu na casa dele, perto de Bishopsbridge. — Sir James tratou de transmitir ao interlocutor rápida e claramente os fatos que tinha contado ao Sr. Figgis. — Que acha disso? — terminou.

Sua única resposta foi um enorme resmungo.

— Ora, venha — insistiu Sir James.

— Tentador!

— Você virá?

Houve um breve silêncio.

— Você está me ouvindo? — perguntou Sir James.

— Olhe, Molloy — a voz lamurienta quebrou o silêncio —, isso pode ser ou não um caso para mim. É difícil dizer. Pode ser um mistério ou uma coisa tão banal quanto um sanduíche de queijo. O fato de o corpo não ter sido saqueado parece interessante, mas pode ter sido cometido por algum pobre vagabundo que ele encontrou dormindo no terreno da casa e tratou de expulsar. É o tipo de coisa que ele faria. Esse tipo de assassino pode facilmente ter tido a idéia de que não levar o dinheiro e valores seria a coisa mais segura. Francamente, eu não estenderia a mão para enforcar um pobre diabo que tivesse acabado com alguém como Sig Manderson como um gesto de protesto social.

Sir James esboçou um sorriso no telefone — um sorriso de vitória.

— Ora, meu caro, você está ficando interessado. Confesse que quer ir dar uma olhada no caso. Você sabe que quer. Se for alguma coisa que não lhe interesse, está livre para desistir. A propósito, onde está você?

— Estou sendo levado por um vento vagabundo — respondeu a voz, indecisa — e vazio, vazio, deliciosamente vazio.

— Pode estar aqui dentro de uma hora? — insistiu Sir James.

— Suponho que sim — resmungou a voz. — De quanto tempo disponho?

— Bom sujeito! Bem, há tempo bastante... o que é pior. Estou dependendo do nosso correspondente local por esta noite. O único bom trem partiu há meia hora. O próximo é um parador, que sai de Paddington à meia-noite. Posso lhe ceder o Buster, se quiser — Sir James referia-se a um veloz automóvel de sua propriedade —, mas não conseguirá chegar a tempo hoje à noite para fazer alguma coisa.

— E ficarei acordado. Não, obrigado. Prefiro o trem. Você sabe que sou fã da viagem por trem; gosto muito dele. Sou o foguista e a fornalha. Sou a canção que o carregador canta.

— Que diabo está dizendo?

— Não tem importância — respondeu a voz, com tristeza. — Estou dizendo — continuou —, vocês podem arranjar um hotel perto da cena do acontecimento e telegrafar pedindo um quarto?

— Imediatamente — respondeu Sir James. — Venha o mais cedo que puder

Recolocou o fone no gancho. Ao recomeçar seu trabalho, um grito penetrante explodiu na rua embaixo. Caminhou até a janela aberta. Um grupo de garotos agitados estava descendo às pressas os degraus do edifício do *Sun* e dirigia-se pela passagem estreita na direção da rua Fleet. Cada um levava um maço de jornais e um cartaz grande com uma frase simples: O ASSASSINATO DE SIGSBEE MANDERSON.

Sir James sorriu e chocalhou as moedas no bolso alegremente.

— Isso vai dar uma boa nota — observou ao Sr. Silver, que estava parado logo atrás.

Foi esse o epitáfio de Manderson.

III

O Café da Manhã

Por volta das 8 horas da manhã do dia seguinte o Sr. Nathaniel Burton Cupples achava-se na varanda do hotel em Marlstone. Estava pensando em tomar desjejum. Em seu caso, a expressão devia ser tomada literalmente; ele estava mesmo pensando no desjejum, como pensava sobre todo ato consciente de sua vida quando o tempo lhe permitia deliberar. Refletiu que, no dia anterior, a excitação e agitação que se seguiram à descoberta do morto tinha desorganizado seu apetite, levando-o a se alimentar menos que o habitual. Naquela manhã estava muito faminto, já tendo andado de um lado para outro por cerca de uma hora; e resolveu se permitir uma terceira fatia de torrada e um ovo a mais; o resto, como de costume. A deficiência restante seria preenchida no almoço, mas isso podia esperar.

Isso resolvido, o Sr. Cupples entregou-se ao prazer da vista durante alguns minutos antes de pedir a refeição. Com olhos de especialista, explorou a beleza da costa irregular, onde uma grande rocha pontuda erguia-se do mar espelhado, e a ordem encantadora dos vastos níveis inclinados de pastagens, lavoura e bosques que subiam suavemente dos penhascos para os pântanos distantes. O Sr. Cupples deliciou-se com a paisagem.

Ele era um homem de meia altura, magro, de quase 60 anos e de saúde um tanto delicada, embora rijo e ativo para a idade. Uma barba esparsa e o bigode não ocultavam uma boca fina mas bondosa; seus olhos eram penetrantes e agradáveis; o nariz afilado e o queixo estreito davam-lhe um ar muito clerical, e esta impressão era corroborada por suas roupas escuras comuns e o chapéu preto mole. De fato, seu aspecto geral era sacerdotal. Era um homem de mente invulgarmente consciencioso, esperta e organizada, mas com pouca imaginação. Nos anúncios para recrutar seu pessoal doméstico, seu pai mencionava tratar-se de uma família séria. Dessa fortaleza de tristeza ele tinha escapado com dois dons puros não estragados: bondade no coração e capacidade para uma alegria inocente que nada devia ao humor. Num tempo mais recuado, e com aprendizado clerical, poderia ter chegado ao cardinalato. Era, de fato, membro respeitadíssimo da Sociedade Positivista Londrina, banqueiro aposentado e um viúvo sem filhos. Sua vida austera, mas não infeliz, foi passada principalmente entre livros e em museus; seu conhecimento profundo e pacientemente acumulado de uma quantidade de assuntos curiosamente desligados, que tinham despertado seu interesse em momentos diversos, asseguraram-lhe um lugar no tranqüilo e semiluminoso mundo de professores, curadores e devotos a pesquisas; em seus amáveis e pouco alegres jantares, sentia-se mais à vontade. Seu autor predileto era Montaigne.

Exatamente no momento em que o Sr. Cupples estava terminando sua refeição numa mesinha da varanda, um enorme carro apareceu na estradinha diante do hotel.

— Quem é? — perguntou ao garçom.

— É o gerrente — disse o rapaz, distraído. — Ele ir pegar uma cavalheiro na trem.

O carro parou, e o carregador apareceu apressado. O Sr. Cupples deu um grito de satisfação quando um homem alto com ar relaxado e muito mais moço que ele saltou do carro e subiu a varanda, atirando o chapéu sobre uma cadeira. Seu rosto ossudo, quixotesco, abriu-se num sorriso agradável; suas roupas grossas de lã, seu cabelo e o bigode aparado eram toleravelmente desleixados.

— Cupples, que milagre! — gritou o homem, atirando-se sobre o Sr. Cupples antes que ele pudesse levantar-se e agarrando sua mão estendida num forte aperto. — A sorte hoje está me ajudando — continuou o recém-chegado agitadamente. — Esta é a segunda vez em uma hora. Como vai passando o melhor dos meus amigos? E por que está aqui? Por que está sentado diante desse desjejum em ruínas? É a lembrança de um antigo orgulho ou está refletindo como aconteceu? *Estou* feliz em vê-lo!

— Eu estava meio à sua espera, Trent — respondeu o Sr. Cupples, o rosto exibindo um sorriso de alegria. — Você está ótimo, meu caro amigo. Vou contar-lhe tudo. Mas você ainda não deve ter tomado seu café da manhã. Quer tomá-lo aqui na minha mesa?

— Certamente! — respondeu o homem. — Um enormemente grande desjejum também... cheio de conversa refinada e lágrimas de agradecimento que nunca secam. Quer pedir ao jovem Siegfried para me preparar um lugar enquanto vou me lavar? Não demorarei três minutos.

Desapareceu no interior do hotel, e o Sr. Cupples, após um instante de reflexão, foi até o telefone no escritório do porteiro. Voltou e encontrou o amigo já sentado, servindo-se de chá e demonstrando um interesse comum na escolha dos alimentos.

— Acredito que este vá ser um dia trabalhoso para mim — disse, com a curiosa maneira de falar aos arrancos que parecia ser-lhe habitual. — Não tornarei a comer até a noite, muito provavelmente. Já imaginou por que estou aqui, não?

— Sem dúvida — respondeu o Sr. Cupples. — Veio para escrever sobre o assassinato.

— É uma forma um tanto pálida de dizer — replicou o homem chamado Trent enquanto dissecava um linguado. — Prefiro dizer que vim até aqui na condição de vingador de sangue, para caçar o culpado e vingar a honra da sociedade. Essa é a minha linha de trabalho. Famílias esperando em suas residências particulares. Olhe, Cupples, já tive um bom começo. Espere um pouco e lhe contarei. — Houve uma pausa, durante a qual o recém-chegado comeu rápida e distraidamente enquanto o Sr. Cupples o olhava contente. — Esse seu gerente — prosseguiu finalmente o homem alto — é um sujeito de notável perspicácia. É meu admirador. Sabe mais sobre meus melhores casos que eu mesmo. O *Record* telegrafou ontem à noite para informar que eu estava vindo, e quando saltei do trem às 7 desta manhã ele estava à minha espera com um automóvel do tamanho de um monte de feno. Está fora de si pela alegria de me ter aqui. É a fama. — Bebeu uma xícara de chá e continuou: — Praticamente a primeira coisa que fez foi me perguntar se eu gostaria de ver o corpo do assassinado... se assim fosse, ele pensava poder dar um jeito. É tão afiado quanto uma navalha. O corpo, você sabe, está na sala de cirurgia do Dr. Stock, na aldeia, exatamente como quando foi achado. Por falar nisso, vai ser autopsiado esta manhã, e, assim, cheguei exatamente a tempo. Bem, ele me arrastou até o médico, dando-me detalhes completos sobre o caso durante todo o percurso. Fiquei muito bem *au fail** ao chegar lá. Imagino que um gerente de um local como este tem uma espécie de acordo com o médico. Seja como for, o médico não opôs nenhuma dificuldade e o mesmo aconteceu com o policial de serviço, que insistiu para que eu não o esquecesse no jornal.

— Vi o corpo antes dele ser removido — comentou o Sr. Cupples. — Eu diria nada haver de notável nele, não fosse o tiro no olho ter-lhe desfigurado levemente o rosto e causado, evidentemente, um pouco de derramamento de sangue. Os pulsos estavam arranhados e machucados. Espero que, com sua capacidade de observação, você seja capaz de notar outros detalhes de natureza sugestiva.

— Outros detalhes, certamente; mas não sei se sugerirão alguma coisa. São apenas estranhos. Veja os pulsos, por exemplo. Como foi que você conseguiu ver machucados e arranhões neles? Ouso dizer que você viu alguma coisa em Manderson aqui, antes do assassinato.

— Certamente — afirmou o Sr. Cupples.

— Bem, você viu seus pulsos?

O Sr. Cupples refletiu.

— Não. Agora que falou nisso, lembro que quando estive com Manderson aqui ele estava usando punhos engomados, quase cobrindo-lhe as mãos.

— Sempre os usou — disse Trent. — Foi o que me disse meu amigo gerente. Assinalei-lhe o fato que você não observou de que não havia punhos visíveis, que eles tinham, de fato, sido puxados para cima dentro das mangas do paletó como acontece quando se veste apressadamente um paletó sem puxar os punhos para baixo. Foi por isso que você viu-lhe os pulsos.

— Bem, acho isso sugestivo — observou o Sr. Cupples modestamente. — Talvez você possa deduzir que, quando ele se levantou, correu para o guarda-roupa.

— Mas terá feito isso? O gerente disse o mesmo que você. "Ele era sempre meio almofadinha com suas roupas", afirmou, e daí concluiu que quando Manderson levantou-se daquela forma misteriosa, antes da casa ter acordado e de sair para os jardins, estava

---

* Em francês no original: informado. (N. T.)

muito apressado. "Veja seus sapatos", disse-me. "O Sr. Manderson sempre foi especialmente cuidadoso com seus calçados. Mas esses cadarços foram amarrados apressadamente." Concordei. "E ele deixou seus dentes postiços no quarto", acrescentou o gerente. *"Isso* não prova que ele estava agitado e apressado?" Concordei, mas acrescentei: "Olhe, se ele estava tão apressado, por que repartiu o cabelo com tanto cuidado? Esse trabalho foi uma obra de arte. Por que esmerou-se tanto? Pois estava com todas as roupas de baixo, com abotoaduras, ligas, relógio e corrente, dinheiro, chaves e outras coisas nos bolsos." Foi o que eu disse ao gerente. Ele não encontrou uma explicação. E você?

O Sr. Cupples meditou.

— Esses fatos podem sugerir que ele só se apressou quando estava terminando de se vestir. Paletó e sapatos são postos no fim.

— Mas não os dentes postiços. Pergunte a quem os usa. Além disso, percebi que ele não tinha se lavado ao levantar-se, o que, num homem asseado, faz supor que estava muito apressado desde o começo. E ainda outra coisa: um dos bolsos do colete estava preparado para receber seu relógio de ouro, porém ele o colocou no bolso do outro lado. Todos os que têm hábitos sabem como isso é estranho. O fato é que houve sinais de grande agitação e pressa, e há sinais de exatamente o oposto. No momento, não estou conjecturando. Preciso, primeiro, reconhecer o terreno, se quiser dar um jeito de saber a posição correta do pessoal da casa.

Trent dedicou-se novamente ao seu desjejum.

O Sr. Cupples sorriu lhe com benevolência.

— É exatamente esse o ponto — disse — no qual posso lhe ser de alguma ajuda. — Trent ergueu os olhos, surpreso. — Disse-lhe que estava meio à sua espera. Explicarei isso. A Sra. Manderson, que é minha sobrinha...

— O quê? — Trent deixou cair com estrondo o garfo e a faca. — Cupples, você está me gozando.

— Estou totalmente sério, Trent, palavra — replicou o Sr. Cupples, gravemente. — Seu pai, John Peter Domecq, era irmão de minha mulher. Acho que nunca comentei com você o casamento de minha sobrinha antes. Para falar a verdade, sempre foi um assunto penoso para mim e evitava discuti-lo com quem quer que fosse. Mas, voltando ao assunto: na noite passada, quando eu estava fora de casa... a propósito, você pode vê-la daqui. Passou por ela de carro.

Apontou para um telhado vermelho entre choupos a uns trezentos metros de distância, o único prédio à vista que estava separado da pequena aldeia na garganta abaixo deles.

— Claro que vi — disse Trent. — O gerente falou-me a respeito dela, entre outras coisas, enquanto me trazia de Bishopsbridge.

— Outras pessoas aqui ouviram falar de você e de seus feitos — prosseguiu o Sr. Cupples. — Como eu estava dizendo, quando eu estava fora na noite passada o Sr. Bunner, que era um dos dois secretários do Sr. Manderson, exprimiu a esperança de que o *Record* mandasse você aqui para cuidar do caso, já que a polícia parecia meio perdida. Ele mencionou um ou dois dos seus sucessos anteriores, e Mabel — minha sobrinha — ficou interessada quando conversamos mais tarde. Ela está suportando tudo maravilhosamente bem, Trent; tem uma notável força de caráter. Disse que se lembrava de ter lido seus artigos sobre o caso Abinger. Ela tem um enorme pavor do lado jornalístico desse triste assunto e rogou-me que fizesse tudo o que pudesse para manter os jornalistas fora daqui: tenho certeza de que você compreende seus sentimentos, Trent; não representa em verdade uma censura a essa profissão. Porém, ela disse que você parece ter grandes poderes como detetive e não deseja interpor-se a nada que possa esclarecer o crime. Então, eu lhe disse que você era meu amigo particular e que tinha um caráter bom e tato e consideração pelos sentimentos alheios; ela acabou dizendo que, se você viesse, gostaria que fosse ajudado de todos os modos.

Trent inclinou-se sobre a mesa e apertou a mão do Sr. Cupples em silêncio. O Sr. Cupples, muito contente com o rumo que as coisas tomavam, prosseguiu:

— Acabo de falar com minha sobrinha pelo telefone, e ela está contente porque você veio. Pediu-me que lhe dissesse que poderá fazer as perguntas que quiser e colocou a casa e a propriedade à sua disposição. Ela provavelmente não o verá pessoalmente; está recolhida aos seus aposentos. Já foi ouvida por um oficial detetive que está aqui e está se sentindo sem condições de enfrentar isso de novo. Ela também não acredita que possa acrescentar coisas de grande valor. Acha que os dois secretários e Martin, o mordomo (que é muito inteligente), poderão dizer-lhe tudo o que quiser saber.

Trent terminou o desjejum com ar pensativo. Encheu o cachimbo devagar e sentou-se na grade da varanda.

— Cupples — perguntou tranqüilamente —, há alguma coisa nesse caso que você saiba e prefira não me contar?

O Sr. Cupples estremeceu ligeiramente e olhou espantado para o interrogador.

— Que quer dizer com isso? — perguntou.

— Refiro-me aos Manderson. Olhe! Devo dizer-lhe uma coisa que me perturba nesse caso desde o começo. Um homem foi súbita e violentamente assassinado, e ninguém parece estar sofrendo — e isto, para dizer o mínimo. O gerente deste hotel falou-me a respeito dele tão friamente como se nunca o tivesse visto, embora me conste que foram vizinhos em vários verões durante anos. Depois, você me fala disso com o maior sangue-frio. E a Sra. Manderson, bem, você não se importa que eu diga que já ouvi mulheres ficarem mais tristes por seus maridos terem sido assassinados do que ela parece estar. Há alguma coisa nisso, Cupples, ou estou imaginando coisas? Há alguma coisa estranha com Manderson? Certa vez viajei com ele no mesmo navio, porém nunca nos falamos. Conheço apenas seu caráter público, que era bastante repulsivo. Veja, deve haver uma relação com o caso; é o único motivo da minha pergunta.

O Sr. Cupples demorou a responder. Afagou a barba escassa e ficou olhando o mar. Finalmente, virou-se para Trent.

— Não vejo motivo — respondeu — para não contar-lhe, meu caro amigo. Não preciso dizer que isso não deve ser citado, mesmo que vagamente. A verdade é que ninguém gostava realmente de Manderson; e acho que os mais próximos gostavam ainda menos.

— Por quê? — interpôs o outro.

— A maioria tem dificuldade em explicar por quê. Levando em conta minhas próprias sensações, só posso dizer que sentia-se nele uma total falta de inclinações simpáticas. Não havia nele nada de fisicamente repelente. Não era grosseiro, odioso ou estúpido... de fato, podia ser notavelmente interessante. Mas tive a impressão de que podia ser desumano na perseguição dos seus planos, na sua tarefa de impor a si e a sua vontade ao mundo. Talvez isso seja imaginário, mas acho que não inteiramente. Contudo, o caso é que Mabel, lamento dizer, foi muito infeliz. Tenho quase o dobro da sua idade, meu caro, embora você sempre procure me fazer sentir como se fôssemos contemporâneos: estou ficando velho, e muita gente tem sido bastante bondosa para me confiar seus problemas matrimoniais; mas não conheço nenhum outro caso como o de minha sobrinha e seu marido. Conheço-a desde bebezinho, Trent, e sei — acho que compreende que não estou empregando a palavra levianamente —, *sei* que ela é uma mulher bondosa e honrada, para não falar dos outros dons que os homens podem desejar. Porém, Manderson, pouco tempo depois, tornou-a infeliz.

— Que fez ele? — perguntou Trent quando o Sr. Cupples parou.

— Quando perguntei a Mabel, suas palavras pareciam nutrir uma profunda mágoa. Ele estabeleceu uma distância entre eles sem nada explicar. Não sei como isso começou nem o que havia por trás, e tudo o que ela me disse a respeito foi que ele não tinha nenhum motivo no mundo para aquela atitude. Acho que ela sabia o que havia dentro da cabeça dele, fosse o que fosse; no entanto, ela é muito orgulhosa. Isso ficou esquecido durante meses. Finalmente, há uma semana ela me escreveu. Sou o único parente próximo dela. A mãe morreu quando ela era criança; e depois morreu John Peter, e transformei-me numa espécie de pai para ela, até que se casou, há cinco anos. Pediu-me para vir ajudá-la, e vim imediatamente. É por isso que estou aqui agora.

O Sr. Cupples parou e bebeu um gole de chá. Trent fumou e olhou para a cálida paisagem de junho.

— Não iria a White Gables — prosseguiu o Sr. Cupples. — Você conhece minha opinião, suponho, sobre a constituição econômica da sociedade e a adequada relação entre capitalistas e empregados e sabe, sem dúvida, o uso que aquele sujeito fez do seu enorme poder industrial em várias ocasiões notáveis. Refiro-me especialmente às complicações nas minas de carvão da Pensilvânia há três anos. Examinei-o, independente de toda a repugnância pessoal, como a um criminoso e a uma desgraça para a sociedade. Vim para este hotel, e aqui vi minha sobrinha. Ela me contou o que lhe transmiti mais sucintamente. Ela me disse que a preocupação, a humilhação e o esforço de procurar manter as aparências em face do mundo estavam pesando sobre ela e pediu meu conselho. Disse-lhe que achava que ela devia enfrentá-lo e pedir uma explicação pela maneira como a tratava. Mas ela não fez isso. Sempre adotou a linha de fingir não perceber sua mudança de comportamento, e nada, eu sabia, a persuadiria a admitir diante dele que estava insultada, pois o orgulho levou-a por esse caminho. A vida está repleta, meu caro Trent — disse o Sr. Cupples com um suspiro —, desses silêncios obstinados e de desentendimentos cultivados.

— Ela o amava? — perguntou Trent repentinamente. O Sr. Cupples não respondeu imediatamente. — Ela ainda sentia algum amor por ele? — emendou Trent.

O Sr. Cupples ficou brincando com a colher de chá.

— Sou obrigado a dizer — respondeu lentamente — que acho que não. Mas não deve interpretá-la mal, Trent. Nenhuma força na Terra a teria persuadido a admitir isso a quem quer que fosse, nem mesmo a ela própria, talvez, enquanto se considerasse ligada a ele. E eu acrescento que, à parte esse misterioso acesso de mau humor ultimamente, ele sempre foi moderado e generoso.

— Você estava dizendo que ela se recusou a pedir uma explicação.

— De fato — retrucou o Sr. Cupples. — E sabia, por experiência própria, que era inútil tentar demover uma Domecq quando o senso de dignidade estava envolvido. Por isso, pensei cuidadosamente a respeito e no dia seguinte esperei a oportunidade e encontrei Manderson quando ele passou por este hotel. Perguntei-lhe se me concedia o favor de alguns minutos de conversa, e ele atravessou o portão até aqui. Nós nao tínhamos nenhum contato desde o casamento de minha sobrinha, porém ele se lembrava de mim, claro. Expus-lhe o assunto imediata e claramente. Revelei-lhe o que Mabel me contara. Disse-lhe que não aprovava nem condenava a ação dela de envolver-me no assunto, mas que ela estava sofrendo e que eu considerava meu direito perguntar-lhe como ele poderia justificar-se por colocá-la nessa situação.

— E como ele reagiu? — perguntou Trent, sorrindo à socapa para a paisagem.

A imagem daquele homem muito humilde chamando à ordem o formidável Manderson agradava-lhe muito.

— Não muito bem — retrucou o Sr. Cupples com ar triste. — Na verdade, longe disso. Posso repetir-lhe quase exatamente o que ele disse: não foi muito. "Olhe aqui, Cupples, você não precisa se intrometer. Minha mulher pode cuidar de si. Descobri isso juntamente com outras coisas." Ele estava perfeitamente tranqüilo — você sabe que ele nunca se descontrolou —, embora houvesse um brilho em seus olhos que teria atemorizado alguém que estivesse errado, ouso dizer. Mas eu havia ficado completamente excitado pelo seu comentário e o tom em que foi dito, que não posso reproduzir. Veja — comentou o Sr. Cupples com simplicidade —, gosto de minha sobrinha. Ela foi a única criança que morou em nossa...

em minha casa. Além disso, minha mulher educou-a, e qualquer comentário sobre Mabel eu não podia considerar, no calor do momento, como um comentário indireto sobre alguém desaparecido.

— Você virou-se para ele — sugeriu Trent, em voz baixa. — Pediu-lhe que explicasse suas palavras.

— Foi exatamente o que fiz — retrucou o Sr. Cupples. — Durante um instante ele apenas me olhou e pude ver uma veia latejando em sua testa: uma visão desagradável. Então ele respondeu muito tranqüilamente: "Isto já foi muito longe, suponho" e virou-se para ir embora.

— Ele quis se referir à entrevista de vocês? — perguntou Trent, pensativo.

— Pelas palavras, podia-se pensar que sim — comentou o Sr. Cupples. — Mas a maneira pela qual as pronunciou produziu-me uma sensação muito estranha de apreensão. Tive a impressão de que o homem tinha tomado uma sinistra decisão. Mas lamento dizer que tinha perdido a capacidade de pensar friamente. Entreguei-me a um enorme furor — o tom do Sr. Cupples era humildemente pesaroso — e disse uma quantidade de coisas fora de propósito. Lembrei-lhe de que a lei faculta a liberdade a mulheres que recebem tratamento intolerável. Fiz referências inteiramente irrelevantes ao seu comportamento público e disse-lhe que homens iguais a ele eram indignos de viver. Disse-lhe essas coisas e outras do mesmo teor sob os olhares, e muito possivelmente ao alcance dos ouvidos, de uma meia dúzia de pessoas sentadas nesta varanda. Reparei, apesar da minha agitação, que eles me olhavam enquanto eu voltava para o hotel, após ter descarregado... pois aquilo, sem dúvida, havia sido um descarrego suspirou o Sr. Cupples, recostando-se na poltrona.

— E Manderson? Não disse mais nada?

— Nem uma palavra. Ouviu-me de olhos fixos em mim, tão silencioso quanto antes. Quando terminei, sorriu quase imperceptivelmente e imediatamente afastou-se, atravessou o portão e dirigiu-se a White Gables.

— E isso aconteceu...

— Domingo de manhã.

— Então, suponho que não o viu vivo novamente?

— Não — disse o Sr. Cupples. — Ou, antes, sim: uma vez. Foi no mesmo dia mais tarde, no campo de golfe. Mas não falei com ele. E na manhã seguinte ele foi encontrado morto.

Os dois olharam-se em silêncio durante uns instantes. Um grupo de hóspedes que tinha estado tomando banho subiu os degraus e sentou-se numa mesa próxima, falando pelos cotovelos. O garçom aproximou-se. O Sr. Cupples levantou-se e, pegando Trent pelo braço, levou-o até uma quadra gramada de tênis que ficava ao lado do hotel.

— Tenho um motivo para lhe dizer tudo isto — começou o Sr. Cupples quando começaram a andar vagarosamente para cima e para baixo.

— Espero que sim — retorquiu Trent, enchendo cuidadosamente seu cachimbo outra vez. Acendeu-o, deu algumas baforadas e depois acrescentou: — Vou tentar adivinhar o seu motivo, se quiser. — O rosto do Sr. Cupples, até ali solene, abriu-se num leve sorriso. Mas ficou calado. — Você pensou ser possível — prosseguiu Trent, meditabundo —, posso afirmar que pensou ser praticamente certo... que eu fosse descobrir sozinho que tinha havido alguma coisa mais profunda que um mero atrito conjugal entre os Manderson. Você pensou que minha imaginação doentia começaria imediatamente a brincar com a idéia da Sra. Manderson ter alguma coisa a ver com o crime. Para evitar que eu me perdesse em especulações estéreis a esse respeito, você resolveu contar-me exatamente como estavam as coisas e me impressionar ao mesmo tempo sobre a ótima qualidade do seu julgamento e de sua opinião sobre sua sobrinha. Não é assim?

— Exatamente. Ouça-me, meu caro amigo — replicou o Sr. Cupples sério, pousando a mão no braço do outro. — Vou ser muito franco. Estou extremamente feliz com a morte de Manderson. Acredito que ele só tenha causado dano ao mundo como fator econômico. Sei que ele estava transformando num deserto a vida de alguém que era como minha própria filha. Mas estou sob um intolerável pavor de ver Mabel envolvida em suspeitas por causa desse assassinato. É horrível para mim pensar na sua delicadeza e bondade em contato, mesmo que incidentalmente, com as brutalidades da lei. Ela não foi feita para isso. Ficaria profundamente marcada. Muitas mulheres de 26 anos podem enfrentar hoje essa provação, creio. Tenho observado uma espécie de dureza imitada como resultado da superior educação das mulheres atualmente, que pode fazê-las passar por tudo, talvez. Não estou em condições de dizer se isso é mau nas condições de vida femininas prevalentes no presente. Mabel, contudo, não é assim. É tão diferente delas quanto das senhoritas sorridentes que me rodeavam quando eu era garoto. Ela tem cérebro; um grande caráter; seu cérebro e seus gostos são educados; mas está tudo confuso — o Sr. Cupples sacudiu as mãos num gesto vago — com ideais de refinamento, reserva e mistério feminino. Temo que ela nunca tenha crescido. Você não conheceu minha mulher, Trent. Mabel é filha da minha mulher.

O homem mais moço inclinou a cabeça. Andaram toda a extensão do gramado antes que ele perguntasse suavemente:

— Por que ela se casou com ele?

— Não sei — respondeu o Sr. Cupples concisamente.

— Admirava-o, talvez — sugeriu Trent.

O Sr. Cupples encolheu os ombros.

— É do meu conhecimento que uma mulher fica habitualmente mais ou menos atraída pelo homem mais próspero do seu círculo. Claro, não podemos compreender como uma personalidade dominante e obstinada como a dele influenciaria uma moça cujas simpatias não estavam entregues a outrem; especialmente se ele estivesse decidido a tê-la. É provavelmente uma coisa irresistível ser cortejada por um homem cujo nome é mundialmente conhecido. Ela ouvira falar dele, claro, como um enorme poder financeiro e não tinha idéia — vivera principalmente entre pessoas de inclinações artísticas ou literárias — de quanta desumanidade poderia haver nisso. Até onde posso saber, ela não tem até hoje uma idéia apropriada a esse respeito. Quando ouvi falar no caso pela primeira vez, o erro já havia sido cometido, e achei melhor não dar minha opinião não pedida. Ela era maior e não havia absolutamente nada contra ele, do ponto de vista convencional. Depois, ouso dizer que sua imensa fortuna fascinava qualquer mulher. Mabel tinha uma renda anual de algumas centenas; exatamente o bastante, talvez, para perceber o que milhões realmente significam. Mas tudo isso é conjectura. Certamente não tinha querido casar com montes de rapazes que, segundo sei, tinham se declarado a ela; e, embora eu não acredite e jamais tenha acreditado que ela realmente amasse aquele homem de 45 anos, quis realmente casar com ele. Mas, se me perguntar por quê, só posso responder que não sei.

Trent balançou a cabeça e, após mais alguns passos, olhou seu relógio.

— Você me deixou muito interessado — disse —, e quase esqueci minha tarefa principal. Não devo desperdiçar minha manhã. Vou pegar imediatamente a estrada para White Gables e acho que estarei lá por volta do meio-dia. Se quiser me encontrar, Cupples, terei prazer em discutir com você tudo o que eu encontrar, a menos que alguma coisa me retenha.

— Estou indo dar uma caminhada esta manhã — retrucou o Sr. Cupples. — Pretendo almoçar numa pequena estalagem perto do campo de golfe — As Três Pipas. Ê melhor que me encontre lá. É bastante afastada da estrada, cerca de quinhentos metros além de White Gables. Você pode ver o telhado entre aquelas duas árvores. A comida servida lá é muito simples mas boa.

— Desde que tenham um barril de cerveja — disse Trent —, está tudo bem. Comeremos pão e queijo e, ah, que o céu nos livre do contágio da luxúria, fraqueza e vilania! Até lá, adeus.

Caminhou até a varanda para apanhar o chapéu, acenou para o Sr. Cupples com ele e partiu.

O velho cavalheiro, sentando-se numa espreguiçadeira no gramado, cruzou as mãos na nuca e ergueu os olhos para o céu azul sem manchas.

— Ele é um ótimo sujeito — murmurou. — O melhor de todos. E tremendamente perspicaz. Meu Deus! Como tudo isso é estranho!

IV

Algemas no Ar

PINTOR E FILHO DE PINTOR, Philip Trent tinha ganho, já em seus 20 anos, uma reputação no mundo da arte britânica. Além disso, seus quadros se vendiam. Um talento forte, original e um hábito de trabalhar vagarosa mas ininterruptamente, mesclado a impulsos de entusiasmo fortemente criativos, estavam no fundo de tudo isso. A fama de seu pai o ajudara; e um patrimônio bastante grande para livrá-lo da perigosa acusação de estar apenas lutando para ganhar a vida certamente não o tinha estorvado. Mas seu melhor auxílio para o sucesso tinha sido o poder inconsciente de se fazer querido. Bom humor e imaginação seriam sempre populares. Trent acrescentava a isso um interesse autêntico pelos outros, o que lhe dava algo mais profundo que popularidade. Seu julgamento das pessoas era penetrante, mas esse processo era interno; ninguém se sentia bem com um homem que parecia estar sempre se divertindo. Quer estivesse em boa disposição para uma infinidade de despropósitos ou entregando-se vigorosamente a uma tarefa, seu rosto raramente perdia a expressão de vivacidade contida. Além de um profundo conhecimento de sua arte e da história dela, sua cultura era ampla e livre, dominada pelo amor à poesia. Aos 32 anos, ainda não tinha ultrapassado a idade do riso e da aventura.

Seu sucesso cem vezes maior que o seu trabalho dera-lhe um impulso momentâneo. Um dia ele pegou um jornal que estava basicamente preocupado com um crime de uma espécie curiosamente rara em nosso país: um assassinato cometido dentro de um trem. As circunstâncias eram confusas; duas pessoas tinham sido presas sob suspeita. Trent, para quem o interesse nesse caso era uma nova sensação, ouviu o fato ser discutido entre seus amigos e pôs-se a ler, com uma disposição sem sentido, as notícias publicadas em diversos jornais. Ficou intrigado, sua imaginação sobre os fatos começou a funcionar de uma forma que lhe era estranha; uma excitação apossou-se dele de uma forma sentida antes apenas em seus impulsos de inspiração artística ou como aventura pessoal. No fim do dia, escreveu e expediu uma longa carta ao editor do *Record,* jornal que escolheu por ser o que continha a mais completa e inteligente versão dos fatos. Nessa carta, aproximou-se muito do que Poe* tinha feito no caso do assassinato de Mary Rogers. Sem mais nada além dos jornais para guiá-lo, fixou sua atenção no significado de certos fatos aparentemente desprezíveis e agrupou a prova de maneira a atirar uma grande suspeita sobre um homem que se apresentou como testemunha. Sir James Molloy publicou essa carta com destaque. Na mesma tarde ele pôde anunciar no *Sun* a prisão e confissão do homem incriminado.

Sir James, que conhecia todos os mundos de Londres, não perdeu tempo em fazer relações com Trent. Os dois entenderam-se bem, pois Trent tinha uma espécie de tato natural secreto que tinha o efeito de quase abolir diferenças de idade entre ele e os outros. As grandes impressoras rotativas no subsolo do edifício do *Record* o encheram de um novo entusiasmo. Ele as pintou ali mesmo, e Sir James comprou o quadro imediatamente — que ele chamou de paisagem-mecânica à maneira de Heinrich Kley.

Então, alguns meses depois houve o caso conhecido como o mistério Ilkley. Sir James convidou Trent para um jantar e logo depois ofereceu-lhe o que pareceu ao rapaz uma quantia fantasticamente grande por seus serviços temporários de representante especial do *Record* em Ilkley.

— Você é capaz de fazê-lo — insistiu o editor. — Você é capaz de escrever uma boa matéria e sabe como se dirigir ao povo, e posso ensinar-lhe todos os truques do trabalho de um repórter em meia hora. E você tem inclinação para um mistério; além de ter imaginação e um julgamento frio. Pense como se sentiria se conseguisse!

Trent confessou que seria divertido. Fumou, franziu o cenho e finalmente se convenceu de que a única coisa que o detinha era o medo de um trabalho estranho. Reagir ao medo tinha se tornado um

---

* Edgar Allan Poe (1809-1894). (N. T.)

hábito moral arraigado nele e, portanto, aceitou o oferecimento de Sir James.

E ele conseguiu. Pela segunda vez tinha proporcionado às autoridades um ponto de partida e uma derrota, e seu nome estava em todas as bocas. Retirou-se e começou a pintar. Não sentia inclinação para o jornalismo, e Sir James, que era um entendido em arte, honrosamente — o que não acontecia com outros editores — evitou tentá-lo com um bom salário. Mas no decorrer de alguns anos tinha se dirigido a ele talvez umas 30 vezes por seus serviços no desemaranhar de problemas semelhantes no país e no exterior. Às vezes, Trent, ocupado com trabalhos que o absorviam, recusava; outras vezes, antecipava-se na descoberta da verdade. Mas o resultado de sua ligação irregular com o *Record* fez com que seu nome se tornasse um dos mais conhecidos da Inglaterra. Era uma característica sua que seu nome fosse quase o único detalhe de sua personalidade conhecido do público. Ele tinha imposto um silêncio absoluto sobre si mesmo nos jornais de Molloy; e os outros não iriam fazer propaganda de um dos homens de Sir James.

O caso Manderson, pensou enquanto caminhava rapidamente para White Gables pela estrada em declive, podia se tornar terrivelmente simples. Cupples era um sujeito esperto, mas provavelmente lhe era impossível ter uma opinião imparcial sobre a sobrinha. Porém, era verdade que o gerente do hotel, que se pronunciara sobre a beleza dela em termos que chamaram sua atenção, falara ainda mais enfaticamente sobre sua bondade. Embora não sendo um artista da palavra, o gerente transmitiu uma idéia bem-definida à mente de Trent.

— Não há uma criança por aqui que não se alegre com o som de sua voz — disse ele — nem tampouco um adulto, por falar nisso. Todos costumavam esperar que ela chegasse no verão. Não estou dizendo que ela é uma dessas mulheres que são apenas bondosas e nada mais. Ela é determinada, se compreende o que quero dizer, é toda energia. Não há ninguém em Marlstone que não esteja com pena dela. . . mas o que alguns de nós pensam é que ela é feliz, afinal de contas.

Trent queria muito conhecer a Sra. Manderson.

Ele agora podia ver, além de um gramado extenso e cercado de arbustos, a fachada de uma casa assobradada de tijolos vermelhos foscos, com o par de grandes espigões dos quais havia tirado o nome. Naquela manhã, do carro, tivera uma visão rápida do conjunto. Viu que era uma casa moderna; com dez anos, talvez. O local era muito bem-cuidado, com aquele ar de paz opulenta que envolvia mesmo as menores casas abastadas no campo inglês. Defronte dela, além da estrada, os ricos campos estendiam-se até a beira dos penhascos; mais além, uma paisagem de bosques estendia-se através de um amplo vale até os pântanos. Parecia fantástico que tal local pudesse servir de cenário para um crime violento. Era tão tranqüilo e em ordem, muito eloqüente no seu aspecto de serviço disciplinado e agradável para se viver. Contudo, atrás da casa e perto da sebe que se erguia entre o jardim e a estrada branca e quente ficava o depósito de ferramentas do jardim, ao lado do qual o corpo tinha sido encontrado, caído contra a parede de madeira.

Trent atravessou a porteira e seguiu pela estrada, até que ficou frente a frente com o depósito. Uns 40 metros além, a estrada fazia uma curva aguda, afastando-se da casa para prosseguir entre plantações densas; e pouco antes da curva os terrenos da casa terminavam, com um portãozinho branco no ângulo da cerca limítrofe. Ele se aproximou do portão, que era evidentemente para uso dos jardineiros e para o serviço da casa. Esse girou facilmente nos gonzos, e Trent passou devagar para uma trilha que ia dar nos fundos da casa, entre a sebe exterior e uma alta cerca de rododendros. Através de uma falha nessa cerca, uma trilha levou-o à cuidadosa construção de madeira que ficava entre árvores que davam para um canto da frente. O corpo tinha ficado na lateral da casa; uma empregada, pensou, olhando pelas janelas próximas nas primeiras horas do dia anterior, deve ter visto sem olhar a cabana, enquanto imaginava o que seria ser tão rico quanto o patrão.

Trent examinou o local cuidadosamente e esquadrinhou a cabana por dentro, porém não pôde notar mais que a aparência pisoteada da grama crescida onde o corpo estivera. Agachando-se, com olhos atentos e dedos sensíveis, apalpou o chão cuidadosamente num largo trecho; mas a procura foi infrutífera.

Foi interrompido pelo ruído — o primeiro que ouviu vindo da casa — da porta da frente sendo fechada. Trent esticou suas longas pernas e foi para a beira da estrada. Um homem estava afastando-se rapidamente da casa em direção ao grande portão. Ao ouvir o barulho de passos no cascalho, o homem girou rapidamente, nervoso, e enfrentou Trent. A súbita visão do seu rosto foi terrível, tamanha a palidez e exaustão. Contudo, era um rosto jovem. Não havia uma ruga em torno dos selvagens olhos azuis, apesar do aspecto de tensão e de desesperada fadiga. Quando se aproximaram um do outro, Trent reparou com admiração no porte do homem de aspecto flexível e forte. No seu porte hirto em conseqüência do cansaço; nas suas feições regulares e bonitas; nos cabelos curtos, suaves e louros; e em sua voz quando se dirigiu a Trent, a influência de uma forma especial de treino foi perceptível. — Acho que sua educação vem de Oxford, meu caro — disse Trent a si mesmo.

— Se o senhor é o Sr. Trent — falou o rapaz, com voz amável —, está sendo esperado. O Sr. Cupples telefonou do hotel. Meu nome é Marlowe.

— Se não me engano, o senhor era secretário do Sr. Manderson — disse Trent.

Ele estava muito inclinado a gostar do rapaz. Embora parecesse à beira de um esgotamento físico, tinha aquele ar de saúde íntima que é o apanágio peculiar do seu tipo social naquela idade. Mas havia qualquer coisa em seus olhos fatigados que era um desafio à análise de Trent; um jeito habitual, como ele interpretou, de meditar e pesar coisas invisíveis ao olhar. Tinha um ar muito inteligente, firme e resoluto, para ser chamado de sonhador. Trent pensou já ter visto algum olhar como aquele antes. Prosseguiu:

— Foi um grande aborrecimento para todos. Temo que o tenha perturbado muito, Sr. Marlowe.

— Apenas um pouco — retrucou o rapaz, com voz cansada. — Estive dirigindo o carro toda a noite de domingo e grande parte de ontem e não dormi a noite passada depois de ter ouvido as notícias: quem conseguiria? Mas tenho um encontro agora com o médico para tratar do inquérito, Sr. Trent. Espero que se realize amanhã. Suba até a casa e pergunte pelo Sr. Bunner, que está à sua espera; ele lhe contará tudo e mostrará o que desejar. Ele é o outro secretário; é americano e um sujeito ótimo; ele se ocupará do senhor. Antes que me esqueça, há um detetive aqui: o Inspetor Murch, da Scotland Yard. Chegou ontem.

— Murch! — exclamou Trent. — Mas somos velhos amigos. Por que cargas d'água chegou tão cedo?

— Não sei — replicou o Sr. Marlowe. — Mas estava aqui na noite passada, antes da minha chegada de Southampton, interrogando todo mundo e já anda por aqui desde as 8 da manhã. Está agora na biblioteca, ali onde o senhor vê aquelas janelas abertas na extremidade da casa. Talvez o senhor queira entrar e conversar sobre as coisas.

— Acho que vou — disse Trent.

Marlowe balançou a cabeça e prosseguiu em seu caminho. O gramado espesso tornou os passos de Trent tão silenciosos como os de um gato. Logo depois estava olhando para dentro através das folhas abertas da janela no extremo sul da casa, examinando com um sorriso umas costas muito largas e uma cabeça curvada coberta de cabelos grisalhos curtos. O homem no interior estava inclinado sobre um monte de papéis espalhados sobre a mesa.

— É sempre assim — disse Trent em tom melancólico, sendo que ao primeiro som o homem no interior virou-se com espantosa rapidez. — Desde cedo vi minhas mais caras esperanças desaparecerem. Pensei estar à frente da Scotland Yard dessa vez, e está aqui o maior oficial de toda a força metropolitana já ocupando a posição.

O detetive sorriu com ar severo e dirigiu-se à janela.

— Eu o estava esperando, Sr. Trent — replicou. — É o tipo de caso de que o senhor gosta.

— Uma vez que meus gostos são levados em conta — retrucou Trent, entrando na sala —, desejaria que eles tivessem seguido essa linha, conservando meu detestado rival de fora. O senhor tomou também uma grande dianteira: contaram-me tudo. — Seus olhos começaram a percorrer a sala. — Como consegue isso? O senhor é muito rápido, eu sei; é rápido, mas não sei como conseguiu chegar a tempo de começar a trabalhar ontem à noite. Terá a Scotland Yard organizado secretamente um corpo de aviação? Ou está mancomunada com os poderes infernais? Em ambos os casos, o Ministério do Interior deve ser convocado para fazer uma declaração.

— É muito simples — disse o Sr. Murch com sólida impassividade. — Acontece que eu estava de folga com a patroa em Halvey, que fica apenas a uns 20 quilômetros daqui pela costa. Tão logo nosso pessoal soube do assassinato, mandaram me avisar. Telegrafei ao chefe e imediatamente me encarregaram do caso. Vim para cá de bicicleta ontem à noite e aqui estou desde então.

— Por falar nisso — perguntou Trent desatento —, como está a Sra. Inspetor Murch?

— Muito bem, obrigado — respondeu o inspetor —, e freqüentemente fala de você e das brincadeiras que você costumava fazer com nossos filhos. Contudo, desculpe dizer-lhe, Sr. Trent, o senhor não precisa se preocupar em dizer coisas sem importância enquanto está fazendo seus olhos funcionarem. Agora conheço seus métodos.

Sei que está com os pés no chão, como de costume, e tem licença da proprietária para ir ao local e proceder a interrogatórios.

— É verdade — disse Trent. — Vou tomar seu lugar novamente, inspetor. Devo-lhe isso por ter-me derrotado no caso Abinger, sua raposa velha. Mas se realmente não está inclinado a delicadezas sociais, neste momento deixemos de rapapés e tratemos de coisas mais sérias.

O pintor-detetive foi até a mesa e deu uma olhada nos papéis que estavam arrumados sobre ela; a seguir, virou-se para uma escrivaninha cujo tampo estava descido. Examinou rapidamente as gavetas.

— Vejo que isto aqui já foi remexido — comentou. — Bem, inspetor, acho que vamos agir como de costume.

Em inúmeras ocasiões Trent se encontrara com o Inspetor Murch, que tinha uma excelente posição no Departamento de Investigação Criminal. Era um funcionário tranqüilo, esperto e muito habilidoso, além de possuir uma enorme coragem, com uma vívida história ligada a uma laia de criminosos dos mais perigosos. Possuía o coração tão grande quanto seu porte, grande demais, até, para um policial. Ele e Trent, por um indefinido fator de simpatia, tinham gostado um do outro desde o começo e firmado uma dessas amizades que deleitava o homem mais jovem, enriquecendo sua experiência. Com ele, o inspetor falava mais francamente que com qualquer outro, e costumavam discutir com a maior franqueza as minúcias e possibilidades de todos os casos. Evidentemente, havia normas e limites. Ficara acertado entre eles que Trent não usaria no jornal nada que tivesse obtido em fonte oficial. Cada um, para honra e prestígio dos organismos que representavam, reservava-se francamente o direito de ocultar do outro qualquer descoberta ou palpite que considerasse fundamental para a solução do problema. Trent insistira em exprimir cuidadosamente esses princípios, que eram parte do que denominava cavalheirismo de policial. O Sr. Murch, partidário que era da competição e que só tinha a ganhar em se associar à inteligência penetrante do outro, entrou muito prazerosamente nesse jogo. Nesse debate a favor do crédito do jornalismo e da lei, a vitória algumas vezes sorria para a prática maior e o método do funcionário e, outras vezes, para a mente mais viva e a imaginação mais fervilhante de Trent, cuja capacidade principal era descobrir entre as pistas a mais significativa.

Dessa forma, o inspetor aquiesceu às últimas palavras de Trent. Apoiados na janela francesa, diante da enorme paz e do esplendor da paisagem de verão, discutiram juntos o caso.

Trent tirou do bolso um pequeno bloco de anotações e, enquanto discutiam, começou a fazer um desenho da sala com linhas leves e precisas. Costumava fazer isso nessas ocasiões e, na maior parte das vezes, sem qualquer motivo; mas vez por outra esse costume lhe tinha servido para um fim útil.

Era um aposento amplo, num ângulo da casa, com enormes janelas colocadas em duas paredes. No centro, uma mesa comprida. Entrando-se pela janela francesa, a escrivaninha de tampo corrediço ficava à esquerda, encostada na parede. A porta interna se situava na parede da esquerda, na extremidade da sala; e, à sua frente, uma ampla janela dividida em caixilhos quadrados. Um armário de canto magnificamente esculpido erguia-se contra a parede além da porta, e um outro ocupava o vão formado pela lareira. Algumas gravuras coloridas de Harunobu, que já estavam na mira de Trent, o qual queria se tornar mais íntimo delas, estavam colocadas em todos os lugares não ocupados pelos livros. Estes exibiam o aspecto pouco sugestivo de jamais terem sido retirados das estantes. Numa encadernação luxuosa mas sóbria, os grandes poetas, romancistas, historiadores e ensaístas ingleses alinhavam-se como um pequeno exército morto. Havia também algumas cadeiras que, como o armário, eram esculpidas em carvalho antigo; em frente à escrivaninha, uma poltrona moderna e uma cadeira giratória. A sala parecia luxuosa mas meio nua. Os únicos objetos portáteis eram uma enorme jarra de porcelana, de um azul belíssimo, colocada em cima da mesa, um relógio, várias caixas para charutos sobre a lareira e um telefone portátil em cima da escrivaninha.

— Viu o corpo? — perguntou o inspetor.

Trent balançou a cabeça afirmativamente.

— E o lugar onde caiu — acrescentou.

— As primeiras impressões deste caso me confundiram — disse o inspetor. — Pelo que ouvi em Halvey, pensei que podia ser um roubo comum com assassinato, cometido por algum vagabundo, apesar disso estar longe de ser comum em lugares como este. Mas, assim que comecei minhas investigações, dei com alguns pontos curiosos que, agora, ouso dizer que você já deve ter reparado. O homem foi morto em sua própria terra, muito perto da casa, para início de conversa. Mas não há o menor sinal de tentativa de roubo. E o corpo não foi roubado. Na verdade, seria um caso claro de suicídio, como se desejaria ver, não fossem certos fatos. Eis outro indício; mais ou menos um mês antes, disseram-me, Manderson esteve num estranho estado de desarranjo mental. Acredito que você já saiba que ele e a mulher tiveram algumas desavenças. Os serviçais notaram uma mudança nos modos dele em relação a ela durante muito tempo, e na última semana ele raramente se dirigiu a ela. Disseram que ele era um homem diferente, pensativo e silencioso, por um motivo ou outro. A camareira da senhora disse que ele andava como se alguma coisa estivesse para acontecer. É sempre fácil lembrar que as pessoas andavam assim depois de alguma coisa lhes ter acontecido. Contudo, foi o que disseram. E então voltamos ao princípio: suicídio! Ora, por que não, Sr. Trent?

— Os fatos, pelo que sei, indicam na verdade o contrário — respondeu Trent, sentando-se no parapeito da janela e entrelaçando as mãos nos joelhos. — Primeiro, claro, nenhuma arma foi encontrada. Eu a procurei e o senhor também, e não apareceu nenhum traço de arma de fogo numa distância de uma pedrada de onde o corpo jazia. Segundo, as marcas nos pulsos, arranhões e pisaduras recentes, que só podemos considerar como tendo sido feitos numa luta com alguém. Terceiro, onde já se viu alguém dar um tiro no próprio olho? Além disso, ouvi do gerente do hotel outra coisa que me chamou a atenção como o detalhe mais curioso nesse assunto. Manderson vestiu-se completamente antes de sair, mas esqueceu os dentes postiços. Ora, como pode um suicida que se veste para ter uma aparência decente como cadáver, esquecer seus dentes?

— Esse último argumento me chamou a atenção — admitiu o Sr. Murch. — Há alguma coisa nele. Mas, quanto aos outros pontos que me ocorreram, não estou levando em conta o suicídio. Estive procurando idéias nesta casa, hoje de manhã. Espero que o senhor esteja pensando em fazer o mesmo.

— De fato. É um caso para idéias, parece-me. Vamos, Murch, vamos fazer um esforço; vamos inclinar nossos espíritos na direção de uma suspeita generalizada. Para começar, vamos desconfiar de todos na casa. Ouça: vou lhe dizer de quem suspeito. Para começar, claro, desconfio da Sra. Manderson. E também de ambos os secretários: soube que são dois e dificilmente sei qual deles encaro como mais completamente digno de suspeita. Desconfio do mordomo e da camareira da senhora. Desconfio dos outros empregados e desconfio especialmente do engraxate. A propósito, que empregados existem aqui? Tenho desconfianças mais que suficientes por aqui, para o tamanho da casa; mas, por uma questão de curiosidade, eu gostaria de saber.

— Nenhum que preocupe — replicou o inspetor —, mas no primeiro estágio do caso esse é o único princípio seguro, e o senhor sabe disso tão bem quanto eu, Sr. Trent. Contudo, já vi a gente daqui o bastante ontem à noite e hoje para tirar alguns da minha cabeça, pelo menos atualmente. O senhor tirará suas próprias conclusões. Quanto ao pessoal, há o mordomo e a aia da dona, o cozinheiro e três outras criadas, uma delas é uma mocinha. Um motorista, que está fora, com um pulso quebrado. Não há nenhum engraxate.

— E o jardineiro? O senhor não se referiu a ele, essa figura sinistra e sombria. O senhor o está mantendo em segundo plano, Murch. Abra o jogo. Elimine-o... ou o denunciarei à Comissão Disciplinar.

— O jardim é cuidado por um homem da aldeia, que vem duas vezes por semana. Falei com ele. Esteve aqui pela última vez na sexta-feira.

— Então, desconfio ainda mais dele — falou Trent. — E agora, a casa propriamente dita. O que eu me proponho fazer, para começar, é farejar um pouco esta sala, onde me disseram que Manderson passava uma grande parte do seu tempo, e seu quarto; especialmente o quarto. Mas, já que estamos aqui, comecemos por aqui. O senhor parece estar no mesmo estágio do inquérito. Talvez o senhor já tenha examinado os quartos.

O inspetor balançou a cabeça afirmativamente.

— Estive no de Manderson e de sua mulher. Acho que nada foi encontrado até agora. Seu quarto é muito simples e despido, sem qualquer sinal que *eu* notasse. Parecia ter insistido na vida simples. Nunca empregou um camareiro. O quarto é muito semelhante a uma cela, com exceção das roupas e sapatos. O senhor os encontrará exatamente como eu os encontrei; e eles me disseram como Manderson deixou-os exatamente e não sabemos que horas da manhã de ontem. Dá para o quarto da Sra. Manderson, que é pouco parecido com a cela ao lado, garanto-lhe. Eu diria que a senhora é muito partidária de coisas extremamente bonitas. Mas mudou-se na manhã da descoberta: a camareira disse que ela nunca poderia dormir numa peça dando para o quarto do marido assassinado. Um sentimento muito natural numa mulher, Sr. Trent. Ela foi acampar, por assim dizer, num dos quartos disponíveis agora.

— Vamos, meu amigo — Trent estava se dizendo enquanto tomava algumas notas no seu caderninho. — Já botou o olho na Sra. Manderson? Ou não? Conheço esse tom incolor na voz do inspetor. Gostaria de tê-la visto. Ou você tem alguma coisa contra ela e não quer que eu note; ou então mudou de idéia sobre sua inocência, mas não se incomoda de que eu perca tempo com ela. Bem, faz parte do jogo, que começa a parecer extremamente interessante à medida que prosseguimos. — E, virando-se para o Sr. Murch, disse alto: — Bem, visitarei o quarto mais tarde. E o que é isso aqui?

— É chamado de biblioteca — respondeu o inspetor. — Manderson usava-a para escrever; passava a maior parte do tempo que ficava dentro de casa aqui. Desde que ele e a mulher deixaram de se entender, ele passou a passar suas noites sozinho, e quando estava nesta casa sempre ficava aqui. Ele foi visto pela última vez vivo, segundo os criados, nesta peça.

Trent levantou-se e deu outro olhar nos papéis espalhados na mesa.

— Cartas de negócios e documentos, em sua maioria — disse o Sr. Murch. — Relatórios, prospectos, etc. Poucas cartas contendo assuntos particulares, nada nelas que me interesse. O secretário americano — seu nome é Bunner, um esquisitão que nunca vi alterado — examinou comigo essa mesa hoje de manhã. Ele meteu na cabeça que Manderson andava recebendo cartas ameaçadoras e que o assassinato foi conseqüência delas. Mas não há o menor vestígio disso; e examinamos tudo, folha por folha. As únicas coisas estranhas que encontramos foram alguns maços de dinheiro de grande valor e um par de pequenos diamantes brutos. Pedi ao Sr. Bunner que os guardasse em lugar seguro. Dava a impressão de que Manderson ultimamente tinha começado a comprar diamantes para negociar: "Era um novo jogo para ele", disse o secretário, "e parecia diverti-lo."

— E quanto a esses secretários? — perguntou Trent. — Conheci um chamado Marlowe agora mesmo lá fora; um rapaz simpático, de olhos estranhos, indubitavelmente inglês. O outro, ao que parece, é americano. O que levou Manderson a querer um secretário inglês?

— O Sr. Marlowe explicou-me por quê. O americano era seu braço direito nos negócios, um dos seus empregados que nunca o abandona. O Sr. Marlowe nada tem a ver com os negócios de Manderson como financista, nada sabendo a respeito. Sua obrigação é cuidar dos cavalos, carros e iates, além de tratar dos arranjos esportivos; e isto o tornava genericamente útil, como pode perceber. Ele gastava muito dinheiro, acho. O outro ficava restrito completamente aos negócios comerciais, e imagino que tivesse o tempo todo ocupado. Quanto ao fato de ser inglês, era um capricho de Manderson ter um secretário inglês. Teve vários antes do Sr. Marlowe.

— Ele revelou seu gosto — observou Trent. — Pode ser mais que interessante ser ministro dos prazeres de um plutocrata moderno com P maiúsculo, não acha? Só que eles dizem que os de Manderson eram exclusivamente do tipo inocente. Certamente, Marlowe me dá a impressão de que é fraco no desempenho do papel de Petrônio. Mas, voltando ao assunto — consultou suas notas —, o senhor acabou de dizer que ele foi visto vivo pela última vez aqui, "segundo os empregados". Isso significa...

— Ele teve uma conversa com a mulher na ida para a cama. Foi por isso que o criado, chamado Martin, o viu pela última vez aqui. Eu soube disso ontem à noite, e ele ficou muito contente em contá-lo. Uma história dessas é um prato feito para os servidores domésticos.

Trent refletiu durante uns momentos, olhando pela janela aberta as encostas ensolaradas.

— O senhor se incomodaria de ouvir novamente o que ele tem a dizer? — perguntou ao fim de um instante.

Como resposta, o Sr. Murch tocou a campainha. Um homem de meia-idade, calmo, barbeado, com os modos apurados de um empregado o atendeu.

— Apresento-lhe o Sr. Trent, que está autorizado pela Sra. Manderson a percorrer a casa e fazer investigações — explicou o detetive. — Ele gostaria de ouvir sua história.

Martin curvou-se friamente. Reconheceu em Trent um cavalheiro. O tempo iria mostrar se ele era o que Martin chamava de cavalheiro em toda a acepção da palavra.

— Vi-o aproximar-se da casa, senhor — disse Martin, com fria polidez. Falou de uma forma lenta e medida. — Minhas instruções são para atendê-lo de todas as maneiras possíveis. Quer que eu recorde as circunstâncias da noite de domingo?

— Por favor — disse Trent com exagerada gravidade.

O estilo de Martin estava fazendo um apelo clamoroso ao seu senso de comédia. Afastou com um esforço toda a vivacidade de impressão do seu rosto.

— Vi o Sr. Manderson pela última vez...

— Não, calma — interrompeu Trent tranqüilamente. — Conte-me tudo o que viu sobre ele naquela noite, digamos, após o jantar. Procure relembrar o mínimo detalhe.

— Depois do jantar, senhor?... Pois bem. Lembro que depois do jantar os srs. Manderson e Marlowe passearam conversando pelo pomar. Se me pedir detalhes, direi que estavam conversando sobre alguma coisa importante, porque ouvi o Sr. Manderson dizer algo quando entraram pela porta dos fundos. Ele disse, pelo que me lembro: "Se Harris está lá, cada momento é importante. Você precisa começar já. E nem uma palavra a ninguém." O Sr. Marlowe respondeu: "Está bem. Mudarei de roupa e estarei pronto"... ou palavras semelhantes. Ouvi isso claramente quando passaram pela janela da minha copa. Depois o Sr. Marlowe subiu para seu quarto, e o Sr. Manderson foi para a biblioteca e tocou a campainha me chamando. Deu-me algumas cartas para entregar ao carteiro de manhã e disse-me que ficasse acordado até mais tarde, pois o Sr. Marlowe o havia convencido a dar um passeio de carro ao luar.

— Isso é curioso — notou Trent.

— Também achei, senhor. Mas lembrei o que ouvi sobre "nem uma palavra a ninguém" e concluí que o passeio ao luar teve a intenção de enganar.

— Que horas eram?

— Cerca de 10, senhor, acho eu. Após ter falado comigo, o Sr. Manderson esperou que o Sr. Marlowe saísse e tirasse o carro. Então, dirigiu-se à sala de visitas, onde estava a Sra. Manderson.

— E você achou isso curioso?

Martin baixou os olhos.

— Já que me pergunta, senhor — retrucou com ar reservado —, não o via entrar naquela peça desde que viemos para cá esse ano. Ele preferia passar as noites na biblioteca. Naquela noite, permaneceu por pouco tempo com a Sra. Manderson. Depois, ele e o Sr. Marlowe partiram imediatamente.

— Viu-os partir?

— Sim, senhor. Foram na direção de Bishopsbridge.

— E tornou a ver o Sr. Manderson mais tarde?

— Mais ou menos uma hora depois, senhor, na biblioteca. Deveriam ser mais ou menos 11:15, acho; ouvi o bater das 11 no relógio da igreja. Devo dizer que tenho o ouvido muito apurado. senhor.

— Suponho que o Sr. Manderson tocou a campainha chamando-o, não foi? E o que aconteceu quando o senhor o atendeu?

— O Sr. Manderson tinha tirado a garrafa de uísque, o sifão e um copo do armário onde os guardava, senhor...

Trent ergueu a mão.

— Já que falamos nisso, Martin, quero perguntar-lhe francamente: o Sr. Manderson bebia muito? Quero que compreenda que não se trata de uma curiosidade impertinente de minha parte. Quero que me diga porque talvez isso possa ser uma ajuda no esclarecimento deste caso.

— Perfeitamente, senhor — retrucou Martin com ar circunspecto. — Não hesitarei em repetir-lhe o que já disse ao inspetor. O Sr. Manderson, considerando sua posição na sociedade, era um homem notavelmente abstêmio. Nos meus quatro anos a seu serviço, nunca vi nada de natureza alcoólica passar por seus lábios, exceto um ou dois copos de vinho ao jantar, muito raramente ao almoço, e de vez em quando um uísque com soda antes de dormir. Nunca pareceu ter feito disso um hábito. Freqüentemente encontrava, pela manhã, seu copo apenas com um pouco de soda. Às vezes havia uísque nele, mas nunca muito. Ele jamais foi difícil de contentar em relação às bebidas: soda pura era a sua preferida, embora eu me arriscasse a sugerir algumas águas minerais naturais, às quais me afeiçoei no meu trabalho anterior. Ele costumava guardá-las aqui nesse armário, porque não gostava de ser esperado por mais tempo que o necessário. Era uma coisa estabelecida que eu nunca me aproximasse dele após o jantar, a menos que fosse chamado. E, quando ele pedia alguma coisa, isso tinha de ser trazido depressa, e ele deveria ser imediatamente deixado só. Detestava que lhe perguntassem se desejava mais alguma coisa. Incrivelmente simples em seus gostos, senhor, assim era o Sr. Manderson.

— Muito bem; e naquela noite ele o chamou cerca de 11:15. Pode lembrar exatamente o que ele disse?

— Acho que posso com certa precisão, senhor. Não foi muito. Primeiro me perguntou se o Sr. Bunner tinha ido dormir, e informei-o de que tinha subido havia pouco. Ele então disse que queria alguém acordado até as 12:30, para o caso de chegar um importante recado telefônico, e que, tendo o Sr. Marlowe ido de carro a Southampton para ele, desejava que eu me ocupasse disso e recebesse o recado, caso houvesse um, sem incomodá-lo. Ordenou também que eu lhe levasse um sifão novo de água de soda. Creio que foi só. senhor.

— Suponho que não tenha notado nada de diferente nele...

— Não, senhor, nada. Quando atendi a campainha, ele estava sentado na escrivaninha, atento ao telefone, esperando alguma chamada, imaginei. Ele deu as ordens prestando atenção ao mesmo tempo. Quando voltei com o sifão, ele estava empenhado numa conversa ao aparelho.

— Lembra de alguma coisa dessa conversa?

— Pouquíssimo, senhor; era alguma coisa a respeito de alguém num hotel; sem interesse para mim. Permaneci na sala apenas o tempo necessário para colocar o sifão na mesa e me retirar. Quando fechei a porta, ele estava dizendo: "Tem certeza de que ele não está no hotel?", ou mais ou menos isso.

— E isso foi tudo o que viu e ouviu dele vivo?

— Não, senhor. Pouco depois, às 11:30, quando eu estava instalado no meu alojamento com a porta entreaberta e um livro para me distrair, ouvi o Sr. Manderson subir para o quarto. Fui imediatamente fechar a janela da biblioteca e corri o fecho da porta da rua. Nada mais ouvi.

Trent meditou.

— Suponho que não tenha cochilado nem um pouco — sugeriu — enquanto estava acordado esperando pelo recado telefônico...

— Não, senhor. Estive invariavelmente acordado durante todo aquele tempo. Durmo mal, principalmente na proximidade do mar, e geralmente leio na cama até cerca da meia-noite.

— E não houve nenhum recado?

— Não, senhor.

— Não. E suponho que dormiu de janela aberta, considerando a noite calorenta...

— Ela nunca é fechada de noite, senhor.

Trent acrescentou uma última nota; depois olhou pensativamente o que havia escrito. Levantou-se e andou de um lado para outro na sala durante alguns momentos com olhar triste. Após algum tempo, parou defronte de Martin.

— Parece tudo perfeitamente normal e simples — disse. — Quero apenas esclarecer alguns detalhes. Você foi fechar as janelas da biblioteca antes de ir dormir. Que janelas?

— A janela francesa, senhor. Ficava aberta o dia inteiro. As janelas que ficam defronte da porta raramente eram abertas.

— E quanto às cortinas? Estou imaginando se alguém fora da casa poderia ver o interior.

— Acho que facilmente, senhor, se entrasse no terreno por aquele lado. As cortinas jamais eram corridas no verão. O Sr. Manderson costumava sentar exatamente na soleira, de noite, fumando e olhando a escuridão. Mas ninguém que não tivesse o que fazer ali poderia tê-lo visto.

— Compreendo. E agora me diga: sua audição é muito apurada, foi o que me disse, e ouviu o Sr. Manderson entrar, quando ele voltou do jardim após o jantar. Ouviu-o tornar a entrar após a volta de carro?

Martin fez uma pausa.

— Por falar nisso, senhor, lembro que não. Seu toque de campainha nesta sala foi a primeira coisa que ouvi de sua volta. Eu devia tê-lo ouvido chegar, mas deve ter entrado pela janela. — Pensou um pouco e acrescentou: — Como de hábito, o Sr. Manderson deveria ter entrado pela frente, pendurado o chapéu e o casaco no vestíbulo e atravessado o vestíbulo para entrar no estúdio. Parece-me que ele estava muito apressado para usar o telefone, pois atravessou diretamente o gramado, entrando pela janela; ele fazia isso quando havia algo importante a fazer. Estava de chapéu, lembro agora, e atirou seu casacão na beira da mesa. Deu também uma ordem muito seca, como sempre fazia quando atarefado. O Sr. Manderson era de fato um homem muito abrupto; agitado, como se diz.

— Ah! Ele parecia muito ocupado. Mas você não acabou de dizer que não tinha notado nada de estranho nele?

Um sorriso melancólico apareceu subitamente no rosto de Martin.

— Esse comentário mostra que o senhor não conhecia o Sr. Manderson, se me permite esta observação. Esse procedimento nada tinha de estranho; muito ao contrário. Levei muito tempo para me acostumar. Ou ele ficava sentado, imóvel, fumando um charuto, pensando ou lendo, ou então ficava escrevendo, ditando e enviando telegramas, tudo ao mesmo tempo, até quase deixar alguém tonto só de ver, às vezes durante uma hora ou até mais. Quanto a estar com pressa de receber uma mensagem telefônica, devo dizer que não era do seu feitio.

Trent virou-se para o inspetor, que o encarou com um ar de resposta inteligente. Sem se perturbar por mostrar sua compreensão da linha de perguntas estabelecida por Trent, o Sr. Murch fez pela primeira vez uma pergunta.

— Então você o deixou enquanto ele telefonava, ao lado da janela aberta, com as luzes acesas e a bebida na mesa; foi isso?

— Foi, Sr. Murch.

A delicadeza da mudança nos modos de Martin quando chamado a responder ao detetive distraiu momentaneamente a mente avaliadora de Trent. Mas a pergunta seguinte do homenzarrão trouxe-o imediatamente de volta ao problema.

— Quanto a essas bebidas. Você disse que o Sr. Manderson freqüentemente não bebia uísque antes de se deitar. Terá bebido naquela noite?

— Não posso informar. A peça estava arrumada na manhã seguinte por uma das arrumadeiras, e o copo, presumo, lavado como de costume. Sei que a garrafa estava quase cheia naquela noite. Eu tornei a enchê-la alguns dias antes e dei-lhe uma olhada quando trouxe o novo sifão, como de hábito, para ter certeza de que tinha uma quantidade razoável.

O inspetor dirigiu-se ao armário alto e abriu-o. Tirou a garrafa de vidro lapidado e colocou-a na mesa, defronte de Martin.

— Estava mais cheia do que isso? — perguntou, com voz calma.

— Foi como a encontrei hoje de manhã.

A garrafa tinha menos da metade.

Pela primeira vez a presença de espírito de Martin alterou-se. Pegou apressadamente a garrafa, sacudiu-a diante dos olhos e depois encarou os outros espantado, dizendo lentamente:

— Falta mais de meia garrafa desde que a vi pela última vez, e isso aconteceu nesse domingo à noite.

— Suponho que ninguém da casa... — sugeriu Trent discretamente.

— Nem pensar! — retrucou Martin sumariamente; depois acrescentou: — Desculpe, senhor, mas isso é uma coisa muito estranha para mim. Uma coisa igual nunca tinha me acontecido em todo o meu tempo com o Sr. Manderson. Quanto às empregadas, elas nunca tocam em nada, ponho minha mão no fogo; e quanto a mim, quando quero uma bebida sirvo-me sem precisar recorrer às garrafas do armário.

Voltou a pegar o recipiente e, vagamente, tornou a examinar o conteúdo enquanto o inspetor o olhava com ar de serena satisfação, como um mestre contempla sua obra.

Trent virou uma página em branco do seu caderno, e bateu nela pensativamente com o lápis. Depois ergueu os olhos e disse:

— Suponho que o Sr. Manderson se tenha vestido para o jantar nessa noite.

— Certamente, senhor. Ele vestiu uma roupa que costumava chamar Tuxedo e que usava sempre para jantar em casa.

— E estava vestido assim quando você o viu pela última vez?

— Menos a jaqueta, senhor. Quando ele passava a noite na biblioteca, como habitualmente acontecia, trocava-a por uma jaqueta de caça após o jantar, uma casemira clara, um tanto berrante para o gosto inglês, talvez. Era o que usava quando o vi pela última vez. Costumava pendurá-la neste armário aqui — Martin abriu a porta enquanto falava —, junto com as varas de pescar e coisas assim do Sr. Manderson, de forma a poder vesti-la após o jantar sem precisar ir ao andar superior.

— Deixava a jaqueta de jantar no armário?

— Sim, senhor. A camareira costumava levá-lo para cima de manhã.

— De manhã — repetiu Trent calmamente. — E agora, que estamos falando da manhã, quer dizer-me exatamente o que sabe a respeito? Eu soube que o desaparecimento do Sr. Manderson não foi notado até encontrarem o corpo mais ou menos às 10 horas.

— É verdade, senhor. O Sr. Manderson nunca era chamado e nada lhe era levado de manhã. Ele ocupava um quarto separado. Normalmente, levantava-se às 8 e ia direto ao banheiro, descendo pouco antes das 9. Mas freqüentemente dormia até as 9 ou 10. A Sra. Manderson era invariavelmente acordada às 7. A camareira lhe levava o chá. Ontem de manhã, a Sra. Manderson tomou o desjejum por volta das 8 na sua saleta, como de costume, e todos supunham que o Sr. Manderson ainda estivesse dormindo, quando Evans entrou correndo na casa com a terrível informação.

— Compreendo — comentou Trent. — E agora outra coisa. Você disse que correu o fecho da porta da frente antes de ir dormir. Foi a única que você fechou?

— A porta da frente, sim, senhor; corri o fecho. Não é necessário mais que isso nesse lugar. Mas fechei ambas as portas dos fundos e examinei todos os trincos das janelas do rés-do-chão. De manhã estava tudo como deixei.

— Como você deixou. Agora, mais uma coisa... a última, penso. Onde estavam as roupas que o Sr. Manderson tinha naturalmente usado naquele dia?

Martin esfregou o queixo.

— O senhor me faz lembrar de como fiquei surpreendido quando olhei o corpo, senhor. A princípio, não notei o que havia de esquisito a respeito das roupas e depois vi o que era. O colarinho era um tipo que o Sr. Manderson nunca usava, exceto com roupa a rigor. Depois, percebi que ele usava todas as mesmas coisas que tinha vestido na noite anterior — camisa de peitilho duro e tudo —, exceto o casaco, o colete e as calças, além dos sapatos marrons e gravata azul. Quanto ao terno, era um da meia dúzia que poderia ter usado. Porém, ele ter simplesmente vestido todo o resto somente porque tudo já estava por lá, em vez de procurar a espécie de camisa e coisas que sempre usava de dia, bem, senhor, era inaudito. Isso demonstra, como algumas outras coisas, a pressa que devia sentir quando se levantou.

— Sem dúvida — disse Trent. — Bem, acho que é tudo o que eu desejava saber. Você expôs tudo com admirável clareza, Martin. Se, mais tarde, precisarmos fazer mais perguntas, suponho que o encontraremos por aí.

— Estarei à sua disposição, senhor.

Martin inclinou-se e saiu calmamente.

Trent deixou-se cair na poltrona e soltou um longo suspiro.

— Martin é um grande sujeito — disse. — Ele é de longe melhor que um colaborador. Não há ninguém igual a ele e nem haverá até o fim do verão. E correto, também; não tem um pingo de maldade, o velho Martin. Sabe, Murch, você está errado em suspeitar dele.

— Nunca disse uma palavra sobre desconfiar dele. — O inspetor ficou surpreso. — O *senhor* sabe, Sr. Trent, que ele jamais contaria sua história assim se pensasse que eu desconfiava dele.

— Suponho que ele não pensa assim. Trata-se de uma pessoa maravilhosa, um grande artista; mas, apesar disso, não é de forma alguma um tipo sensível. Jamais passou-lhe pela cabeça que o senhor, Sr. Murch, pudesse suspeitar dele, Martin, o completo, o consumado. Mas eu sei. O senhor precisa compreender, inspetor, que eu fiz um estudo especial da psicologia dos servidores da lei. É um ramo geralmente desprezado do conhecimento. São muito mais interessantes que os criminosos e nem de perto tão fáceis. Todo o tempo em que o estive interrogando vi algemas em seus olhos. Seus lábios formavam silenciosamente as sílabas destas terríveis palavras: 'É meu dever dizer-lhe que tudo o que falar agora será utilizado e considerado como prova contra o senhor.' Seus modos teriam engano a maioria dos homens, mas não a mim.

O Sr. Murch riu calorosamente. Os absurdos de Trent nunca lhe causaram nenhuma grande impressão, porém ele considerou isso como sinal de estima, o que na verdade era; por isso nunca deixou de agradar-lhe.

— Bem, Sr. Trent — respondeu — o senhor tem toda razão. Não adianta negar: estou de olho nele. Não que haja alguma coisa definida; mas o senhor sabe tão bem quanto eu como os criados freqüentemente se misturam com coisas assim, e este homem é um indivíduo muito controlado. O senhor lembra do caso do camareiro de Lord William Russell, que foi, levantar as cortinas do quarto do patrão de manhã, como de costume, tão silencioso, formal e satisfeito, poucas horas depois de tê-lo assassinado na cama. Falei com todas as mulheres da casa e não acredito que haja um pingo de maldade em nenhuma delas. Mas Martin não pode facilmente ser posto de lado. Não gosto das maneiras dele; acho que está escondendo alguma coisa. Se assim for, vou descobri-la.

— Chega! — disse Trent. — Não vamos inventar modas. Voltemos aos fatos. O senhor tem realmente alguma prova, alguma coisa a opor à história que Martin nos contou?

— Nada até agora. Quanto à sugestão dele de que Manderson entrou pela janela após ter deixado Marlowe e o carro, devo dizer que é bastante correta. Interroguei a criada que limpou a sala na manhã seguinte e ela me disse que havia marcas de areia junto da janela, naquele oleado que cerca o tapete. E há uma pegada no cascalho recém-colocado na parte externa. — Meteu a mão no bolso, retirou um metro, que desdobrou, e, com ele, apontou os traços. — Um dos sapatos envernizados que Manderson estava usando nessa noite combina exatamente com a pegada; você os encontrará — acrescentou — na prateleira de cima do quarto, perto da janela, os únicos na fileira. A moça que os engraxou de manhã pegou-os para mim.

Trent curvou-se e examinou cuidadosamente as marcas leves.

— Ótimo! — disse. — O senhor cobriu uma grande parte do terreno, Murch, sem dúvida. Com relação ao uísque, foi excelente; o senhor saiu-se otimamente bem. Tive vontade de gritar 'Bis!'. É uma coisa sobre a qual preciso pensar.

— Pensei que o senhor já havia percebido — disse o Sr. Murch. — Ora, Sr. Trent, estamos apenas no começo da nossa investigação, mas o que diz sobre isto como uma teoria preliminar? Há um projeto de roubo, digamos um par de homens envolvidos, e Martin de quebra. Eles sabem onde a prata está e tudo a respeito de outras coisas disponíveis nas gavetas da sala de estar e em outros lugares. Vigiam a casa; vêem Manderson indo para a cama; Martin vai fechar a janela e a deixa meio aberta de propósito. Eles esperam até Martin ir dormir à meia-noite e meia; depois, dirigem-se à biblioteca e provam o uísque em primeiro lugar. Agora, suponha que Manderson não estivesse dormindo e que eles tenham feito barulho abrindo a janela ou coisa assim. Manderson ouve; pensa em assaltantes; levanta-se silenciosamente para ver o que está acontecendo; talvez caminhe para eles no momento em que estão se preparando para agir. Eles param e fogem; Manderson os persegue até o abrigo e agarra um; há uma luta; um deles perde a paciência e a cabeça e o ataca. Agora, Sr. Trent, faça uma análise detalhada.

— Muito bem — retrucou Trent —, apenas para satisfazê-lo, Murch, principalmente porque eu sei que o senhor não acredita numa palavra disso. Primeiro: não há vestígio algum de assaltante ou assaltantes, e a janela foi encontrada fechada de manhã, segundo Martin. Nada muito convincente nisso, concordo. Depois, ninguém na casa ouviu nada dessa correria pela biblioteca nem ouviu qualquer grito de Manderson, tanto dentro como fora de casa. Outra coisa: Manderson desceu sem uma palavra a quem quer que fosse, apesar de Bunner e Martin estarem à mão. E mais: ouviu falar alguma vez, em sua longa experiência, que um dono de uma casa se levantasse de noite para perseguir assaltantes, que se vestisse inteiramente, com roupas de baixo, camisa, colarinho e gravata, calças, colete e paletó, meias e sapatos de couro; e que desse os toques finais de elegância na roupa, além de pentear o cabelo e pegar o relógio e a corrente? Pessoalmente, chamo a isso de excesso. O único detalhe decorativo parece ser o esquecimento da dentadura.

O inspetor curvou-se para a frente pensativo, as mãos enormes apertadas.

— Não — respondeu finalmente. — Claro, essa teoria não se sustenta. Mas creio que temos ainda um longo caminho pela frente antes de descobrirmos como um homem levanta-se antes dos criados acordarem, veste-se completamente e é assassinado defronte de sua casa, cedo o bastante para estar frio e duro às 10 da manhã.

Trent confirmou com a cabeça.

— Não podemos construir coisa alguma sobre essa última consideração. Tratei do assunto com gente que sabe. Não me admiraria — acrescentou — se as noções tradicionais sobre perda de temperatura e rigor após a morte tiverem ocasionalmente levado um homem inocente à forca ou quase. O Dr. Stock sabe tudo a respeito, tenho certeza; a maior parte dos médicos da velha geração sabe. Esse Dr. Stock vai fazer de si mesmo um burro no inquérito, é quase tão certo quanto o sol se erguer amanhã. Eu o vi. Ele vai dizer que o corpo devia estar morto há tempo por causa da friagem e do *rigor mortis*. Posso vê-lo fuçando um compêndio que já estava velho quando ele era estudante. Ouça, Murch, vou lhe contar certos fatos que lhe serão um grande obstáculo em sua carreira profissional. Há muitas coisas que podem apressar ou retardar o esfriamento do corpo. Um foi permanecer na grama úmida no lado da sombra do abrigo. Quanto à rigidez, se Manderson morreu numa luta ou vítima de uma súbita emoção, seu cadáver podia enrijecer praticamente instantaneamente; há dezenas de casos anotados, particularmente em ferimentos do crânio, como esse. Por outro lado, o enrijecimento pode não ter começado até oito ou dez horas após a morte. Hoje em dia não se pode garantir o *rigor mortis* de ninguém, inspetor, tanto mais quanto o senhor pode sentir a limitação. Não, o que *podemos* dizer é isto: se ele tivesse sido baleado depois da hora em que o mundo começa a se levantar e ir trabalhar, teriam ouvido e muito provavelmente também visto. Na verdade, precisamos raciocinar, para começar, de qualquer forma, a suposição de que ele não foi baleado na hora em que as pessoas podiam estar acordadas; não nessas bandas. Fixe essa hora em 6:30 da manhã. Manderson foi para a cama às 11 da noite, e Martin ficou acordado até 12:30. Considerando que ele tenha dormido imediatamente, temos mais ou menos seis horas para o crime ser cometido; e isso é muito tempo. Mas quando ele foi cometido, desejo que sugira um motivo pelo qual Manderson, que sempre acordava tarde, estava levantado e vestido às 6:30 ou antes disso; e por que nem Martin, que tem o sono leve, nem Bunner, nem sua mulher o ouviram perambulando ou saindo da casa. Ele deve ter sido muito cauteloso. Deve ter-se esgueirado como um gato. Murch, o senhor deve sentir tudo isso como eu; não é muitíssimo estranho e desconcertante?

— É o que parece — concordou o inspetor.

— E agora — disse Trent, pondo-se de pé — deixo-o entregue às suas meditações e vou dar uma olhada nos quartos. Talvez a explicação de tudo isso se revele subitamente ao senhor enquanto eu estiver tateando por aí. Mas — concluiu Trent com uma voz de repentino desespero, virando-se na soleira da porta —, se puder me dizer a qualquer momento como um homem nesse planeta que tenha vestido todas as suas roupas pôde ter esquecido de colocar a dentadura, peço-lhe que me leve daqui a pontapés até o próximo asilo de malucos, internando-me como demente.

V

Bisbilhotando

HÁ MOMENTOS NA VIDA em que o que está dentro de nós, secreto, deixa escapar ordenadamente para a consciência um palpite sobre uma coisa. Quem não sabe o que é sentir às vezes uma onda de inexplicável convencimento de que está tudo indo bem consigo mesmo? — não a febril confiança de homens que estejam em perigo por causa de uma agressão do destino, não a persistente ilusão do otimista, mas uma convicção não procurada, atirando-se como um pássaro do galho porque o sucesso está à mão de forma extensa ou limitada. O general subitamente percebe de madrugada que o dia vai lhe trazer a vitória; o homem no gramado repentinamente sabe que dará a tacada máxima. À medida que Trent subia os degraus da escada do lado de fora da biblioteca, sua certeza de sucesso parecia aumentar. Uma quantidade de suposições e conclusões infiltraram-se em sua mente; algumas observações secretas que fizera e que sentia serem significativas ainda permaneciam não relacionadas com qualquer teoria plausível do crime; contudo, à medida que subia ele parecia ter certeza de que indubitavelmente aquela luz iria aparecer.

Os quartos alinhavam-se de cada lado de um amplo corredor atapetado, iluminado no extremo por uma janela alta. Tinha a extensão da casa até chegar em ângulos retos numa passagem mais estreita, para a qual davam os quartos dos empregados. O quarto de Martin era uma exceção: abria-se num estreito patamar a meio caminho do andar superior. Ao passar por ele, Trent olhou para dentro. Um pequeno quarto quadrado, limpo e comum. Ao percorrer o resto da escada, começou a pisar com precaução exagerada para evitar o barulho, colado à parede e colocando um pé diante do outro com cuidado; mas uma série de estalos bastante audíveis marcaram sua passagem.

Ele sabia que o quarto de Manderson era o primeiro do lado direito do andar dos dormitórios e dirigiu-se imediatamente a ele. Experimentou o trinco e a fechadura, que funcionaram normalmente, e examinou o orifício da chave. Em seguida, entrou.

Era um pequeno apartamento, estranhamente nu. Os móveis do banheiro do plutocrata não podiam ser mais modestos. Tudo permanecia como estava na manhã da horrível descoberta no terreno. Os lençóis e cobertores da cama desfeita continuavam atirados sobre um estreito estrado de madeira, e os raios de sol projetavam-se, brilhantes, pela janela. Reluziam também sobre as partes douradas do delicado trabalho de odontologia que estava dentro d'água, num recipiente raso de vidro colocado numa mesinha ao lado da cama. Via-se lá também um castiçal de ferro forjado. Algumas roupas jaziam desfeitas sobre uma das duas cadeiras de assento de junco. Vários objetos em cima de uma cômoda, que tinha sido usada como toucador, revelavam o tipo de desordem que um homem apressado podia fazer. Trent examinou-os com olhar investigador. Notou também que o ocupante do quarto não tinha se lavado nem feito a barba. Com o dedo, virou a dentadura no recipiente e tornou a franzir o cenho diante de sua incompreensível presença.

O vazio e a desordem do pequeno quarto inundado pelos raios solares estavam produzindo em Trent uma sensação horrível. Sua imaginação evocou a imagem de um homem magro vestindo-se num silêncio cuidadoso à primeira luz da manhã, olhando constantemente para a porta de ligação, atrás da qual sua mulher dormia, com os olhos apavorados. Trent estremeceu e, para fazer sua mente voltar à realidade, abriu dois armários altos que ficavam contra a parede, um de cada lado da cama. Continham roupas, uma grande variedade, evidentemente um dos poucos aspectos do conforto do homem que dormira ali.

Também em matéria de sapatos Manderson se permitira abusar da riqueza. Uma quantidade fantástica deles — arrumados e cuidadosamente enfileirados — encontrava-se em duas prateleiras baixas e compridas de encontro à parede. Não havia botas entre eles. Trent, ele mesmo um amador no assunto, virou-se agora para os sapatos de couro e lançou um olhar apreciador sobre a coleção. Era visível que Manderson orgulhava-se de ter um pé pequeno e bem-feito. Os sapatos tinham formatos diferentes, finos e de bico redondo, muito bem-feitos; todos tinham evidentemente saído da mesma fôrma.

Subitamente, seus olhos franziram-se, fixando-se num par de sapatos de verniz na prateleira superior. Eram os de que o inspetor tinha acabado de descrever-lhe a posição, os sapatos usados por Manderson na noite anterior à sua morte. Viu imediatamente que era um par bastante usado. Viu, também, que tinham sido engraxados recentemente. Alguma coisa na parte superior desses calçados chamou-lhe a atenção. Curvou-se e franziu o cenho, comparando o que viu com a aparência dos sapatos vizinhos. Depois, pegou-os e examinou a junção da parte superior com as solas. Ao fazê-lo, Trent começou, inconscientemente, a assoviar baixinho e com grande precisão uma ária que o Inspetor Murch, se estivesse presente, teria reconhecido.

A maioria das pessoas que tem o hábito do autocontrole tem também um truque involuntário que revela para os que os conhecem que estão dominando a excitação. O inspetor tinha notado que quando Trent percebia um forte cheiro, assoviava baixinho uma certa melodia; embora o inspetor não pudesse dizer que era, na verdade, o movimento de abertura de *Lied ohne Wörter* (*Canção sem palavras*) em lá maior de Mendelssohn.

Virou os sapatos, tirou algumas medidas com uma fita apropriada e olhou-lhes minuciosamente os solados. Percebeu em cada um deles, no ângulo entre o calcanhar e o dorso do pé, um leve traço de cascalho vermelho. Trent colocou os sapatos no chão e caminhou com as mãos nas costas até a janela, de onde ficou olhando abstratamente para fora, ainda assoviando baixo. Seus lábios abriram-se uma vez para emitir automaticamente a exclamação inglesa provocada por um súbito esclarecimento. Finalmente, tornou a virar-se para a prateleira e, apressada mas cuidadosamente, examinou cada um dos sapatos que lá estavam.

Feito isso, apanhou as roupas na cadeira, olhou-as de perto e recolocou-as no lugar. Virou-se outra vez para os armários e remexeu-os com cuidado. O toucador chamou a sua atenção pela segunda vez. Depois, sentou-se na cadeira vazia, apoiou a cabeça nas mãos e ficou assim, olhando o tapete, durante alguns minutos. Finalmente levantou-se e abriu a porta interna que levava ao quarto da Sra. Manderson.

Era evidente, à primeira vista, que o grande quarto tinha sido arrumado apressadamente. Todos os objetos pertencentes a um toucador feminino tinham sido retirados. Na cama, nas cadeiras e nas mesinhas não havia roupas ou chapéus, malas ou caixas; não restava nenhum traço da obstinada conspiração de luvas, véus, lenços e fitas, para interromper a servidão da gaveta. A peça parecia um quarto de hóspedes desocupado. Contudo, cada detalhe dos móveis e da decoração revelava um gosto pouco convencional mas exigente. Trent, com seu olhar experiente, notou a variada perfeição de cor e forma entre as quais a mal-casada senhora sonhava seus sonhos e pensava seus pensamentos mais solitários, percebendo que ela possuía pelo menos os recursos de uma natureza artística. Seu interesse por aquela personalidade desconhecida aumentou ainda mais; e seu cenho cerrou-se fortemente ao pensar no fardo que lhe pesava, bem como nos seus atos, cuja história estava agora tomando forma cada vez mais substancial diante de sua mente sobrecarregada.

Ele se dirigiu, primeiro, para a alta janela que ficava no centro da parede defronte da porta e a abriu, passando para um pequeno balcão com uma grade de ferro. Olhou para baixo, para um amplo trecho de grama que começava logo embaixo, separado da parede da casa unicamente por um estreito canteiro e estendendo-se com um abrupto mergulho na extremidade mais afastada, em direção ao pomar. A outra janela abria sobre a entrada ajardinada da biblioteca. No canto interno mais afastado da peça havia uma segunda porta que dava para o corredor; a porta pela qual a empregada deveria entrar e a patroa sair de manhã.

Trent, sentado na cama, esboçou rapidamente no caderninho uma planta do quarto e sua vizinhança. A cama ficava no ângulo entre a porta de comunicação e a janela corrediça, com a cabeceira contra a parede separando aquele quarto do de Manderson. Trent olhou para os travesseiros; depois, deitou-se decididamente na cama e olhou pela porta aberta para o quarto ao lado.

Concluído o exame, tornou a levantar-se e começou a pôr na planta que em cada lado da cama havia uma mesinha coberta. Sobre a que ficava mais distante da porta havia um gracioso abajur elétrico comum de cobre, ligado à parede por um fio. Trent olhou para aquilo pensativamente, e depois para as tomadas ligadas com as outras luzes do quarto. Estavam, como de costume, na parede perto da porta e um tanto fora do alcance de quem estivesse sentado na cama. Levantou-se e verificou que as luzes estavam funcionando. Então girou nos calcanhares, entrou apressadamente no quarto de Manderson e tocou a campainha.

— Martin, preciso novamente de sua ajuda — disse quando o mordomo apareceu, empertigado e impassível, na soleira da porta. — Quero que peça à camareira da Sra. Manderson para vir conversar comigo.

— Certamente, senhor — retrucou Martin.

— Que espécie de mulher é ela? Tem bom-senso?

— Ela é francesa, senhor — informou Martin, laconicamente; fez uma pausa e acrescentou: — Não é muito antiga aqui, senhor, porém tenho a impressão de que a moça sabe o que quer... já que me pergunta.

— Você acha que ela é uma pessoa difícil, não é? — perguntou Trent. — Bem, isso não me preocupa. Quero fazer-lhe algumas perguntas.

— Vou mandá-la subir imediatamente, senhor.

O mordomo retirou-se, e Trent começou a percorrer o pequeno quarto com as mãos nas costas. Mais cedo do que esperava, um pequeno vulto de preto postou-se silenciosamente à sua frente.

A camareira, com seus enormes olhos castanhos, tinha tido uma impressão favorável de Trent quando, pela janela, o vira atravessar o gramado; e ela estava ansiosa para que o descobridor de mistérios (cuja reputação era tão grande no andar de baixo como por toda parte) mandasse chamá-la. Isso porque ela necessitava fazer uma cena, pois seus nervos estavam em frangalhos. Mas suas cenas eram nulas para os outros empregados, e, quanto ao Sr. Murch, ele a havia forçado a se controlar por causa de seus modos oficiais. Trent não tinha ar de policial, foi o que ela percebeu de relance, e, à distância, pareceu-lhe *sympathique.*

Contudo, quando entrou no quarto o instinto decidiu que qualquer tentativa de namoro seria um erro, se quisesse dar uma boa impressão de saída. Foi, portanto, com um ar de amável candura que ela disse:

— Monsieur deseja falar comigo? — E acrescentou, esperançosa: — Meu nome é Célestine.

— Naturalmente — concordou Trent com calma metódica. — Bem, Célestine, o que quero que você me diga é o seguinte: quando trouxe o chá para sua patroa ontem às 7 horas da manhã, a porta entre os dois quartos — esta aqui — estava aberta?

Célestine ficou muito agitada num instante.

— Ah, sim! — respondeu usando seu predileto idioma inglês. — A porta estava aberta como sempre, monsieur, e eu a fechei como sempre. Mas é necessário explicar. Ouça! Quando entrei no quarto de madame pela outra porta lá... ah! se monsieur se der ao trabalho de entrar no outro quarto, tudo ficará explicado.

Ela atravessou a porta e arrastou Trent diante dela para dentro do quarto maior, puxando-o pelo braço.

— Veja! Entro no quarto com o chá. Aproximo-me da cama. Antes de chegar perto da cama, aqui está a porta, bem no meu lado direito — sempre aberta — ora! Mas monsieur pode perceber que nada vi no quarto de Monsieur Manderson. A porta abre para a cama, e não para mim, que venho de lá. Eu a fecho sem olhar para dentro. É a ordem. Ontem agi da mesma forma. Não vejo nada do quarto ao lado. Madame dorme como um anjo... ela não vê nada. Eu fecho a porta. Coloco a bandeja... abro as cortinas... preparo o banheiro... saio... voilà!

Célestine fez uma pausa para respirar e abriu os braços.

Trent, que tinha acompanhado seus movimentos e gestos com profunda gravidade, balançou a cabeça.

— Agora sei exatamente como se passou — comentou. — Obrigado, Célestine. Então o Sr. Manderson ainda devia estar supostamente em seu quarto enquanto sua patroa estava se levantando, vestindo e tomando o desjejum na sua antecâmara?

— Oui, monsieur.

— Na verdade, ninguém sentiu falta dele — comentou Trent. — Bem, Célestine, fico-lhe muito agradecido.

Tornou a abrir a porta do quarto exterior.

— De nada, monsieur — disse Célestine enquanto atravessava o pequeno quarto. — Espero que monsieur pegue o assassino de Monsieur Manderson. Mas não tenho muita pena dele — acrescentou com súbita e inesperada violência, virando-se com a mão na maçaneta da porta externa. Cerrou os dentes com um ruído audível, e a cor inundou seu pequeno rosto moreno. Esqueceu completamente o inglês. — Je ne le regrette pas du tout, du tout! — gritou, num borbotão de palavras. — Madame... ah, je me jetterais au feu pour madame... une femme si charmante, si adorable! mais um homme comme monsieur... maussade, boudeur, impassible! Ah, non!... de ma vie! J'en avais par-dessus la tête, de monsieur! Ah!

vrai! Est-ce insupportable, tout de même, qu'il existe des types comme ça? Je vous jure que... *

— Finnissez ce chahut, Célestine! — interrompeu-a Trent, secamente. A explosão de Célestine lhe fizera recordar rapidamente seus tempos de estudante. — En voilà une scène! C'est rasant, vous savez. Faut rentrer ça, mademoiselle. Du reste, c'est bien imprudent, croyez-moi.** Pare! tenha um pouco de juízo! Se o inspetor lá embaixo ouvir você dizendo essas coisas vai se meter em encrencas. E não fique sacudindo os punhos dessa maneira; pode bater em alguma coisa. Você parece — prosseguiu ele, mais agradavelmente, enquanto Célestine se acalmava sob seu olhar autoritário — gostar mais do que os outros do Sr. Manderson estar fora do caminho. Posso quase desconfiar, Célestine, que o Sr. Manderson não lhe deu a atenção que você considerava necessária e de direito.

— A peine s'il m'avait regardé!*** — respondeu Célestine, com simplicidade.

— Ça, c'est un comble!**** — observou Trent — Você é uma mocinha encantadora para uma festinha. No dia do seu nascimento, uma estrela brilhou no céu, Célestine. Mademoiselle, estou ocupado. Bom dia. Você é certamente uma graça!

Célestine considerou a declaração como um cumprimento inesperado. A surpresa restabeleceu-lhe o equilíbrio. Com um súbito luzir de olhos e dentes para Trent por cima do ombro, a camareira abriu a porta e sumiu rapidamente.

Trent, tendo ficado só no pequeno aposento, aliviou a mente com duas expressões descritivas fortes na linguagem de Célestine e voltou ao seu problema. Pegou o par de sapatos que já havia examinado e colocou-o sobre uma das duas cadeiras do quarto; depois,

* Não lamento absolutamente! Madame... ah, eu me atiraria ao fogo por ela... uma mulher tão encantadora, tão adorável! mas um homem como o patrão... rabugento, emburrado, imperturbável! Ah, jamais! Eu estava cheia dele! É verdade! Não é insuportável, apesar de tudo, que existam sujeitos assim? Juro que... (N. T.)

** Pare com essa barulheira, Célestine! (...) Que bela cena! Sabe, é muito aborrecido. Contenha-se, senhorita. Além disso, é muito imprudente, creia. (N. T.)

*** Se pelo menos ele tivesse me olhado! (N. T.)

**** Isso é o cúmulo! (N. T.)

sentou-se na que ficava defronte. Com as mãos nos bolsos, ficou fixando os olhos nessas duas testemunhas mudas. De vez em quando assoviava quase inaudivelmente alguns compassos. O quarto estava muito silencioso. Um pipilar abafado entrou pela janela aberta vindo das árvores. De vez em quando uma brisa roçava nas folhas da trepadeira em torno do parapeito. Mas o homem no quarto, com o rosto preocupado e sombrio por força dos seus pensamentos, continuou imóvel.

Assim ficou por meia hora. Depois, pôs-se rapidamente de pé. Recolocou os sapatos cuidadosamente na sua prateleira e saiu do quarto. Duas portas de quartos davam para o outro lado do corredor. Abriu a que ficava em frente e entrou num quarto não menos austeramente mobiliado. Algumas bengalas e varas de pescar amontoavam-se num canto, e um monte de livros, em outro. A mão de uma empregada tinha deixado de pôr em ordem a quantidade de objetos heterogêneos deixados sobre o toucador e a cornija da lareira: cachimbos, canivetes, lápis, chaves, bola de golfe, velhas cartas, fotografias, caixinhas, latas e garrafas. Dois belos desenhos e algumas aquarelas pendiam das paredes; apoiadas na extremidade do guarda-roupa havia algumas gravuras emolduradas. Uma fileira de sapatos e botas estava arrumada sob a janela. Trent atravessou o quarto e examinou-os cuidadosamente; então, mediu alguns deles com sua fita, assoviando muito suavemente. Feito isso, sentou-se na beira da cama, e seus olhos vagaram tristemente pelo quarto.

As fotografias na cornija passaram a atrair-lhe a atenção. Levantou-se e examinou uma, de Marlowe e Manderson a cavalo. Duas outras eram vistas de picos famosos nos Alpes. Havia uma cópia esmaecida de três jovens — um deles, indubitavelmente, seu recém-conhecido de perturbados olhos azuis — uniformizados com roupas esfarrapadas de soldados do século XVI. Outro era um retrato de uma velha senhora imponente, levemente parecida com Marlowe. Trent, sem reparar, pegou um cigarro de uma caixa aberta sobre a cornija, acendeu-o e ficou olhando as fotografias. A seguir, virou sua atenção para uma caixa de couro rasa ao lado da caixa de cigarros. Abriu-a facilmente. Havia um revólver minúsculo e de pequeno calibre, de bela feitura artesanal, com alguma quantidade de balas. Nele haviam gravadas as iniciais "J.M.".

Foram ouvidos passos na escada, e quando Trent abriu a culatra e deu uma olhada no tambor da arma o Inspetor Murch apareceu na porta aberta do quarto.

— Eu estava imaginando... — começou.

Depois, parou quando viu o que o outro estava fazendo. Seus olhos inteligentes arregalaram-se levemente. — De quem é o revólver, Sr. Trent? — perguntou em tom casual.

— Evidentemente, pertence ao ocupante do quarto, o Sr. Marlowe — retrucou Trent com o mesmo tom, mostrando as iniciais. — Encontrei-o sobre a cornija. Perece-me uma jeitosa pistolinha e eu diria que foi limpa com muito cuidado depois da última vez em que foi usada. Mas sei muito pouco sobre armas de fogo.

— Bem, eu conheço bastante — retorquiu o inspetor tranqüilamente, tomando o revólver da mão estendida de Trent. — Uma das minhas especialidades são as armas de fogo, como acho que sabe, Sr. Trent. Porém, não é preciso um especialista para dizer uma coisa.

Recolocou a arma no estojo sobre a cornija, pegou um dos cartuchos e colocou-o na ampla palma da mão; depois, extraindo um pequeno objeto do bolso do colete, colocou-o ao lado do cartucho. Era uma pequena bala de chumbo, um tanto amassada na ponta e com alguns arranhões recentes.

— Foi *essa?* — murmurou Trent, curvando-se para a mão do inspetor.

— Foi — retrucou o Sr. Murch. — Alojada no osso posterior do crânio. O Dr. Stock tirou-a há pouco e entregou-a à autoridade local, que acabou de enviá-la a mim. Os arranhões brilhantes que vê foram feitos pelos instrumentos do médico. Essas outras marcas foram feitas pelas estrias do cano: um cano igual a este. — Bateu no revólver. — A mesma fatura, o mesmo calibre. Não há outro que marque a bala como este.

Com a pistola no estojo entre eles, Trent e o inspetor encararam-se durante um instante. Trent foi o primeiro a falar.

— Esse mistério está todo errado — observou. — É pura insanidade. Os sintomas de mania estão muito claros. Vejamos como estamos. Acredito que não temos dúvidas sobre Manderson ter mandado Marlowe de carro a Southampton ou sobre Marlowe, tendo ido, ter voltado tarde da noite, muitas horas após o assassinato ter sido cometido.

— Não *há* nenhuma dúvida sobre tudo isso — disse Murch, com um leve acento no verbo.

— E agora — prosseguiu Trent — somos convidados por essa brilhante e insinuante arma de fogo a acreditar na linha seguinte de sugestões: que Marlowe nunca foi a Southampton; que voltou à casa de noite; que, seja como for, sem acordar a Sra. Manderson ou qualquer outra pessoa, fez Manderson levantar-se, vestir-se e sair para os jardins; que imediatamente atirou no dito Manderson com sua pistola culpada; que limpou cuidadosamente a arma, voltou para a casa e, novamente sem incomodar ninguém, recolocou-a no estojo, numa posição favorável para ser achada pelos agentes da lei; que depois retirou-se e passou o resto do dia escondido... *com* um enorme automóvel; e que voltou, simulando ignorância de tudo às ... que horas eram?

— Um pouco depois das 9 da manhã. — O Inspetor continuou olhando taciturno para Trent. — Como o senhor disse, Sr. Trent, essa é a primeira teoria sugerida por este achado e parece bastante estranha; pelo menos pareceria, se não se esborrachasse logo de saída. Quando o assassinato foi cometido, Marlowe devia estar de 80 a 120 quilômetros de distância. Pois ele *foi* a Southampton.

— Como sabe?

— Interroguei-o ontem à noite e fiquei sabendo. Chegou a Southampton lá pelas 6:30 da manhã de segunda-feira.

— Ora, vamos! — exclamou Trent secamente. — Que me importa essa história? Por que devo me preocupar com ela? Quero saber como o senhor *sabe* que ele foi a Southampton.

O Sr. Murch riu.

— Pensei que deveria me antecipar ao senhor — replicou. — Bem, não há mal em contar-lhe. Após minha chegada ontem à noite, tão logo obtive uma idéia do acontecido através da Sra. Manderson e dos criados, a primeira coisa que fiz foi ir ao posto e telegrafar à nossa gente em Southampton. Manderson tinha dito à mulher, quando foi dormir, que tinha mudado de idéia e mandado Marlowe a Southampton para obter uma importante informação de alguém que estava chegando no navio do dia seguinte. Pareceu-me correto, mas, sabe, Marlowe era o único da casa que eu não tinha sob controle, por assim dizer. Só voltou com o carro tarde da noite; assim, antes de pensar no assunto telegrafei para Southampton e fiz certas perguntas. Hoje cedo obtive esta resposta.

Estendeu uma porção de folhas de telegramas a Trent, que leu:

"Pessoa respondendo descrição em carro respondendo descrição chegou Bedford Hotel aqui 6:30 esta manhã deu nome Marlowe deixou carro garagem disse empregado carro pertencia Mander-

son tomou banho e desjejum saiu procurando saber nas docas sobre passageiro chamado Harris no navio vindo Havre continuou perguntando até navio ter partido meio-dia depois voltou hotel onde almoçou cerca 1:15 saindo logo depois no carro agente companhia informou beliche reservado nome Harris semana passada mas Harris não viajou de navio Burke inspetor."

— Simples e satisfatório — comentou o Sr. Murch enquanto Trent, após releitura do telegrama, devolveu-o a ele. — Sua própria história confirmada em cada detalhe. Disse-me que andou pelo cais por cerca de meia hora na esperança de que Harris chegasse atrasado, depois desistiu, almoçou e resolveu retornar logo. Mandou um telegrama a Manderson: "Harris não voltou perdeu navio retornando Marlowe", que foi devidamente entregue aqui de tarde e colocado entre a correspondência do morto. Viajou velozmente, tendo chegado muito cansado. Quando Martin lhe contou sobre a morte de Manderson, quase desmaiou. O que, juntou-se ao fato de ter ficado sem dormir durante muito tempo, deixou-o em ruínas quando fui interrogá-lo na noite passada; porém, manteve-se perfeitamente coerente.

Trent pegou o revólver e girou o tambor preguiçosamente por alguns momentos.

— Foi uma infelicidade para Manderson que Marlowe tenha deixado sua pistola de balas por aí tão descuidadamente — comentou afinal, ao recolocá-los no estojo. — Estava pondo a tentação no caminho de alguém, não acha?

O Sr. Murch sacudiu a cabeça.

— Esse revólver não nos leva a muito lugar. Ele é bastante comum na Inglaterra. Veio dos Estados Unidos. Metade das pessoas que compram um revólver hoje para autodefesa ou outra coisa prefere esse tipo, esse calibre. É muito cômodo e pode-se carregá-lo com facilidade no bolso de trás da calça. Deve haver milhares deles em poder de patifes e de homens honestos. Por exemplo — continuou o inspetor com ar despreocupado —, o próprio Manderson tinha um, o dobro desse. Encontrei-o numa das gavetas superiores da escrivaninha lá de baixo e está agora no bolso do meu sobretudo.

— Aha! então está guardando esse pequeno detalhe para si mesmo.

— Estava — disse o inspetor —, mas uma vez que o senhor encontrou um revólver, pode muito bem saber da existência do outro. Como eu digo, nenhum dos dois vão nos ser úteis. O pessoal da casa...

Ambos sobressaltaram-se, e o inspetor interrompeu o que estava dizendo abruptamente quando a porta semifechada do quarto foi lentamente aberta e um homem apareceu na soleira. Seus olhos moveram-se da pistola no seu estojo aberto para os rostos de Trent e do inspetor. Eles, que não tinham ouvido qualquer ruído anunciando sua entrada, olharam ao mesmo tempo para seus compridos pés estreitos. O homem usava tênis de sola de borracha.

— O senhor deve ser o Sr. Bunner — disse Trent.

VI

Aparece o Sr. Bunner

— CALVIN C. BUNNER, às suas ordens — explicou o recém-chegado, com meticulosidade, tirando da boca um charuto apagado.

Ele costumava achar os ingleses lentos e cerimoniosos com estranhos, e Trent, com seu comentário, deixou-o bastante desconcertado.

— O senhor é o Sr. Trent, suponho — prosseguiu. — A Sra. Manderson falou-me a respeito, há pouco. Bom dia, capitão. — O Sr. Murch recebeu o vago cumprimento com um aceno. — Eu estava indo para o meu quarto e ouvi uma voz estranha aqui. Por isso resolvi dar uma olhada. — O Sr. Bunner deu uma risada franca. — O senhor pensou que eu podia estar espionando, talvez — prosseguiu. — Mas não, senhor. Ouvi uma ou duas palavras a respeito de uma pistola... esta aqui, suponho... e foi só.

O Sr. Bunner era um rapaz magro, um tanto baixo, com um rosto meio feminino, barbeado, ossudo, pálido e com grandes olhos escuros, inteligentes. Seu cabelo escuro ondulado era repartido ao meio. Seus lábios, habitualmente ocupados com um charuto, na ausência deste estavam quase sempre semi-abertos, com uma curiosa expressão de permanente ansiedade. Ao fumar ou mastigar um charuto, essa expressão desaparecia, e o Sr. Bunner parecia o ianque consumadamente frio e sagaz que verdadeiramente era.

Nascido em Connecticut, entrara para o escritório de um corretor ao deixar o colégio e tinha chamado a atenção de Manderson, de cujos negócios com sua firma ele tinha cuidado várias vezes. O Colosso o observou durante algum tempo e, finalmente, lhe ofereceu o cargo de secretário particular. O Sr. Bunner era um modelo de homem de negócios: confiável, astuto, metódico, cuidadoso. Manderson poderia ter encontrado muitos homens com essas virtudes; mas empregou o Sr. Bunner porque era também rápido e reservado e tinha, além disso, um singular instinto natural em relação aos movimentos do mercado de ações.

Trent e o americano mediram-se friamente com os olhos. Ambos pareceram satisfeitos com o que viram.

— Eu estava sendo informado — disse Trent num tom agradável — de que minha descoberta de uma pistola que talvez tivesse morto Manderson não acrescentava muita coisa. Trata-se de uma arma predileta do seu povo e tornou-se muito popular aqui.

O Sr. Bunner estendeu a mão ossuda e retirou a arma do estojo.

— É verdade — respondeu, manejando-a com ar de familiaridade. — O capitão tem razão. É o que chamamos aqui Little Arthur, e ouso dizer que há cópias dela em dez mil bolsos traseiros neste instante. Eu a considero um tanto leve — prosseguiu o Sr. Bunner, apalpando automaticamente a aba do seu casaco e tirando de lá uma arma de aspecto muito feio. — Agora, experimente esta, Sr. Trent. Cuidado, está carregada. Quanto a essa Little Arthur, Marlowe comprou-a pouco antes de virmos para cá este ano; para agradar o velho. Manderson dizia que era ridículo um homem não ter uma arma no século XX. Então ele saiu e comprou o que lhe ofereceram, acho... nunca fui consultado. Apesar disso, é uma boa arma — concordou o Sr. Bunner, espraiando o olhar. — A princípio, Marlowe não conseguia nada com ela, mas dei-lhe algumas aulas durante mais ou menos um mês, e ele treinou até ficar bastante bom. Mas nunca conseguiu se habituar a carregá-la com ele. Ora, para mim é tão natural como vestir calças. Carreguei uma durante alguns anos porque havia sempre a possibilidade de alguém andar atrás de Manderson. E agora — concluiu o Sr. Bunner tristemente — eles o pegaram quando eu não estava por perto. Bem, senhores, peço-lhes que me desculpem. Estou indo a Bishopsbridge. Há um monte de coisas a fazer, e eu tenho de enviar um punhado de telegramas suficiente para engasgar uma vaca.

— Eu também preciso sair — disse Trent. — Tenho um encontro na estalagem "Três Barris".

— Permita-me que lhe dê uma carona no carro — disse o Sr. Bunner, cordialmente. — Vou exatamente para aquele lado. Diga, capitão, o senhor também vai para o mesmo lado? Não? Então venha, Sr. Trent, e me ajude a tirar o carro. O motorista está incapacitado, e temos de fazer nós mesmos a maior parte das coisas, exceto limpar a sujeira.

Sempre falando incansavelmente no seu linguajar arrastado, o Sr. Bunner levou Trent escadas abaixo e atravessou a casa até a garagem, na parte de trás. Ela ficava a pouca distância da casa e constituía um refúgio fresco para o calor do sol abrasador do meio-dia. O Sr. Bunner parecia não ter pressa de tirar o carro. Ofereceu um charuto a Trent, que o aceitou, e pela primeira vez acendeu o seu. Depois, sentou-se no estribo do carro, as mãos magras agarrando os joelhos, e olhou para o outro penetrantemente.

— Olhe, Sr. Trent — disse após alguns instantes. — Há algumas coisas que sei e que podem ser muito úteis para o senhor. Conheço sua fama. O senhor é um homem perspicaz, e gosto de lidar com pessoas assim. Não sei se soube avaliar bem a capacidade desse detetive, mas ele me parece um parvo. Eu responderia a todas as perguntas que ele tivesse a iniciativa de me fazer — de fato eu já respondi —, mas não me senti encorajado a fornecer-lhe nenhuma idéia minha sem ser perguntado. Compreende?

Trent balançou a cabeça.

— Esse é um sentimento que muita gente tem na presença da nossa polícia — comentou. — Acho que é o ar oficial. Mas, deixe que lhe diga, Murch é tudo, menos o que o senhor pensa. É um dos policiais mais astutos da Europa. Não tem a mente muito ágil, mas é muito seguro. E sua experiência é enorme. Meu forte é a imaginação, mas garanto-lhe que, no trabalho policial, a experiência supera isso por larga margem.

— Supera coisa nenhuma! — replicou o Sr. Bunner, incisivo. — Este não é um caso comum, Sr. Trent. Darei um motivo: acredito que o velho sabia que alguma coisa ia lhe acontecer. Outra coisa: acho que havia alguma coisa que ele supunha não poder evitar.

Trent puxou um caixote para a frente do Sr. Bunner e sentou-se.

— Isso parece coisa séria — comentou. — Conte-me suas idéias.

— Digo isso por causa da mudança de comportamento do velho nas últimas semanas. Suponho que o senhor tenha ouvido, Sr. Trent, que ele era um homem muito precavido. E era. Sempre o considerei o sujeito mais frio e duro dos negócios. A calma dele era exatamente mortal: nunca vi alguém derrotá-lo. E conheci Manderson como ninguém mais. Estive ao seu lado no trabalho para o qual realmente vivia. Acho que o conheci muito melhor que sua mulher, coitada. Conheci-o melhor que Marlowe: ele nunca viu Manderson no escritório quando havia alguma coisa importante. Conheci-o melhor que qualquer um dos seus amigos.

— Ele tinha amigos? — aparteou Trent.

O Sr. Bunner lançou-lhe um olhar penetrante.

— Estou vendo que alguém andou falando com o senhor — notou. — Não; para falar a verdade, eu diria que não. Ele tinha muitas relações com pessoas importantes, gente que ele via quase diariamente; saíam de barco ou caçavam juntos. Mas não acredito que tenha havido alguém para quem Manderson abrisse um cantinho do seu coração. Mas o que eu estava dizendo era o seguinte: há alguns meses o velho começou se portar como nunca tinha visto antes, triste e rabujento, como se estivesse eternamente meditando sobre alguma coisa rium, alguma coisa que ele não pudesse resolver. Isso continuou sem descanso; era o mesmo no centro ou em casa: ele procedia como se houvesse alguma coisa oprimindo sua mente. Mas foi somente há algumas semanas que seu autodomínio começou a se perder; e, garanto-lhe, Sr. Trent — o americano pousou sua mão ossuda no joelho do outro —, sou o único homem que sabe disso. Com os demais, ele continuava a ser taciturno e grosseiro; mas, quando estava sozinho comigo no escritório ou em qualquer outro lugar onde estivéssemos trabalhando juntos, se a menor coisa saísse errada, puxa vida!, ele reagia agressivamente. Vi naquela biblioteca ele abrir uma carta que continha alguma coisa que não lhe agradou, e ele passou a depredar tudo, portando-se como um selvagem, dizendo que queria que o homem que tinha escrito aquilo estivesse ali, que não faria nada por ele até ele estar em petição de miséria. Nunca vi uma mudança assim. E aconteceu também outra coisa. Durante uma semana antes de morrer, Manderson negligenciou seu trabalho; pela primeira vez, segundo sei. Deixava de responder a cartas ou telegramas embora as coisas parecessem estar se arrebentando. Imagino que essa sua ansiedade, qualquer que fosse, deve ter atacado seus nervos até tê-lo deixado fora de si. Uma vez o aconselhei a procurar um médico, e ele me mandou para o inferno. Mas ninguém conhecia esse seu lado, a não ser eu. Se ele estivesse tendo um desses acessos de raiva aqui na biblioteca, por exemplo, e a Sra. Manderson entrasse, ele tornava a ficar calmo e frio num instante.

— E o senhor atribuiu isso a alguma ansiedade secreta, um medo de que alguém quisesse tirar-lhe a vida? — perguntou Trent.

O americano balançou a cabeça afirmativamente.

— Suponho — prosseguiu Trent — que o senhor tenha examinado a idéia de haver alguma coisa errada com sua mente; digamos, um ataque por excesso de tensão. Esse é o primeiro pensamento que sua informação me sugere. Além disso, é o que acontece às vezes com seus importantes homens de negócios na América, não é? Essa é a impressão que a gente tem ao ler os jornais.

— Não deixe que lhe impinjam nenhuma dessas bobagens — disse o Sr. Bunner sinceramente. Foram apenas os que ficaram ricos depressa e não puderam fazer nada de bom que ficaram malucos. Pense em todos os nossos homens realmente grandes: os de estatura como a de Manderson; já ouviu dizer que algum deles perdeu o juízo? Eles não fazem isso, acredite em mim. Sei que eles dizem que cada homem tem seu ponto de loucura — acrescentou o Sr. Bunner, pensativamente —, mas isso não significa loucura genuína, garantida; significa apenas uma excentricidade pessoal de um homem... como detestar gatos... ou minha própria fraqueza de não conseguir tocar em qualquer espécie de alimento de peixe.

— Bem, qual era o de Manderson?

— Ele tinha um monte, aquele velho. Havia a sua objeção a todo o exagero e luxo — que os ricos não repeliam muito, como regra geral. Ele não usava ninharias e ornamentos caros. Não gostava que alguém lhe fizesse pequenos favores; detestava ter empregados zanzando em volta, a menos que precisasse deles. E, apesar de Manderson ser tão cuidadoso com suas roupas e seus sapatos, mais do que qualquer outro homem que eu tenha conhecido— bem, senhor, a soma gasta por ele com sapatos era um pecado —, apesar disso, garanto-lhe, nunca teve um camareiro. Jamais gostou que alguém tocasse nele. Durante toda a sua vida, ninguém o barbeou.

— Ouvi falar nisso — comentou Trent. — O que o senhor achava disso?

— Ora — retrucou o Sr. Bunner calmamente —, era um hábito dele, acho; uma espécie de inclinação para uma suspeita e ciúme generalizados. Dizem que seu pai e seu avô eram a mesma coisa... Como um cão com um osso, sabe, agindo como se o resto do mundo estivesse esperando uma oportunidade para roubá-lo. Ele não *pensava* realmente que o barbeiro fosse serrar sua cabeça fora; ele apenas sentia que havia a possibilidade dele *fazer* isso, e preferia não correr esse risco. Também nos negócios estava sempre convencido de que alguém estivesse atrás do seu osso, que era na verdade um bom negócio na época, mas não o tempo todo. A conseqüência disso era que o velho era o mais cuidadoso e secreto trabalhador do mundo das finanças; e isso tinha muito a ver com o seu sucesso, também... Mas tudo isso não o transformava num lunático, Sr. Trent; não mesmo. O senhor me pergunta se Manderson estava perdendo o juízo antes de morrer. Digo que acredito que ele estava apenas esgotado com alguma preocupação e estava perdendo a calma.

Trent ficou fumando pensativamente. Ficou imaginando o quanto o Sr. Bunner saberia das dificuldades domésticas do lar do seu patrão e resolveu fazer uma sondagem.

— Ouvi dizer que ele tinha problemas com a mulher.

— De fato — replicou o Sr. Bunner. — Mas o senhor pensa que uma coisa como essa iria perturbar Sig Manderson dessa maneira? Não senhor! Ele era um homem grande demais para permitir que tudo desmoronasse por um problema desse tipo.

Trent encarou meio incrédulo o jovem. Mas, por trás de toda a sua esperteza e intensidade, viu uma compacta inocência. O Sr. Bunner acreditava realmente que uma séria ruptura entre marido e mulher era uma perturbação pequena para um grande homem.

— Afinal, qual *era* o problema entre eles? — perguntou Trent.

— Não tenho a menor idéia — retrucou o Sr. Bunner secamente. Tirou uma baforada do charuto. — Marlowe e eu conversamos freqüentemente a respeito e nunca pudemos chegar a uma conclusão. No princípio, eu achava — disse em voz baixa, inclinando-se para a frente — que o velho estava desapontado e irritado porque tinha esperado um filho. Porém, Marlowe me disse que o desapontamento sobre esse aspecto era ao contrário, por mais que não pareça. Acho que ele tinha razão; tirou isso de alguma coisa dita pela camareira francesa da Sra. Manderson.

Trent ergueu rapidamente os olhos para ele.

— Célestine! — disse, e seu pensamento foi: "Então era aí que ela estava tentando chegar!"

O Sr. Bunner não compreendeu o seu olhar.

— Não pense que eu estou cometendo uma traição, Sr. Trent — respondeu. — Marlowe não é desse tipo. Célestine apenas se engraçou com ele porque Marlowe fala francês como um nativo e ela sempre o conservava junto dela para uma fofoca. Os criados franceses são muito diferentes dos ingleses nesse campo. E, criada ou não criada — acrescentou o Sr. Bunner com ênfase —, não compreendo como uma mulher pode comentar esse assunto com um homem. Mas os franceses me espantam.

Balançou a cabeça devagar.

— Mas voltemos ao que o senhor estava me contando — disse Trent. — O senhor acredita que Manderson estava entrando em pânico há algum tempo. Quem poderia ameaçá-lo? Estou no escuro.

— Pânico... não sei — replicou o Sr. Bunner, meditabundo. — Ansiedade, se quiser. Ou dúvida... é o que prefiro. Afinal de contas, o velho era difícil de ser apavorado; e, mais que isso, não estava tomando qualquer precaução: estava na verdade evitando as precauções. Parecia mais estar querendo um fim rápido... supondo-se que haja alguma verdade na minha idéia. Ora, ele ficava sentado na janela da biblioteca noites e noites olhando para fora, para a escuridão, com sua camisa branca — um bom alvo para a arma de alguém. Quanto a quem poderia ameaçar sua vida... bem, senhor, — disse com um esboço de sorriso —, vê-se que o senhor não morou nos Estados Unidos. Tomando-se apenas o conflito do carvão da Pensilvânia, há trinta mil homens com mulheres e filhos para manter que teriam pulado de felicidade à oportunidade de fazer um buraco no homem que resolveu que eles deviam morrer de fome ou ceder aos seus termos. Trinta mil dos mais duros forasteiros da região, Sr. Trent. Há um tipo de bandido que se encontra nessa espécie de coisa que é conhecido por esperar por um homem durante anos e matá-lo quando ele tiver esquecido o que fez. Ficaram conhecidos por dinamitar em Idaho um homem, que os havia prejudicado em Nova Jersey dez anos antes. Acha que o Atlântico os impediria?... É preciso muita coragem, garanto-lhe, para ser um grande homem de negócios em nossa terra. Não senhor, o velho sabia — sempre soube — que havia toda uma multidão de homens perigosos espalhados por todos os Estados Unidos querendo pegá-lo. Creio que Manderson descobriu que alguns deles estavam finalmente no pé dele. O que me intriga completamente é por que ele se deixou ficar vulnerável daquela maneira... por que nunca procurou escapar, e, ao contrário, caminhou diretamente para o jardim ontem de manhã para ser alvejado.

O Sr. Bunner parou de falar, e por algum tempo ambos ficaram calados, com a testa franzida, com uma tênue fumaça azul evolando-se dos seus charutos. Depois Trent levantou-se.

— Sua teoria é bem nova para mim — comentou. — É perfeitamente racional e é apenas uma questão de combinar ou não com os fatos. Não devo revelar o que estou fazendo para o meu jornal, Sr. Bunner, mas digo-lhe que já estou convencido de que este foi um crime premeditado e extraordinariamente hábil, além do mais. Estou profundamente agradecido ao senhor. Precisamos conversar novamente a respeito. — Olhou para o relógio. — Meu amigo está me esperando há algum tempo. Vamos andando?

— Duas horas — disse o Sr. Bunner, consultando o próprio relógio, quando se levantou do estribo do carro. — Dez da manhã na pequena e velha Nova York. O senhor não conhece Wall Street, Sr. Trent. Tomara que nunca vejamos nada tão parecido com o inferno como o que está acontecendo em Wall Street nesse instante.

VII

A Dama de Preto

O MAR QUEBRAVA-SE RAIVOSO ao sopé do penhasco sob uma brisa forte; o sol inundava a terra, caindo de um céu azul. Nesse magnífico tempo inglês, Trent, que tinha dormido mal, desceu antes das 8 horas até uma laguna que lhe fora indicada, entre os rochedos, e deu um profundo mergulho na água cristalina. Nadou entre os enormes rochedos cinzentos até o mar aberto, enfrentou durante algum tempo uma corrente costeira e depois retornou ao seu refúgio cansado e refrescado. Dez minutos depois, estava escalando novamente o rochedo, e sua mente, libertada por um momento do desagrado que o assunto lhe provocava, voltava-se para os planos da manhã.

Era o dia do inquérito judicial, o dia seguinte à sua chegada a Marlstone. Trent não havia se aprofundado no assunto depois que se despedira do americano na estrada de Bishopsbridge. À tarde, caminhou da estalagem até a cidade, acompanhado pelo Sr. Cupples, comprou alguma coisa na farmácia, encontrou-se particularmente e durante algum tempo com um fotógrafo, passou um telegrama com resposta paga e fez uma indagação no centro telefônico. Dissera pouca coisa sobre o caso ao Sr. Cupples, que não se mostrara curioso, e nada quanto aos resultados da sua investigação ou das medidas a tomar. Depois de terem voltado de Bishopsbridge, Trent redigiu um longo telegrama para o *Record* e entregou-o para que fosse expedido pelas mãos orgulhosas do correspondente do jornal. Jantou com o Sr. Cupples e passou o resto da noite na varanda em meditativa solidão.

Naquela manhã, ao escalar o rochedo, dizia ele para si mesmo que nunca tinha enfrentado um caso de que gostasse menos e que tanto o absorvesse. Quanto mais o examinava ao sol dourado desse novo dia, mais sombrio e desafiante lhe parecia. Tudo de que desconfiava e tudo o que quase sabia ocuparam durante horas sua mente investigadora, em detrimento do sono. E no resplendor da luz e do ar puro, apesar de refrescado de corpo e alma pela forte pureza do mar, via apenas com mais nitidez as trevas da culpa na qual acreditava e sentia mais acerbamente uma repugnância pelo motivo que adivinhava. Porém, agora, pelo menos, seu empenho tinha sido despertado, e seu sentido de caça aguçado. Ele não cederia nem pouparia nada; ali não haveria lugar para piedade. Com o correr do dia, pensou, sua teia estaria pronta. Estaria ocupado pela manhã e, com grande expectativa, apesar de ser ínfima a esperança, aguardava a resposta do telegrama que, na véspera, tinha atirado ao espaço.

A trilha que levava ao hotel rodeava o cimo do rochedo, e, ao acercar-se de um lugar que tinha notado da beira do mar, lugar onde a barreira tinha caído havia muito tempo, Trent chegou até a beira e olhou para baixo, esperando seguir com o olhar a delicada beleza dos movimentos da água: as ondas de um mar quase calmo sobre um rochedo quebrado. Contudo, lá não havia rochedo algum. Alguns metros abaixo projetava-se uma saliência, constituindo uma rude plataforma do tamanho de um salão, coberta de uma vegetação rasteira e compacta, cercada por três lados de paredes a prumo. Lá, à beira da rocha, que terminava abruptamente, estava uma mulher sentada, com as mãos apertando os joelhos encolhidos, os olhos pregados na fumaça distante de um navio e o rosto vago de quem devaneia.

Essa mulher pareceu a Trent, cuja arte lhe ensinara a julgar com os olhos, o mais belo quadro que jamais vira. Um rosto de grande alvura, no qual o roçar do vento avivava a cor, oferecia um perfil de delicada regularidade, no qual não havia aspereza; tinha, sim, as sobrancelhas contraídas a ponto de constituir uma fisionomia próxima da severidade, que era, no entanto, curiosamente resgatada pela curva suave dos lábios entreabertos. Trent pensou que o absurdo ou coisa semelhante de um apaixonado compor sonetos para as sobrancelhas da amada dependia, afinal de contas, da qualidade dessas sobrancelhas. O nariz, fino e reto, fugia curiosamente ao perigo de ser excessivamente comprido e provocaria algum remorso a um espírito consciencioso que alguma vez tivesse louvado os que tinham a ponta um tanto arrebitada. Tinha pendurado o chapéu num arbusto a seu lado, e a brisa fresca agitava seus cabelos abundantes e pretos, jogando para trás os dois grandes bandós que lhe teriam coberto grande parte da testa e sacudindo uma centena de aneizinhos que sobressaíam da massa presa na nuca. Tudo naquela dama era preto, desde os sapatos de camurça até o chapéu pendurado no arbusto; a cor preta, fosca, cobria-a até o pescoço nu. Tudo o que vestia era fino e tratado com gosto. Sonhadora e de alma delicada, como sua aparência deixava transparecer, era claro que conhecia, como só acontece às mulheres finas, o segredo de se vestir bem, a mais antiga das artes, e que, além do mais, tinha como fonte de alegria um corpo perfeito, cujas curvas destacavam-se magnificamente na postura dos joelhos e das mãos. Revelando nas vestimentas um gosto francês, dava a impressão de alguém muito atual, até que se olhava para a fisionomia e notava-se o esplendor vitorioso de todos os seres vigorosos que jamais, no ápice da primavera, enfrentaram o sol, o vento e o mar ao mesmo tempo. Via-se, também, uma feminilidade tão pura e vigorosa, tão inconscientemente segura de si mesma, que dificilmente poderia ser inglesa, e tampouco americana.

Trent, que havia parado apenas por um momento, surpreso que estava ao ver a dama de preto, passara pelo rochedo acima dela percebendo e sentindo aquelas coisas. Durante esse tempo todo, sua visão aguçada e o cérebro acurado captavam e saboreavam detalhes com a rapidez fácil que é formidável para homens de sentidos menos vivos; a necessidade de olhar, pensou, era uma prova de cegueira. Agora a sensação de beleza fora despertada e avivada, duplicando a força dos seus sentidos. Nesses momentos, uma imagem era impressa em sua memória, não tendo se apagado nunca.

Enquanto ele caminhava, pisando a relva sem ser ouvido, a mulher, ainda a sós com seus pensamentos, subitamente mexeu-se. Tirou as longas mãos dos joelhos, esticou as pernas e o corpo com graça felina e depois ergueu lentamente a cabeça e estendeu os braços, com as mãos abertas e os dedos curvos, como que para abarcar toda a magnificência e a irresistível perfeição da manhã. Não era um gesto para ser ignorado: era um gesto de liberdade, o movimento da resolução tomada por uma mente para possuir, avançar, talvez para gozar.

Assim ele a viu por um instante, enquanto passava, e não tornou a se virar. Percebeu subitamente quem a mulher devia ser, e foi como se uma cortina de tristeza tivesse caído entre ele e o esplendor do dia.

Durante o almoço no hotel, o Sr. Cupples encontrou Trent pouco disposto a falar. Este desculpou-se, atribuindo o fato a uma noite agitada. O Sr. Cupples, em compensação, estava alerta como um pássaro. A perspectiva do inquérito deixava-o excitado. Distraiu Trent com uma descrição da história daquele antiqüíssimo tribunal que ainda funcionava, o do juiz de investigação, e frisou a invejável liberdade do seu modo de agir sem as limitações da regra e dos precedentes. Daí passou para o caso que ia ser examinado naquela manhã.

— O jovem Bunner me falou na noite passada — comentou —, quando fui lá após o jantar, da hipótese que ele formulou a respeito do crime. Um rapaz notável, Trent. O sentido do que diz é às vezes obscuro, mas na minha opinião ele é dotado de um límpido conhecimento do mundo, bastante incomum em alguém da sua idade. Na verdade, sua promoção por Manderson à posição de seu assessor principal fala por si só. Ele parece ter assumido com perfeita confiança o controle, deste lado do Atlântico, da complicada situação financeira causada pela morte do seu chefe e me aconselhou muito sensatamente sobre os passos que eu deveria dar em nome de Mabel e o melhor caminho para ela seguir até que sejam efetivadas as determinações do testamento. Mas eu estava menos disposto do que deveria aceitar sua teoria sobre uma possível vingança industrial. Achei essa hipótese rebuscada. Quando o interroguei, ele descreveu-me uma quantidade de casos em que ataques de uma espécie ou outra tinham sido levados a cabo — freqüentemente com sucesso — contra as vidas de pessoas que tinham incorrido na ira de poderosos sindicatos trabalhistas. Vivemos numa época terrível, meu caro. Não há na história, creio, outra em que as desproporções entre os elementos materiais e morais da sociedade tenham sido tão grandes ou tão ameaçadores para a estabilidade do sistema. Mas em parte alguma, na minha opinião, a perspectiva é tão sombria como nos Estados Unidos.

— Eu pensava — comentou Trent, distraído — que o puritanismo lá fosse tão forte como a loucura por ganhar dinheiro.

— Sua observação — retrucou o Sr. Cupples, tentando se aproximar o máximo possível, dentro de suas possibilidades, do humor — não tem o valor de um testemunho do que o senhor chama puritanismo, uma expresssão mais conveniente que exata; pois não preciso lembrar-lhe que ela foi inventada para descrever um partido anglicano que visava a purificar os serviços e rituais de sua Igreja de certos elementos que lhe repugnavam. Contudo, o sentido de sua observação nem por isso é menos correto, e sua veracidade é extremamente bem ilustrada pelo caso do próprio Manderson, que tinha, acredito, em alto grau as virtudes da pureza, abstinência e do autodomínio. Não, Trent, há outras coisas mais valiosas entre os elementos morais de que falei; e em nossa natureza limitada, quanto mais nos preocuparmos com a surpreendente complexidade do mecanismo externo que a ciência nos põe nas mãos, menos força nos resta para o desenvolvimento dos mais puros sentimentos de humanidade existentes em nós. A maquinaria agrícola eliminou a festa da colheita. A viagem mecânica aboliu a estalagem, ou tudo o que havia de melhor nela. Não preciso multiplicar os exemplos. O ponto de vista que estou lhe expressando — continuou o Sr. Cupples, passando tranqüilamente manteiga numa torrada — é considerado como fundamentalmente errôneo por muitos dos que pensam geralmente como eu sobre as profundas preocupações da vida, mas nem por isso fico menos firmemente persuadido da sua verdade.

— Isso exige uma expressão epigramática — disse Trent, levantando-se da mesa. — Se pelo menos isso pudesse ser condensado numa expressão fácil, como "Abaixo o Papado" ou "Taxar o Estrangeiro", encontraria multidões para lutar por elas. Mas está planejando ir a White Gables antes do inquérito, suponho. Deve se apressar, se quiser voltar a tempo para ir ao tribunal. Eu também tenho uma coisa a fazer lá, e por isso podemos ir juntos. Vou só apanhar minha máquina fotográfica.

— Ótimo — respondeu o Sr. Cupples.

Partiram imediatamente sob o calor crescente da manhã. O telhado de White Gables, uma forte mancha vermelho-claro entre as árvores escuras, parecia se harmonizar com o estado de espírito de Trent. Ele sentia-se pesado, sinistro, perturbado. Se um golpe tivesse de atingir aquela criatura radiante de vida e beleza que ele vira naquela manhã não desejava que fosse obra sua. Um exagerado sentimento de cavalheirismo dominava Trent desde os primeiros ensinamentos de sua mãe; mas naquele instante o horror de machucar uma coisa tão encantadora era mais a repulsa do artista que a do cavalheiro. Por outro lado, a busca iria dar em nada? A qualidade do caso era tal, que o pensamento de omissão era um sofrimento. Nunca tinha enfrentado um caso assim; e acreditava que só ele tinha a verdade à mão. Pelo menos, concluiu, aquele dia revelaria se aquilo em que ele acreditava era uma ilusão. Esmagaria sua compaixão até estar certo de que esse sentimento era desnecessário. Saberia naquela manhã.

Quando atravessaram o portão da estrada, viram Marlowe e o americano de pé conversando na porta principal. Na sombra da varanda estava a dama de preto. Ela os viu e caminhou gravemente para o gramado, andando como Trent sabia que ela andaria, reta e equilibrada, pisando de leve. Quando ela o cumprimentou, após a apresentação do Sr. Cupples, seus olhos, de um castanho com pontos dourados, o examinaram bondosamente. Em suas feições pálidas, dolorosas como a máscara do sofrimento, não havia o menor traço da emoção que, no rochedo, parecera pairar sobre sua cabeça. Disse as palavras adequadas ao momento em voz baixa e uniforme. Após ter-se dirigido ao Sr. Cupples, tornou a fixar os olhos em Trent.

— Espero que tenha êxito — disse sinceramente. — Acha que conseguirá?

Trent já havia se decidido quando as palavras saíram da boca da mulher.

— Acredito que sim, Sra. Manderson — respondeu. — Quando eu tiver o caso suficientemente completo, pedirei para vê-la. Talvez seja necessário consultá-la antes dos fatos serem publicados.

Ela pareceu confusa, e a angústia apareceu por um momento em seus olhos.

— Claro, se for necessário, faça-o — replicou ela.

Antes de prosseguir, Trent hesitou. Lembrou que a senhora não quisera repetir-lhe a história que tinha contado ao inspetor... ou ser interrogada, afinal. Sabia que queria ouvir sua voz e ver-lhe o rosto um pouco mais, se possível; mas o assunto que tinha de mencionar realmente perturbava-o, era uma coisa estranha que não se adaptava a parte alguma de uma porção de outras coisas esquisitas do caso. Era bem possível que ela pudesse explicar facilmente; era improvável que alguém mais pudesse. Trent resolveu-se.

— A senhora tem sido tão bondosa — disse — em me permitir a entrada na casa e me dar a oportunidade de examinar o caso, que me animo a fazer-lhe uma ou duas perguntas... nada que não possa responder, suponho. Posso?

Ela o olhou, cansada.

— Seria bobagem minha recusar-lhe. Faça as perguntas, Sr. Trent.

— É apenas isto — continuou Trent, apressadamente. — Sabemos que seu marido tinha tirado nos últimos tempos quantia muito grande do seu banco em Londres e guardado aqui. Na verdade, está agora aqui. A senhora tem alguma idéia de por que fez isso?

Ela arregalou os olhos, espantada.

— Não posso imaginar — respondeu. — Eu não sabia que ele tinha feito isso. Estou muito surpresa.

— Por que isso é surpreendente?

— Pensei que meu marido tivesse pouco dinheiro em casa. Sábado à noite, pouco antes dele sair de carro, veio à sala de estar, onde eu me encontrava. Parecia irritado com alguma coisa e me perguntou se eu tinha notas ou moedas para lhe emprestar até o dia seguinte. Isso me surpreendeu, porque ele nunca ficava sem dinheiro; ele tinha o costume de levar sempre numa carteira uma centena de libras, mais ou menos. Abri minha escrivaninha e dei-lhe tudo o que tinha. Eram quase 30 libras.

— E ele não lhe disse por que precisava delas?

— Não. Meteu-as no bolso e depois disse que o Sr. Marlowe o tinha persuadido a dar uma volta de carro ao luar e ele pensava que aquilo podia ajudá-lo a dormir. Vinha dormindo mal ultimamente, como talvez saiba. Depois, saiu com o Sr. Marlowe. Achei estranho ele precisar de dinheiro num domingo à noite, mas logo esqueci o assunto. Não pensei mais nisso até agora.

— Sem dúvida foi uma coisa curiosa — comentou Trent, com o olhar vago.

O Sr. Cupples começou a falar com a sobrinha a respeito dos arranjos para o interrogatório, e Trent caminhou para onde Marlowe estava andando de um lado para outro lentamente no gramado. O rapaz pareceu aliviado em falar sobre o acontecimento daquele dia. Apesar de parecer cansado e nervoso, não deixou de mostrar um humor discreto ao descrever as pompas da polícia local e os ares imponentes do Dr. Stock. Trent orientou a conversa pouco a pouco para o problema do crime, e toda a seriedade de Marlowe voltou.

— Bunner me disse tudo o que ele pensa — comentou o rapaz quando Trent se referiu à teoria do americano. — Ela não me convenceu porque, na verdade, não explica alguns dos fatos mais estranhos. Porém, morei muito tempo nos Estados Unidos para saber que um ataque vingativo, desfechado de maneira secreta e melodramática, não é uma coisa fora de propósito. É um ato bastante característico de certos setores do movimento trabalhista. Os americanos têm inclinação e talento para coisas assim. Já leu *Huckleberry Finn* *?

— Claro que li!

— Bem, acho que a coisa mais americana nesse grande épico americano é a elaboração de Tom Sawyer de um plano romântico e extremamente difícil para garantir a fuga do negro Jim, que poderia ter sido facilmente realizado em 20 minutos mas que levou dias para ser executado. Sabe como eles adoram lojas e confrarias. Cada associação colegial tem seus sinais cabalísticos e apertos de mão. O senhor já ouviu falar no movimento político Know-Nothing** e, sem dúvida, na Ku Klux Klan***. Depois, veja a tirania mórbida de Brigham Young**** em Utah, usando sangue de verdade. Os fundadores do Estado Mórmon eram da mais pura origem ianque da América; e veja o que fizeram. São todos parte da mesma tendência mental. Os americanos divertem-se com isso entre eles. Quanto a mim, levo essa coisa muito a sério.

— Certamente — retrucou Trent — isso pode ter um lado sinistro, quando ligado ao crime, ou ao vício, ou apenas ao simples fausto. Mas eu tenho uma espécie de respeito servil pela determinação de fazer a vida interessante e animada apesar da civilização. Mas, voltando ao assunto, o senhor já pensou na possibilidade de que a cabeça de Manderson tenha sido afetada até certo ponto por essa ameaça em que Bunner acredita? Por exemplo, foi um tanto esquisito mandá-lo ao correio daquela maneira no meio da noite.

— Cerca das 10 horas, para ser exato — replicou Marlowe. — Embora, veja, se ele realmente tivesse me acordado à meia-noite eu não teria ficado muito surpreso. Combina com tudo o que acabamos de dizer. Manderson tinha muita inclinação para o gosto nacional por atitudes dramáticas. Eles gostava mesmo da sua reputação bem estabelecida quanto a golpes inesperados e sobre sua forma direta e impiedosa de conquistar objetivos. Ele tinha repentinamente

---

* Famoso romance de Mark Twain (Samuel Langhorne Clemens) (1835-1910). (N. T.)

** Associação política secreta americana do século XIX hostil à influência política dos imigrados recentes e dos católicos romanos. (N. T.)

*** Organização criada após a Guerra Civil Americana para defender a supremacia branca. (N. T.)

**** Líder dos mórmons (1801-1877). (N. T.)

resolvido que precisava obter uma informação desse sujeito, Harris...

— Quem é Harris? — interrompeu Trent.

— Ninguém sabe. Mesmo Bunner nunca ouviu falar nele e não pode imaginar qual o negócio dele. Sei apenas que, quando fui a Londres na semana passada para fazer várias coisas, reservei, a pedido de Manderson, um camarote para um tal Sr. George Harris no navio que partia segunda-feira. Parece que Manderson tinha achado subitamente que precisava de informações de Harris que, presumivelmente, tinham um caráter secreto demais para o telégrafo; e, como não havia trem, fui mandado, como sabe.

Trent olhou em volta para ficar certo de que não tinham sido ouvidos e depois virou-se para o outro gravemente.

— Há uma coisa que preciso dizer-lhe — falou tranqüilamente — e que não creio que saiba. O mordomo Martin ouviu algumas palavras do fim da sua conversa com Manderson no pomar antes de partirem juntos de carro. Ele ouviu Manderson dizer: "Se Harris estiver lá, não há tempo a perder." Bem, Sr. Marlowe, o senhor conhece meu trabalho aqui. Fui enviado para fazer perguntas, e o senhor não precisa ficar ofendido por isso. Quero perguntar-lhe se, em face dessa frase, o senhor repetirá que não sabe de que se trata.

Marlowe sacudiu a cabeça.

— Na verdade, não sei de nada. Não me ofendo facilmente, e sua pergunta é muito justa. O que ocorreu na conversa já contei ao detetive. Manderson me disse francamente que não podia me informar sobre do que se tratava. Ele queria simplesmente que eu achasse Harris e dissesse-lhe que desejava saber como iam as coisas, trazendo de volta uma carta ou bilhete dele. Harris, segundo me informaram depois, poderia não aparecer. Se assim fosse, não havia tempo a perder. E agora o senhor sabe tanto quanto eu.

— Essa conversa aconteceu *antes* dele dizer à mulher que o senhor o havia convidado para um passeio ao luar. Fico imaginando por que motivo ele escondeu sua missão dessa maneira.

O rapaz fez um gesto de desânimo.

— Por quê? Não sei mais que o senhor.

— Por que — murmurou Trent como que para si mesmo, fixando o olhar no chão — ele escondeu isso... da Sra. Manderson?

Ergueu os olhos para Marlowe.

— E de Martin — acrescentou o outro friamente. — Disse a ele a mesma coisa.

Com um súbito movimento de cabeça, Trent pareceu abandonar o assunto. Tirou do bolso interno do paletó uma carteira, extraindo dela duas pequenas folhas de papel em branco.

— Veja estes dois pedaços, Sr. Marlowe — disse. — Já os viu antes? Tem alguma idéia de onde vieram? — acrescentou, enquanto Marlowe os pegava um em cada mão, examinando-os com curiosidade.

— Parecem ter sido cortados com uma faca ou tesoura de uma pequena agenda deste ano: das páginas de outubro — observou Marlowe, examinando-os de ambos os lados. — Não tem nada escrito. Ninguém aqui tem uma agenda dessas, que eu saiba. Que significam?

— Talvez nada — disse Trent, duvidoso. — De fato ninguém na casa poderia ter tal agenda sem que o senhor a visse. Mas eu não esperava que o senhor identificasse as folhas: na verdade, me espantaria se o fizesse.

Parou de falar ao ver que a Sra. Manderson caminhava na direção deles.

— Meu tio acha que podemos ir agora — disse ela.

— Acho que vou com o Sr. Bunner — disse o Sr. Cupples quando se aproximou. — Há certos assuntos de negócios que devem ser resolvidos o mais depressa possível. Quer ir com esses dois cavalheiros, Mabel? Esperaremos por você antes de chegarmos lá.

Trent virou-se para ela.

— Sra. Manderson me desculpará espero — disse. — Vim aqui esta manhã para procurar certas coisas que achei poder possivelmente encontrar. Eu não pretendia ir ao... ao tribunal agora.

Ela o olhou com um ar de perfeita inocência.

— Claro, Sr. Trent. Proceda como quiser. Confiamos todos no senhor. Se quiser esperar uns minutos, Sr. Marlowe, estarei pronta.

Ela entrou na casa. Seu tio e o americano já estavam se dirigindo ao portão.

Trent encarou o companheiro.

— É uma mulher maravilhosa — disse em voz baixa.

— Diz isso sem conhecê-la — retrucou Marlowe no mesmo tom. — Ela é mais que isso.

Trent não fez qualquer comentário. Estendendo o olhar por cima dos campos, fitou o mar. No silêncio, um barulho de sapatos ferrados ouviu-se no ar calmo. A pouca distância, na estrada, um rapaz apareceu correndo para eles, vindo do hotel. Na mão, um envelope laranja revelando, mesmo à distância, um telegrama. Trent observou-o com ar indiferente quando ele passou pelos outros dois. Depois virou-se para Marlowe.

— Sem nenhum motivo em particular — perguntou —, esteve em Oxford?

— Estive — respondeu o rapaz. — Por que pergunta?

— Estava apenas imaginando se tinha razão no meu palpite. Essa é uma das coisas que podemos freqüentemente reconhecer em alguém, não é?

— Acho que sim — respondeu Marlowe. — Bem, cada pessoa tem sua marca, de uma forma ou de outra, talvez. Eu diria que o senhor é um artista, mesmo que não soubesse.

— Por quê? Estou precisando cortar o cabelo?

— Ora, não! É a sua maneira de olhar as coisas e as pessoas. como vi os artistas fazerem, com um olhar que passa com firmeza de detalhe para detalhe... olhando mais dentro deles que propriamente para eles.

O rapaz chegou ofegante.

— Telegrama para o senhor — disse para Trent. — Acaba de chegar, senhor.

Trent abriu o envelope com um pedido de licença, e seus olhos brilharam tão visivelmente quando leu, que o rosto cansado de Marlowe abriu-se num sorriso.

— Devem ser boas notícias — murmurou meio para si mesmo.

Trent atirou-lhe um olhar inescrutável.

— Não é exatamente uma notícia — comentou. — Apenas me confirma que um outro palpite meu também era correto.

VIII

A Inquirição

O JUIZ DE INSTRUÇÃO, que se dava perfeitamente conta de que nesse dia — sem paralelo em sua vida de modesto advogado de província — era o alvo das atenções gerais, resolvera mostrar-se à altura dessa transitória notoriedade. Era um homenzarrão de temperamento jovial, com um acentuado interesse pelos aspectos teatrais de seu trabalho, e a notícia da misteriosa morte de Manderson nos limites de sua jurisdição tinha feito dele o mais feliz magistrado de toda a Inglaterra. Uma respeitável capacidade para ordenar fatos era reforçada pelo copioso uso de uma linguagem impressionante, que convertia os jurados em maleáveis criaturas, como se fossem de barro nas mãos dele — linguagem essa que disfarçava por vezes uma interpretação duvidosa das provas apresentadas.

A sessão do tribunal realizou-se numa sala comprida e desnuda que fora recentemente anexada ao hotel com a finalidade de servir de salão de baile ou de concertos. Um batalhão de repórteres entrincheirara-se nas primeiras filas do recinto destinadas ao público, e os que seriam chamados a depor ocupavam cadeiras a um lado da mesa atrás da qual o juiz tomou assento, enquanto os jurados, em fila dupla, cabelos cheios de gomalina e um ar fictício de desenvoltura, ladeavam-no pelo outro lado. Um público indefinível preencheu o resto do recinto e ouvia, em reverente silêncio, as solenidades preliminares. Os jornalistas, mais do que acostumados a tudo isso, murmuravam coisas entre si. Os que conheciam Trent de vista garantiam aos restantes que ele não estava no tribunal.

A identidade do morto foi corroborada por sua esposa, a primeira testemunha convocada, de quem o juiz, após algumas perguntas sobre a saúde e as condições de vida do falecido, passou a solicitar um relato da última ocasião em que vira seu marido vivo.

Ao longo de seu depoimento, a Sra. Manderson foi tratada pelo juiz com a compaixão que todos os homens sentiram por aquela sombria figura de luto. Ela ergueu o espesso véu antes de começar a falar, e a extrema palidez e inquebrantável compostura da viúva produziram uma singular impressão. Não era uma impressão de severidade. A primeira coisa que se captava na presença dela era uma interessante feminilidade. A Sra. Manderson nem mesmo era enigmática. Ficava desde logo evidente que a força de um caráter poderoso estava em ação para dominar as emoções resultantes de sua situação. Por uma ou duas vezes, enquanto falava, tocou os olhos com o lenço, mas sua voz foi grave e clara até o fim.

Seu marido, declarou ela, tinha subido para o quarto de dormir mais ou menos à hora a que usualmente se retirava nas noites de domingo. O quarto dele era, na realidade, um quarto de vestir contíguo ao próprio quarto de dormir da esposa, comunicando-se com este por uma porta que ficava habitualmente aberta durante a noite. O quarto de vestir e o quarto de dormir tinham acesso por outras portas que davam para o corredor. O marido sempre tivera preferência pela máxima simplicidade na arrumação de seu dormitório e gostava de dormir num quarto pequeno. Ela não tinha acordado quando o Sr. Manderson subiu, mas ficou meio desperta, como usualmente acontecia, quando a luz foi acesa no quarto dele. Dirigiu-lhe a palavra. Não tinha uma lembrança muito clara do que dissera ao marido, pois estava sonolenta o tempo todo, mas recordava-se de que ele tinha saído para dar uma volta de carro, trazia uma bela noite de luar, e acreditava ter-lhe perguntado se fizera um bom passeio e que horas eram. Perguntara-lhe as horas por achar que estivera adormecida durante muito pouco tempo e por esperar que o marido ficasse fora até muito tarde. Em resposta à pergunta dela, o Sr. Manderson disse que eram 11:30 e que mudara de idéia a respeito de dar um passeio.

— Ele disse por quê? — indagou o juiz.

— Sim — respondeu a viúva —, ele explicou por quê. Lembro-me perfeitamente do que ele disse, porque... — ela deteve-se, com uma vaga aparência de embaraço.

— Porque... — insistiu o juiz, delicadamente.

— Porque o meu marido não era, por via de regra, muito comunicativo a respeito de seus negócios — prosseguiu a testemunha, erguendo o queixo com um leve toque de desafio. — Ele não achava... não acreditava que esses assuntos pudessem me interessar e referia-se a eles o menos possível na minha presença. Por isso fiquei um tanto surpreendida quando ele me disse que tinha mandado o Sr. Marlowe a Southampton a fim de que ele lhe trouxesse algumas informações importantes de um homem que estava indo para Paris no barco do dia seguinte. Comentou que o Sr. Marlowe se desincumbiria facilmente da tarefa, se não tivesse nenhum acidente. Disse que saíra com o carro, depois caminhara mais ou menos uma milha de volta a casa e que isso o fizera sentir-se mais tranqüilo.

— Ele disse mais alguma coisa?

— Mais nada, pelo que me lembro. Eu estava muito sonolenta e adormeci instantes depois. Lembro-me de que meu marido apagou a luz, e foi tudo. Não voltei a vê-lo vivo.

— E não ouviu nada durante a noite?

— Não. Só acordo quando a minha empregada me traz o chá pela manhã, às 7 horas. Ela fechou a porta de comunicação com o quarto de meu marido, como sempre fazia, e eu supus que ele ainda estivesse lá. O Sr. Manderson precisava dormir muito. Por vezes só acordava nas últimas horas da manhã. Tomei o café da manhã na sala de estar. Foi por volta das 10 horas que me informaram ter sido encontrado o corpo do meu marido. — A testemunha deixou pender a cabeça e aguardou em silêncio que lhe fosse dada licença para retirar-se.

Mas isso não aconteceria ainda.

— Sra. Manderson. — A voz do juiz era compadecida, mas havia nela agora uma sugestão de firmeza. — A pergunta que lhe vou fazer agora, em tão tristes circunstâncias, é penosa; mas é meu dever fazê-la. É um fato que as suas relações com seu falecido esposo não estavam sendo, já há algum tempo, relações de mútua afeição e confiança? É um fato que existiam sérias desavenças entre vocês?

A viúva aprumou-se de novo e, voltando-lhe a cor às faces, encarou o seu inquiridor.

— Se essa pergunta é necessária — disse ela com fria clareza —, responderei para que não subsistam mal-entendidos. Nos últimos meses de vida do meu marido, sua atitude a meu respeito estava me causando considerável angústia e tristeza. Ele mudara muito em seu relacionamento comigo; tornou-se reservado e parecia inexplicavelmente desconfiado. Via-o muito menos do que antes; parecia preferir ficar sozinho. Não encontro a menor justificativa para essa mudança, e tentei contrapor-me a isso, fazendo tudo o que podia sem ferir a minha própria dignidade, segundo o que pensei. Algo havia entre nós, eu não sabia o que era, e ele nunca me disse. O meu próprio e obstinado orgulho impediu-me de lhe perguntar francamente o que tinha acontecido; fiz apenas questão de ser para ele exatamente como sempre tinha sido, desde que ele me permitisse. Suponho que agora nunca saberei do que se tratava...

A testemunha, cuja voz, apesar de seu autodomínio, tinha tremido ao proferir as últimas frases, deixou cair o véu sobre o rosto ao dizer isso e permaneceu ereta e silenciosa.

Um dos jurados dirigiu-lhe uma pergunta, não sem óbvia hesitação.

— Quer dizer, então, que nunca houve nada no gênero de troca de palavras entre a senhora e seu marido, não é?

— Nunca. — A palavra foi dita num tom inexpressivo; mas todos sentiram que um grosseiro equívoco sobre as possibilidades de conduta, no caso de uma pessoa como a Sra. Manderson, tinha sido repudiado com alguma severidade.

Teria ela conhecimento, indagou o juiz, de qualquer outro assunto que pudesse ter estado recentemente afligindo o Sr. Manderson e perturbando-lhe o espírito? A Sra. Manderson não tinha conhecimento de nada. O juiz indicou-lhe que a sua provação terminara, e a viúva encaminhou-se para a porta. As atenções gerais, que ainda a acompanharam por mais alguns instantes, estavam agora avidamente concentradas em Martin, a quem o juiz tinha acabado de chamar a depor.

Foi nesse momento que Trent surgiu no vão da porta e deu alguns passos no interior do salão de audiência. Mas não olhou para Martin. Estava observando a figura esbelta de mulher que vinha rapidamente na direção dele, avançando pela clareira que o próprio público ia abrindo para lhe dar passagem. O olhar de Trent estava sombrio. Estremeceu, ao afastar-se da porta com uma ligeira vênia, quando ouviu a Sra. Manderson dirigir-se a ele pelo nome em voz baixa. Ele seguiu-a para o corredor.

— Queria pedir-lhe — disse ela numa voz agora fraca e estranhamente prostrada — se me daria o seu braço uma parte do caminho até a casa. Não pude ver o meu tio perto da porta e senti-me de súbito um pouco tonta... Ficarei melhor no ar fresco... Não, não; não posso ficar aqui... por favor, Sr. Trent! — insistiu Mabel Manderson, quando ele começou a fazer uma sugestão óbvia. — Devo ir para casa.

A mão dela apertou momentaneamente o braço de Trent como se, apesar de toda a sua fraqueza, ela pudesse arrastá-lo daquele lugar; depois, apoiou-se pesadamente nele e, com a cabeça pendente, caminhou lentamente do hotel, ao longo da alameda sombreada de carvalhos, na direção de White Gables.

Trent caminhava em silêncio, seus pensamentos em torvelinho, dançando loucamente ao som de um coro de "Idiota! idiota!" Tudo o que só ele sabia, tudo o que ele conjecturava e suspeitava desse caso afluía-lhe à mente em tropel; mas o contato da mão dela abandonada sobre o seu braço não saía nem por instante de sua cabeça, enchendo-o de uma exaltação que o enfurecia e o deixava perplexo. Ainda assim se amaldiçoou furiosamente por trás da máscara de solicitude convencional que exibiu para a Sra. Manderson enquanto a acompanhou até a casa dela e a viu afundar-se num divã da saleta. Erguendo o véu, ela agradeceu-lhe séria e abertamente, com uma expressão de sincera gratidão no olhar. Sentia-se muito melhor agora, confessou, e uma xícara de chá operava milagres em seu estado de ânimo. Esperava não o ter desviado de alguma coisa importante. Sentia vergonha de si mesma; tinha pensado que seria capaz de suportar aquilo, mas não esperava que lhe fossem feitas aquelas últimas perguntas.

— Estou satisfeita porque o senhor não me ouviu — disse ela. — Mas, é claro, lerá tudo aquilo nas reportagens. Abalou-me tanto ter que falar daquilo — acrescentou com simplicidade. — E tive que fazer das tripas coração para não dar um espetáculo ridículo. Fiquei arrasada. E todos aqueles homens encarando-me na porta! Obrigada por ter me socorrido quando o chamei... Pensei que poderia — concluiu estranhamente, com um leve sorriso cansado

E Trent despediu-se, sua mão ainda arrepiada pelo toque gélido dos dedos dela.

Os depoimentos dos criados e do descobridor do corpo nada trouxeram de novo para a rede dos repórteres. O da polícia foi descolorido e enigmático como de costume na fase de inquirição de casos desse gênero. Para satisfação do Sr. Bunner, seu testemunho propiciou a sensação do dia e jogou para segundo plano a interessante revelação de dificuldades domésticas feita pela esposa do morto. Ele contou ao tribunal, em substância, o que já tinha contado a Trent. Os ágeis lápis dos repórteres não perderam uma palavra da história do jovem americano, a qual foi estampada em todos os jornais importantes da Grã-Bretanha e dos Estados Unidos quase sem que uma frase fosse omitida.

No dia seguinte, a opinião pública ignorou a tênue sugestão da possibilidade de suicídio que o juiz, em seu discurso final para o júri, considerara correto apresentar em ligação com o depoimento da Sra. Manderson. O peso das provas, como de fato o policial tinha sublinhado em seu depoimento, era contrário a tal teoria. Ele referira-se com ênfase à circunstância de que nenhuma arma fora encontrada perto do corpo.

— Essa questão é, evidentemente, de suma importância, meus senhores — lembrou o juiz aos jurados. — É, de fato, a principal questão com que se defrontam. Os senhores viram o corpo. Acabaram de ouvir o parecer médico; mas penso que seria oportuno ler-lhes as notas que fui tomando sobre o teor desse parecer, na medida em que se relacionam com esse importante ponto. O Dr. Stock informou-os — omitirei os termos médicos do laudo e vou repetir o seu depoimento meramente em linguagem comum — de que, em sua opinião, a morte ocorreu entre seis e oito horas antes da descoberta do corpo. Declarou que a causa da morte foi um ferimento à bala, a qual perfurou o olho esquerdo, que foi destruído, e atingiu a base do cérebro, esfacelando-o. A aparência externa do ferimento, disse o doutor, não corrobora a hipótese de que ele tenha sido auto-infligido, tanto mais que inexistiam indícios de que a arma tivesse sido pressionada contra o olho ou mesmo colocada perto dele; ao mesmo tempo, não era fisicamente impossível que a arma tivesse sido disparada pelo falecido, com a sua própria mão, a uma certa distância do olho. O Dr. Stock também nos informou ser impossível afirmar com absoluta certeza, com base no estado do corpo, se tinha havido ou não luta corporal no momento da morte; quando foi por ele examinado, e tendo entendido que não fora tocado desde o instante em que foi descoberto, o corpo jazia dobrado, numa posição que poderia muito bem resultar unicamente do tiro; mas que os arranhões e equimoses nos pulsos e nos antebraços tinham sido infligidos muito recentemente e eram, em sua opinião, marcas de violência.

Depois de uma breve pausa, o juiz prosseguiu:

— Em ligação com esse mesmo ponto, o notável depoimento prestado pelo Sr. Bunner não pode ser encarado, penso eu, como desprovido de significado. Pode ter sido uma surpresa para alguns dos senhores ouvir que pessoas na posição do falecido comumente correm riscos da natureza descrita por essa testemunha sobre o seu país. Por outro lado, talvez seja do conhecimento de alguns que no mundo industrial da América o descontentamento das classes trabalhadoras é freqüentemente capaz de chegar a extremos que nós, na Inglaterra, felizmente desconhecemos por completo. Interroguei a testemunha detalhadamente a esse respeito. Ao mesmo tempo, cavalheiros, não estou sugerindo em absoluto que a conjectura pessoal do Sr. Bunner sobre a causa da morte venha a ser prontamente adotada pelos senhores. Não é esse, sem dúvida, o caso. O que o seu depoimento fez foi suscitar duas questões para sua consideração. Em primeiro lugar, poderia ser dito que o falecido estava, em alguma medida, na posição de um homem ameaçado, de um homem mais exposto ao perigo de um ataque homicida do que uma pessoa comum? Em segundo lugar, a alteração recente de sua maneira de proceder, conforme foi descrito por essa testemunha, justificará a crença em que seus últimos dias foram ensombrados por uma grande ansiedade? Esses pontos podem ser legitimamente examinados pelos senhores ao chegarem a uma conclusão baseada no resto das provas.

Depois disso, o juiz, tendo indicado assim de modo claro a sua opinião de que o Sr. Bunner acertara em cheio no alvo, desejou que o júri ponderasse o seu veredito.

IX

Um Perfume Inebriante

— ENTRE! — gritou Trent.

O Sr. Cupples entrou na sala de estar da suíte ocupada por Trent no hotel. Era o final da tarde do dia em que o júri do juiz de instrução, sem abandonar o reservado, tinha pronunciado a esperada denúncia de uma pessoa ou pessoas desconhecidas. Trent, depois de um rápido relancear de olhos para o recém-chegado, continuou seu estudo concentrado do que estava numa bacia fotográfica de metal esmaltado, que ele movia lentamente na luz vinda da janela. Estava pálido, e seus movimentos eram nervosos.

— Sente-se no sofá — aconselhou ele. — As cadeiras são tudo o que resta de um lote adquirido em leilão após a supressão da Santa Inquisição na Espanha. Este é um excelente negativo — prosseguiu Trent, erguendo-o contra a luz, com a cabeça inclinada no ângulo propício a um julgamento criterioso. — Acho que chega de lavagem. Deixemos isso secando e livremo-nos de toda essa balbúrdia.

O Sr. Cupples, enquanto o outro arrumava diligentemente a mesa, livrando-a da confusão de bacias, pratos, caixas e vidros, apanhou primeiro um e depois um outro desses objetos e estudou-os com inocente curiosidade.

— Isso chama-se hipoeliminador — disse Trent quando o Sr. Cupples destapou e cheirou um dos vidros. — Muito útil quando você está com pressa para revelar um negativo. Mesmo assim, eu não aconselharia ninguém a bebê-lo. Elimina o hipofosfito de sódio, mas não me surpreenderia se eliminasse também seres humanos.

Encontrou um lugar para os últimos objetos que se amontoavam sobre o consolo da lareira e veio sentar-se à mesa, diante do Sr. Cupples.

— A grande vantagem de uma sala de estar de hotel é que a sua beleza não distrai a mente do trabalho. Não é lugar para os efêmeros prazeres de um espírito ocioso. Você já esteve alguma vez numa sala como esta, Cupples? Eu já, centenas de vezes. Tem me perseguido por toda a Inglaterra há muitos anos. Creio que me sentiria perdido sem ela se, em algum recôndito e fantástico hotel, me dessem algum outro tipo de sala de estar. Veja essa toalha de mesa; tem a tinta que derramei sobre ela quando estive num quarto igual a este em Halifax. Aquele buraco no tapete, fui eu que o fiz quando estive em Ipswich. Mas vejo que substituíram o vidro sobre o quadro de *Silenciosa Compaixão,* contra o qual atirei um sapato no hotel de Banbury. Todo o meu melhor trabalho é feito aqui. Esta tarde, por exemplo, depois da inquirição, terminei vários e excelentes negativos. Existe no térreo um quarto que serve como ótima câmara escura.

— A inquirição... isso me lembra — disse o Sr. Cupples, que sabia muito bem que esse tipo de tagarelice em Trent significava a excitação da ação e perguntava-se o que poderia tê-la provocado. — Vim para agradecer-lhe, meu caro amigo, por ter cuidado de Mabel esta manhã. Eu não fazia a menor idéia de que ela pudesse sentir-se mal depois de depor; parecia impassível e, realmente, ela é uma mulher de extraordinária capacidade de autocontrole, e por isso pensei que poderia deixá-la à vontade para ouvir os depoimentos até o fim, o que eu considerava importante. Foi uma sorte ela ter encontrado um amigo que a amparasse naquele momento, e Mabel está muito grata. Ela recompôs-se inteiramente.

Trent, com as mãos enfiadas nos bolsos e a testa levemente franzida, não respondeu a isso.

— Vou lhe contar uma coisa — disse, após uma breve pausa. — Quando você entrou, eu estava chegando à parte realmente interessante do trabalho. Venha; gostaria de ver uma amostra de um trabalho policial de alta classe? É a mesmíssima espécie de trabalho que o velho Murch deveria estar fazendo neste momento. Talvez ele esteja; mas espero que não.

Levantou-se da mesa e desapareceu no quarto de dormir. Instantes depois surgiu com uma grande prancheta de desenho, sobre a qual se ordenava um certo número de objetos heterogêneos.

— Em primeiro lugar, devo apresentá-lo a essas coisas — disse Trent, dispondo-as sobre a mesa. — Aqui temos uma grande faca de marfim para cortar papel e duas folhas arrancadas de uma agenda... minha própria agenda. Aqui está um vidro contendo dentifrício e uma pequena caixa de nogueira polida. Algumas dessas coisas têm que ser postas de volta no lugar que lhes pertence no quarto de dormir de alguém em White Gables antes de anoitecer. Esse é o gênero de homem que sou... nada me detém. Tomei-as emprestadas esta manhã, quando todo o mundo estava na inquirição, e atrevo-me a dizer que algumas pessoas, se soubessem disso, achariam o meu procedimento bastante excêntrico, para dizer o mínimo. Muito bem, resta agora um único objeto sobre a prancheta. Poderia dizer-me, sem tocar nele, o que é?

— Certamente que sim — disse o Sr. Cupples, observando o objeto com grande interesse. — É uma tigela de vidro comum. Parece um lavabo de mesa. Não vejo nada de estranho nela — acrescentou, após alguns momentos de minucioso exame.

— Eu tampouco vejo grande coisa — respondeu Trent —, e é exatamente aí que entra a parte divertida. Agora pegue neste vidro gordinho, Cupples, e retire-lhe a tampa. Reconhece esse pó? Suponho que, em seu tempo, terá engolido quilos dele. É dado aos bebês. O nome comum é pó cinzento... mercúrio e giz. É uma grande substância. Agora, enquanto eu seguro a bacia de lado sobre uma folha de papel, quero que despeje um pouco desse pó do vidro sobre esta parte da tigela... aqui... Perfeito! O próprio Sir Edward Henry não poderia ter manuseado melhor o pó. Estou vendo que você já fez isso antes, Cupples. Você é um sujeito habilidoso, não há dúvida.

— Não sou nada disso — replicou seriamente Cupples enquanto Trent devolvia ao vidro o pó derramado. — Asseguro-lhe que tudo isso é um completo mistério para mim. Afinal, o que foi que eu fiz?

— Vou escovar levemente a parte da tigela que foi polvilhada usando essa pequena escova de pêlo de camelo. Agora olhe de novo. Você disse que nada vira de estranho nela antes. E agora, está vendo alguma coisa?

O Sr. Cupples examinou de novo a tigela. — Que curioso! — exclamou. — Sim, existem duas grandes marcas cinzentas de dedos na taça. Elas não estavam aí antes!

— Eu sou Hawkshaw, * o grande detetive — observou Trent.

* Hawkshaw é o nome de um personagem da peça de Tom Taylor, *The Ticket of Leave Man* (1858), que se distinguia por sua argúcia detetivesca. (N. T.)

— Você estaria interessado em ouvir uma pequena aula a respeito de lavabos de mesa de vidro? Quando você pega em um deixa nele marcas, praticamente invisíveis, que podem permanecer no vidro durante dias ou meses. Você deixa as impressões de seus dedos. A mão humana, mesmo quando muito limpa, nunca está inteiramente seca, e às vezes — em momentos de grande ansiedade, por exemplo — fica muito úmida. Deixa marcas em qualquer superfície fria e lisa em que toque. Essa taça foi mexida muito recentemente por alguém com a mão bastante úmida. — Esparziu o pó de novo. — Aqui, do outro lado, está vendo?, é a marca do polegar... muito boas impressões, todas elas.

Ele falou sem altear a voz, mas o Sr. Cupples pôde perceber que Trent estava ardendo de excitação enquanto olhava para as tênues marcas cinzentas.

— Esta aqui deve ser o indicador. Não precisarei dizer a um homem com o seu conhecimento do mundo que o padrão é uma única espiral com deltas simetricamente dispostos. Esta, a impressão do segundo dedo, é um simples laço, com um núcleo compacto e quinze voltas. Sei que são quinze porque tenho justamente as mesmas duas impressões nesse negativo, que examinei em detalhe. Veja! — Ele segurou um dos negativos contra a luz do sol declinante e assinalou com a ponta de um lápis. — Você pode ver que são as mesmas. Observe a bifurcação dessa estria. Também há na outra. Está vendo essa pequena cicatriz perto do centro? Há na outra. Há uma vintena de características sobre as quais um perito juraria em tribunal que as impressões nessa tigela e as que fotografei nesse negativo foram feitas pela mesma mão.

— E onde foi que as fotografou? O que é que tudo isso significa? — perguntou o Sr. Cupples, de olhos arregalados.

— Encontrei-as no lado de dentro do batente do lado esquerdo da janela da frente do quarto da Sra. Manderson. Como não podia trazer a janela comigo, fotografei-as, colando um pedaço de papel preto do outro lado do vidro para esse fim. A tigela veio do quarto do Sr. Manderson. É onde ele colocava de noite sua dentadura. Como podia trazê-la comigo, assim fiz.

— Mas essas não podem ser as impressões de Mabel.

— Acho que não! — respondeu Trent com decisão. — Têm o dobro do tamanho de qualquer impressão que a Sra. Manderson pudesse fazer.

— Então devem ser do marido dela.

— Talvez sejam. Vamos ver agora se podemos fazer com que elas condigam uma vez mais? Creio que podemos. — Assobiando entre dentes e o rosto muito pálido, Trent abriu um outro pequeno vidro atarracado que continha um denso pó preto.

— Fuligem — explicou ele. — Segure um pedaço de papel em sua mão por um ou dois segundos, e essa coisa lhe mostrará o desenho de seus dedos.

Levantou cuidadosamente com uma pinça uma das folhas arrancadas da sua agenda e estendeu-a para que o outro a examinasse. Nenhuma marca se via na folha. Despejou um pouco do pó sobre uma das superfícies do papel e depois, virando a folha, sobre a outra; em seguida, sacudiu a folha delicadamente para livrá-la do excesso de pó solto. Estendeu-a ao Sr. Cupples sem dizer palavra. Num lado do papel surgiram clara e inconfundivelmente impressas em preto as mesmas duas impressões digitais que ele já tinha visto na tigela e no negativo. Pegou na tigela e comparou-as. Trent virou a folha de papel, e do outro lado estava uma réplica em preto retinto da marca do polegar que também via impressa em cinzento na tigela que tinha em sua mão.

— O mesmo homem, está vendo — disse Trent, com uma risada curta. — Eu pressentia que assim devia ser e agora sei com certeza. — Caminhou até a janela e olhou para fora. — Agora eu sei... — repetiu em voz baixa, como se falasse consigo mesmo. Seu tom era amargo. O Sr. Cupples, não entendendo patavina, ficou encarando por alguns momentos as costas imóveis de Trent.

— Ainda estou completamente no escuro — arriscou-se a dizer pouco depois. — Tenho ouvido falar muitas vezes nesse negócio de impressões digitais e sempre me intrigou saber como é que a polícia procede para trabalhar em cima delas. A coisa é extraordinariamente interessante, sem dúvida, mas juro que não consigo imaginar como é que, neste caso, as impressões de Manderson vão...

— Lamento muito, Cupples. — Trent interrompeu as reflexões do outro com um rápido retorno até a mesa. — Quando iniciei esta investigação, era minha intenção que você a acompanhasse passo a passo. Não deve pensar que tenho quaisquer dúvidas acerca de sua discreção se lhe digo agora que devo calar-me a respeito da coisa toda, pelo menos por um certo tempo. Digo-lhe apenas isto: deparei-me com um fato que teria conseqüências muito dolorosas se fosse descoberto por mais alguém. — Encarou o seu interlocutor com uma expressão dura e sombria ao mesmo tempo em que desferia uma vigorosa palmada na mesa. — Para mim, neste exato momento, isso é terrível. Até agora, eu ainda alimentava a esperança de estar errado a respeito desse fato. Posso ainda estar errado na conjectura que fiz desse fato. Só existe um caminho à minha disposição para descobrir isso, e devo ter muito ânimo para o percorrer. — Sorriu de súbito ao ver a expressão consternada do Sr. Cupples. — Está bem... não vou arvorar uns ares de tragédia e prometo contar-lhe tudo assim que puder. Olhe, não estou ainda nem na metade do meu jogo com os vidros de pó.

Aproximou da mesa uma das difamadas cadeiras e sentou-se para testar a larga lâmina de marfim do corta-papel. O Sr. Cupples, engolindo seu espanto, curvou-se para diante numa atitude de profundo interesse e entregou a Trent o vidro de fuligem.

X

A Mulher do Homem Rico

A Sra. Manderson estava à janela de sua sala de estar em White Gables contemplando a paisagem ondulante de chuva e névoa finas. O tempo pusera-se feio como raramente acontece em junho. Nuvens alvacentas vinham enxotadas desde o mar sombrio, abatendo-se em torvelinho na vastidão da campina; o céu era uma só e pardacenta mortalha derramando de vez em quando rápidos chuviscos que sopravam contra as vidraças com uma crepitação de desespero. A mulher olhava a paisagem opaca e fria com uma expressão aflita. Era um péssimo dia para uma mulher desolada, sozinha em sua viuvez, e sem um propósito na vida.

Ouviu-se uma batida e ela ordenou "Entre", aprumando-se num gesto inconsciente que sempre lhe acontecia quando se dava conta de que o tédio e o cansaço do mundo estavam se apoderando de seu espírito. A empregada anunciou da porta que o Sr. Trent acabava de chegar; ele tinha pedido desculpas por se apresentar tão cedo, mas esperava que a Sra. Manderson o recebesse para uma questão de urgente importância. A Sra. Manderson receberia o Sr. Trent. Ela caminhou até um espelho, olhou o rosto oliváceo que viu nele refletido, abanou a cabeça com um trejeito de desagrado e voltou-se para a porta no instante em que Trent surgia.

A aparência dele, notou a mulher, estava mudada. Tinha o aspecto exausto dos insones, e uma nova e reservada expressão em que sua fina sensibilidade feminina pressentiu algo de mau agouro, ocupava o lugar do meio sorriso de permanente bom humor.

— Posso ir diretamente ao assunto? — perguntou ele assim que a Sra. Manderson lhe estendeu a mão. — Há um trem que devo pegar em Bishopsbridge ao meio-dia, mas não posso partir enquanto não tiver esclarecido essa questão que somente lhe diz respeito,

Sra. Manderson. Fiquei trabalhando durante metade da noite e pensando o resto do tempo; e sei agora o que devo fazer.

— O senhor parece deploravelmente exausto — comentou ela em tom amável. — Não quer sentar-se? Essa é uma poltrona muito repousante. É claro que o assunto se relaciona com esse terrível caso e com o seu trabalho de correspondente. Por favor, faça qualquer pergunta que pense poder ser convenientemente esclarecida por mim, Sr. Trent. Sei que, desde que possa evitá-lo, não tornará as coisas piores para mim no cumprimento de sua missão aqui. Se afirma que deve falar comigo a respeito de algo, sei que deve ser porque, como disse, não há outra maneira.

— Sra. Manderson — disse Trent, medindo lentamente as palavras —, não tornarei as coisas piores do que for preciso. Mas vejo-me obrigado a acrescentar que elas serão francamente ruins para a senhora... embora fiquem apenas entre nós, assim espero. Quanto a poder contar-me exatamente o que lhe perguntarei, será a senhora quem decidirá sobre isso; mas desde já lhe declaro, sob minha palavra de honra, que só lhe farei perguntas que me permitam decidir se publico ou não certas coisas graves que descobri a respeito da morte de seu marido, coisas sobre as quais ninguém suspeita e, penso eu, nem é provável que venha a suspeitar. O que descobri e acredito ter praticamente provado será um grande choque para a senhora, em todo o caso. Mas poderá ser pior do que isso; e, se me der razão para pensar que assim seria, então suprimirei este manuscrito — Trent colocou um comprido envelope sobre a mesinha a seu lado —, e nada do que foi dito jamais será impresso. Posso dizer-lhe que consiste numa breve nota particular para o meu editor, seguida de um extenso e minucioso relato para o *Record*. Agora, Sra. Manderson, poderá recusar-se a dizer-me seja o que for. Caso se recuse, o meu dever para com os meus patrões, no meu entender, é levar hoje o envelope comigo para Londres e entregá-lo ao meu editor, que fará dele o que muito bem entender. O meu ponto de vista, entenda, é que eu não tenho o direito de suprimir esse relato com base na mera possibilidade que se apresentou à minha imaginação. Mas, se eu souber pela senhora — e não posso sabê-lo de mais ninguém — que existe substância nessa possibilidade imaginária a que me refiro, a única coisa que me resta a fazer como cavalheiro e como uma pessoa que — ele hesitou em busca da frase certa — lhe deseja bem é não publicar esse relato de minha autoria. Em certos sentidos, recuso-me a ajudar a polícia. Acompanhou-me até aqui? — perguntou ele, com um toque de ansiedade em sua cuidadosa frieza; pois o rosto dela, à parte sua palidez, não transmitia o menor sinal enquanto o encarava, as mãos cruzadas sobre o regaço, e os ombros recuados numa pose de rígida calma. Tinha precisamente a mesma aparência exibida durante a inquirição.

— Entendi perfeitamente — assegurou a Sra. Manderson em voz baixa. Soltou um profundo suspiro e prosseguiu: — Ignoro que coisa horrível o senhor possa ter descoberto, ou que possibilidade lhe terá ocorrido, mas foi bom, foi uma atitude muito louvável de sua parte, que me tenha procurado para falar disso. Quer, pois, contar-me tudo?

— Não posso fazer isso — respondeu Trent. — O segredo é do meu jornal, se não for seu. Se eu concluir que é seu, a senhora terá o meu manuscrito para ler e destruir. Acredite-me — desabafou com algo de seu velho ardor —, detesto do fundo de minha alma tais maquinações misteriosas; mas não fui eu quem fez este mistério. Esta é a hora mais penosa de minha vida, e a senhora torna as coisas ainda piores ao não me tratar como um ser desprezível. A primeira pergunta que lhe faço — reverteu ele com esforço ao seu tom incolor — é esta: é verdade, como declarou na inquirição, que não tinha a menor idéia da razão pela qual o seu falecido marido tinha mudado de atitude no seu relacionamento consigo, tornando-se um homem reservado e desconfiado nos últimos meses de vida?

As sobrancelhas escuras da Sra. Manderson altearam-se, e seus olhos chamejaram; ergueu-se rapidamente de sua cadeira. Trent levantou-se ao mesmo tempo e apanhou seu envelope de cima da mesa; sua maneira dava a entender que tinha percebido ter a entrevista chegado ao fim. Mas a Sra. Manderson ergueu uma mão, e havia cor em suas faces e excitação em sua voz quando disse:

— Sabe o que está me perguntando, Sr. Trent? Está me perguntando se eu cometi perjúrio.

— Exatamente — respondeu ele, imperturbável; e após uma breve pausa continuou: — A senhora já sabia que eu não viria aqui para preservar as ficções polidas, Sra. Manderson. A teoria de que as pessoas respeitáveis, quando sob juramento, não podem sonegar uma parte da verdade sob nenhuma circunstância é pura ficção.

Trent permaneceu de pé, como se ainda aguardasse a intimação final para dar o fora. Mas a Sra. Manderson silenciou. Caminhou até a janela enquanto ele ficava observando, desconsolado, o ligeiro tremor dos ombros dela até eles se imobilizarem. Depois, com o rosto desviado para fora, olhando o tempo desolador, ela falou, enfim, em voz clara.

— Sr. Trent, o senhor inspira confiança nas pessoas, e sinto que coisas que não quero que sejam conhecidas e nem que venham a ser faladas estão seguras consigo. E também sei que deve ter uma razão muito séria para fazer o que está fazendo, embora eu ignore o que seja. Suponho que estaria ajudando a justiça, de algum modo, se lhe contasse a verdade acerca do que acabou de me perguntar. Mas, para entender essa verdade, o senhor tem que saber o que se passou antes... quer dizer, o meu casamento. No fim das contas, muita gente poderia dizer-lhe o mesmo que eu, que não foi... uma união muito bem-sucedida. Eu tinha apenas 20 anos. Admirava a força, a coragem e a determinação de Sigsbee; ele foi o único homem forte que conheci até hoje. Mas não precisei de muito tempo para descobrir que ele se preocupava muito mais com seus negócios do que comigo, e creio que descobri ainda mais cedo que eu estava me enganando a mim mesma, que estava cega, prometendo-me coisas impossíveis e deturpando deliberadamente meus próprios sentimentos porque estava ofuscada pela idéia de ter mais dinheiro para gastar do que uma jovem inglesa jamais sonhara sequer possuir. Há cinco anos que me desprezo por causa disso. Quanto aos sentimentos de meu marido a meu respeito... bem, não posso realmente falar disso... o que posso dizer é que, da parte de Sigsbee, houve sempre a convicção de que eu era a espécie de mulher destinada a ocupar um lugar de destaque na sociedade e que eu me lançaria a essa tarefa com imenso prazer, tornando-me uma personagem que muito o valorizaria em certos meios influentes: essa era a idéia dele; uma idéia que ele manteve mesmo depois de outras ilusões se terem desfeito. Eu era uma parte de sua ambição. Foi para ele um desapontamento realmente amargo que eu não o tivesse ajudado como um êxito social. Penso que ele era perspicaz demais para não se dar conta, em seu íntimo, de que um homem como ele, 20 anos mais velho do que eu, com grandes responsabilidades empresariais, que preenchiam cada hora de seu dia e não lhe davam tempo para mais nada... ele deve ter sentido que havia o risco de grande infelicidade em casar com o gênero de moça que eu era, criada num ambiente de música, de livros e de idéias pouco práticas, sempre desfrutando a vida à minha maneira. Mas ele contara realmente comigo como a esposa que faria as honras de sua posição no mundo: e eu descobri que não podia.

A Sra. Manderson falava agora num tom de voz que revelava, talvez inadvertidamente, um temperamento mais emotivo do que até então fora revelado a Trent. Suas palavras fluíam livremente, e sua voz tinha começado a refletir uma expressividade natural que, pensou ele, estivera até aí amortecida pelo choque e o autodomínio que esses últimos dias tinham exigido dela. Voltou-se bruscamente da janela e passou a encarar Trent enquanto prosseguia, com seu belo rosto afogueado e animado, os olhos brilhantes, as mãos agitando-se em pequenos gestos enfáticos para ceder ao impulso de dar livre curso a sentimentos há muito reprimidos.

— As pessoas — disse ela. — Oh, essa gente! O senhor pode imaginar o que deve ter sido para alguém que vivia num mundo onde havia sempre, como pano de fundo, trabalho criativo, trabalho cercado de alguma dignidade, homens e mulheres dedicados de alma e coração a suas artes, a suas profissões, com ideais e coisas em que acreditar e sobre as quais discutir e até brigar, alguns ricos, outros muito pobres; pode imaginar o que significa sair desse mundo para ingressar num outro em que você *tem* que ser muito rico, escandalosamente rico, para existir... onde o dinheiro é a única coisa que conta e a primeira coisa no pensamento de todos... onde os homens que fazem milhões estão de tal modo fatigados pelo trabalho, que o esporte é a única coisa em que podem ocupar-se quando têm algum instante de lazer, e os homens que não precisam trabalhar são ainda mais deprimentes, além de viciosos; e as mulheres deles vivem para a exibição e as diversões idiotas, e para a imoralidade; sabe como essa vida é terrível? Sei, é claro, que existem algumas pessoas brilhantes e de bom gosto nesses círculos, mas é como se estivessem atoladas e pervertidas pelo ambiente, e no final é tudo a mesma coisa: o vazio! Oh, sim, talvez eu esteja exagerando, pois fiz algumas amizades e tive alguns momentos felizes; mas é assim que me sinto, depois de tudo o que aconteceu. As estações em Nova York e Londres... como as detestava! E as nossas festas e cruzeiros no iate... as mesmas caras, as mesmas conversas, o mesmo vazio.

"E o senhor entendeu, não é verdade, que o meu marido não podia ter a mínima idéia de tudo isso. A vida *dele* nunca estava vazia. Não a vivia em sociedade e, quando estava em sociedade, tinha sempre seus planos de negócios, suas transações e suas dificuldades para lhe ocuparem a mente. Não alimentava a menor desconfiança sobre o que eu sentia, e eu nunca deixei que ele soubesse;

não pude, achava que seria injusto. Sentia que era meu dever fazer alguma coisa que me justificasse como sua esposa, compartilhando de sua posição e fortuna; e a única coisa que podia fazer era tentar e tentar corresponder à idéia dele sobre as minhas qualidades sociais... E tentei. Representei o melhor que pude. E foi ficando cada vez mais insuportável de ano para ano... Eu nunca fui o que eles chamam uma anfitriã popular; como poderia? Pelo contrário, era um fracasso; mas continuei tentando...

Costumava roubar umas férias vez por outra. Sentia com freqüência não estar cumprindo a minha parte de uma transação... parece horrível usar essa palavra, eu sei, mas *era* isso mesmo... como na vez em que convidei uma de minhas antigas amigas de escola, que não tinha dinheiro para viajar, e a levei comigo para passar um mês ou dois na Itália, onde andávamos de maneira simples e éramos muito felizes; ou quando fui passar uma longa temporada em Londres com alguns amigos tranqüilos que me conheciam há muito, muito tempo e viviam como nos velhos tempos, quando tínhamos de pensar duas vezes antes de comprar entradas para o teatro e trocávamos informações sobre costureiras baratas. Essas e meia dúzia de outras expedições do mesmo gênero foram as minhas melhores épocas depois de casada e ajudaram-me a suportar o resto do tempo. Mas tenho a certeza de que o meu marido teria detestado saber até que ponto eu desfrutei cada hora desses regressos à minha antiga vida.

"E, afinal, apesar de tudo o que eu pudesse fazer, ele acabou sabendo... Era capaz de descobrir fosse o que fosse, penso eu, desde que concentrasse nisso sua atenção. Tinha percebido desde o início que eu não correspondia à idéia que fizera de mim como figura no mundo social, e suponho que pensava ser isso mais uma desgraça do que um defeito meu. Mas, no momento em que começou a notar, apesar de toda a minha simulação, que eu não estava desempenhando o meu papel com o menor entusiasmo, apercebeu-se de toda a história; descobriu como eu detestava e me sentia cansada do luxo, do brilho e dos caudais de dinheiro justamente por causa das pessoas que viviam nesse meio e cujo comportamento fora deformado por isso, suponho. Aconteceu o ano passado. Não sei exatamente como nem quando. Pode ter-lhe sido sugerido por alguma mulher — pois todas *elas* entenderam, é claro. Ele não me disse nada, e penso que, no início, tentou não mudar sua maneira de me tratar; mas essas coisas doem e estavam nos minando a ambos. Eu sabia que ele sabia. Daí em diante, estávamos sendo apenas polidos e diferentes um para com o outro. Antes de me desmascarar, tínhamos convivido numa base de — como direi? —, de companheirismo inteligente, se assim posso expressar-me. Falávamos sem inibições acerca de muitas coisas em que podíamos concordar ou discordar sem ir muito a fundo... se me entende. E depois também isso acabou. Senti que a única base possível de nosso convívio estava fugindo sob os meus pés. Até que, finalmente, se desfez.

"As coisas estavam assim — concluiu ela simplesmente — nos meses que antecederam a morte de Sigsbee.

A Sra. Manderson afundou num canto do sofá junto à janela, como se relaxasse o corpo depois de um grande esforço. Por alguns momentos, ambos ficaram silenciosos. Trent estava selecionando apressadamente um emaranhado de impressões. Estava surpreendido com a franqueza com que a Sra. Manderson contara sua história. Mais surpreendido ainda com a vigorosa expressividade de sua narrativa. Nessa criatura vibrante, arrebatada por um impulso para desabafar, falando com toda a sua personalidade, ele estava enxergando a verdadeira mulher num assomo de emoção desprotegida e de devaneio. Era muito diferente da criatura pálida e autodisciplinada, de inatacável dignidade, que tinha sido aos olhos do mundo. À surpresa de Trent somava-se algo como um terror diante da beleza sombria dessa jovem mulher em que a excitação, aos olhos dele, insuflara uma aparência que pouco tinha de mortal. De um modo incongruente, afluíram a seu espírito, ocupado como estava com o caso no momento, algumas idéias entrelaçadas... Ela era única, não por causa de sua beleza, mas porque esta se conjugava com uma natureza intensa; na Inglaterra, todas as mulheres muito belas eram plácidas, todas as mulheres ardentes pareciam ter queimado o melhor de sua beleza; por isso nenhuma mulher bela lograra até então seduzi-lo; quando se tratava de uma questão de espírito em mulheres, ele sempre dera preferência à chama brilhante, e não à mortiça, sem lhe importar muito o candeeiro. "Tudo isso é muito discutível", dizia-lhe a razão; e o instinto respondia-lhe: "Sim, exceto que estou enfeitiçado"; e um instinto mais profundo gritava-lhe a advertência: "Cuidado! Livre-se disso!" Trent forçou seu espírito a voltar à história dela e descobriu que crescia rapidamente nele uma convicção irreprimível. Era tudo muito bonito; mas não adiantava nada.

— Sinto-me como se a tivesse induzido a dizer mais do que pretendia, ou mais do que eu queria saber — disse pausadamente. — Mas existe uma pergunta brutal que é o fulcro de toda a minha indagação.

Trent aprumou-se como se se preparasse para dar um mergulho em águas geladas.

— Sra. Manderson, pode assegurar-me de que a mudança de conduta de seu marido em seu relacionamento com a senhora nada tem a ver com John Marlowe?

E o que ele temera aconteceu. — Oh! — gritou ela, num tom denunciador de terrível angústia, o rosto levantado e as mãos espalmadas para diante, como se suplicassem piedade; depois, as mãos cobriram as faces afogueadas, e ela afundou entre as almofadas, de modo que Trent apenas lhe via o alto de sua opulenta cabeleira negra e o corpo sacudido por soluços, que, para ele, eram outras tantas punhaladas no coração, e um pé voltado desgraciosamente para dentro, num abandono de consternação. Qual torre altaneira que de súbito desmorona, ela tinha caído em ruínas, desintegrando-se num pranto irreprimível.

Trent levantou-se, o rosto pálido e calmo. Com uma meticulosidade absurda, colocou o seu envelope bem no centro da mesinha polida. Caminhou até a porta, fechou-a sem ruído ao sair e em poucos minutos estava patinando na chuva, fora das vistas de White Gables, caminhando sem rumo, não olhando coisa alguma, a alma sacudida pelo violento esforço para aniquilar e espezinhar o impulso furioso que se apossara dele diante da vergonha a que submetera a jovem viúva, impulso delirante que lhe pedia para arrojar-se aos pés dela, para rogar-lhe perdão, para inundá-la de palavras; não sabia quais, mas sabia que elas lhe queimavam os lábios, destroçando para sempre o seu amor-próprio e derrotando até, irremediavelmente, a louca intenção que quase o possuíra de afogar a desventura dela em repugnância e ficar, com a língua da insensatez enfatuada, sussurrando ao ouvido de uma mulher cujo marido ainda não fora sepultado, de uma mulher que amava um outro homem.

Tal foi a magia desencadeada pelas lágrimas dela, que avivou-lhe num momento a coisa que, como o coração dele bem sabia, não tinha o direito de nascer. Pois Philip Trent era jovem, mais jovem na natureza do que nos anos, e como um modo de vida que mantinha sua sensibilidade aguçada e seu espírito vulcânico mal equipado para o encontro que acontece uma só vez nos primórdios da idade adulta da maioria dos homens, sem outro propósito, usualmente — como no seu caso, dizia ele a si mesmo, com severidade —, senão testar a virtude e o poder da vontade.

XI

Até Agora Inédito

MEU CARO MALLOY:
Esta é para o caso de eu não o encontrar no escritório. Descobri quem matou Manderson, como este relato mostrará. Esse era o meu problema; o seu é decidir que uso lhe dar. Meu relato aponta definitivamente uma pessoa de quem não se suspeita de ter participado no crime e praticamente acusa-a de ser o homicida, de modo que não suponho que você o publique antes da detenção dessa pessoa, e acredito ser ilegal fazê-lo enquanto ela não tiver sido julgada e considerada culpada. Você poderá decidir publicá-lo, então; e talvez descubra alguma maneira de fazer uso, antes disso, dos fatos que lhe forneço. O assunto fica em suas mãos. Nesse meio tempo, quer fazer o favor de entrar em contato com a Scotland Yard e mostrar-lhes o que escrevi? O mistério Manderson está liquidado, de minha parte, e desejaria sinceramente nunca tê-lo tocado. Segue junto o meu relato. P.T.

Marlstone, *16 de junho.*

Inicio este meu terceiro e provavelmente último relato para o *Record sobre* o homicídio Manderson com sentimentos conflitantes. Tenho uma forte sensação de alívio, porque em meus dois relatos prévios fui obrigado, no interesse da justiça, a reter a divulgação de fatos por mim apurados que, se fossem então publicados, teriam posto uma certa pessoa em guarda e possivelmente redundariam em sua fuga; pois trata-se de um homem de incomum audácia e não menor astúcia. Exporei agora esses fatos. Mas confesso que me repugna a história de traição e inteligência perversa que tenho de contar. Deixa um travo malsão na boca, um sabor de algo repelente nos meandros mais profundos dos motivos subjacentes ao enigma do próprio crime que creio ter resolvido.

Lembrar-se-ão de que no meu primeiro relato descrevi a situação tal como a encontrei ao chegar a esta localidade na manhã de terça-feira. Contei como o corpo foi encontrado e em que estado; alonguei-me sobre o completo mistério que rodeava o crime e mencionei uma ou duas teorias locais a respeito; forneci alguns detalhes sobre o ambiente doméstico do morto, bem como uma descrição bastante pormenorizada de seus movimentos na tarde anterior à sua morte. Também citei um pequeno fato que pode ter parecido irrelevante ou não: que uma quantidade de uísque muito maior do que a que Manderson habitualmente bebia à noite desaparecera de sua garrafa particular desde a última vez em que fora visto com vida. No dia seguinte, o dia da inquirição judicial, telegrafei pouco mais do que um resumo das audiências do juiz de instrução, das quais um relato na íntegra foi feito a meu pedido por outros correspondentes do *Record*. Esse dia ainda não terminou enquanto escrevo estas linhas; e concluí agora uma investigação que me levou diretamente ao homem que deve ser intimado a comparecer para eximir-se da culpa da morte de Manderson.

Além do mistério central de Manderson ter se levantado muito antes de sua hora habitual para sair e encontrar sua morte, havia dois pontos acessórios que causavam estranheza nesse caso, como deve ter ocorrido, suponho, a muitos dos que leram os relatos nos jornais; pontos evidentes desde o começo. O primeiro deles era que, tendo o corpo sido encontrado num local a menos de 30 metros da casa, todas as pessoas da casa declararam não ter ouvido gritos nem qualquer outro ruído durante a noite. Manderson não tinha sido amordaçado; as marcas em seus pulsos apontavam para uma luta com o seu atacante; e tinha havido pelo menos um disparo de pistola. (Digo pelo menos um por ser um fato que, em homicídios com armas de fogo, sobretudo quando há luta corporal, o criminoso comumente não acerta sua vítima pelo menos uma vez.) Ora, essa fato insólito pareceu-me ainda mais estranho quando soube que Martin, o mordomo, tinha sono muito leve, ouvido apurado, e que seu quarto de dormir, com a janela aberta, dava quase diretamente para o barracão onde o corpo foi encontrado.

O segundo fato um tanto insólito que ficou evidente desde o começo foi Manderson ter deixado sua dentadura postiça sobre a mesinha. Parecia que ele se levantara e vestira inteiramente, sem esquecer a gravata e o relógio de corrente, e saíra de casa sem se lembrar de pôr a dentadura, que ele usava diariamente há muitos anos e continha todos os dentes visíveis da maxila superior. Não tinha sido, obviamente, um caso de pressa frenética; e, mesmo que assim o fosse, teria sido mais verossímil esquecer qualquer outra coisa, o relógio, por exemplo, e não a dentadura. Qualquer pessoa que use tal peça removível concordará que colocá-la ao saltar da cama é uma questão de segunda natureza. Falar e comer, para não falar da aparência, depende disso.

Entretanto, nenhum desses insólitos detalhes parecia levar a alguma coisa concreta no momento. Apenas despertaram em mim a suspeita de algo emboscado nas sombras, algo que acrescentava mais mistério à já misteriosa questão de como, por que e pela mão de quem Manderson encontrara seu fim.

Com tudo isso como preâmbulo, cheguei imediatamente à descoberta que, logo nas primeiras horas da minha investigação, me colocou no caminho que tanta inventiva tinha sido empregada para ocultar.

Já descrevi o quarto de dormir de Manderson, a rigorosa simplicidade de seu mobiliário, tão estranhamente contrastada com a profusão de roupas e calçados, e a forma de comunicação com o quarto da Sra. Manderson. Os calçados estavam arrumados em duas compridas prateleiras, e na de cima encontrei, onde me tinha sido dito que o iria encontrar, o par de sapatos de verniz que Manderson calçara na noite anterior à sua morte. Eu passara os olhos pela fileira sem qualquer idéia de que isso fosse me fornecer uma pista, mas simplesmente porque sou, por casualidade, um apreciador de sapatos, e todos aqueles pares eram do mais requintado trabalho artesanal. Mas a minha atenção foi prontamente atraída para uma pequena particularidade naquele par. Eram de verniz, com cordões, sola muito fina; uma beleza de trabalho, como todos os outros. Esse par de sapatos era velho e bastante gasto; mas, estando cuidadosamente polido e arrumado na prateleira, como estavam todos, tinha um aspecto bastante perfeito. O que me prendeu a atenção foi uma pequena rachadela na gáspea — o ponto onde as duas partes do sapato sobem para serem atadas pelos cordões. É aí que o estiramento ocorre, esgaçando o couro, quando o pé força a entrada num sapato apertado desse modelo, o que é usualmente evitado com um sólido pesponto na base da abertura, onde a pestana é costurada. Pois bem, em ambos os sapatos que eu estava examinando, esse pesponto estava roto, e o couro rachado. O rasgão era pequeno, uma questão de três ou quatro milímetros em cada pé, e, tendo as bordas voltado a juntar-se ao ser removida a pressão, nada teria sido notado por uma pessoa que não possuísse alguns conhecimentos especializados sobre sapatos de verniz. Ainda menos perceptível, e na verdade inteiramente invisível, se não fosse procurado, era um leve esgaçamento dos pontos que unem a gáspea à sola. Na biqueira, do lado do dedão, e ao longo do lado externo de cada sapato, essa costura tinha sido forçada, a um ponto visível num minucioso exame da junção.

Essas indicações, é claro, só podiam significar uma coisa: os sapatos tinham sido calçados por alguém para quem eles eram pequenos demais.

Ora, um simples relance deixava bem claro que Manderson estava sempre muito bem calçado e era cuidadoso, talvez um pouco vaidoso, com o que usava em seus pés pequenos e estreitos. Nem um só dos outros sapatos na coleção, como logo comprovei, apresentava marcas semelhantes: não tinham pertencido a um homem que tivesse por hábito espremer os pés em sapatos apertados. Alguém que não era Manderson havia usado esses sapatos de verniz — e recentemente: as bordas da rachadela não tinham o aspecto de velhas.

A possibilidade de que alguém os tivesse calçado depois da morte de Manderson não era merecedora de consideração; o corpo tinha sido encontrado havia apenas 26 horas quando examinei os sapatos; além disso, por que alguém iria usá-los? A possibilidade de alguém ter tomado de empréstimo os sapatos de Manderson e os ter destroçado enquanto ele estava ainda vivo parecia igualmente desprezível. Com tantos outros para escolher, não iria optar precisamente por aqueles requintados sapatos de verniz, só usados em ocasiões de cerimônia. Ademais, os únicos homens na casa eram o mordomo e os dois secretários. Mas não digo que dei a essas possibilidades tanta atenção quanto mereciam, porque os meus pensamentos estavam escapando ao meu próprio controle e sempre considerei de boa política, em casos desse gênero, deixar que eles me conduzissem. Desde que desembarcara do trem em Marlstone bem cedo nessa manhã, tinha mergulhado nos detalhes do caso Manderson; a coisa não estivera nem por um instante ausente de minha cabeça. De súbito, chegara o momento em que o demônio acorda e começa a colocar as coisas em seus lugares.

Serei mais explícito. No fim das contas, é um detalhe de psicologia bastante familiar a todos aqueles cujo trabalho ou cuja inclinação os coloca em contato com difíceis casos desse gênero. Rápida e espontaneamente, quando o acaso ou o esforço coloca alguém na posse do fato decisivo em qualquer sistema de circunstâncias desconcertantes, as idéias parecem afluir para agrupar-se sob uma nova forma em relação a esse fato, de modo que se reacomodam subitamente quase antes de se ter apreendido conscientemente o significado do próprio fato. No presente caso, meu cérebro mal tinha ainda formulado o pensamento "Alguém que não era Manderson esteve calçando esses sapatos", quando uma profusão de idéias me afluiu ao espírito, todas do mesmo caráter e todas relacionadas com essa nova noção. Jamais se ouvira que Manderson bebesse grandes doses de uísque à noite. Era altamente improvável que ele estivesse vestido com desleixo, como estava quando o corpo foi encontrado — os punhos da camisa repuxados para cima dentro das mangas do paletó, os sapatos com os cordões mal atados; muito improvável que não se lavasse ao saltar da cama e que voltasse a vestir a camisa e o colarinho que usara na véspera, além da mesma roupa de baixo; muito improvável que tivesse colocado seu relógio de ouro no bolso do colete que não estava revestido de cabedal para recebê-lo. (No meu primeiro relatório mencionei todos esses pontos, mas nem eu nem ninguém viu neles algo significativo quando o corpo foi examinado.) Era muito estranho, na situação doméstica reinante, que Manderson se mostrasse comunicativo com a esposa a respeito de seus atos, especialmente na hora de ir para a cama, quando raramente trocava duas palavras com ela. Era extraordinário que Manderson saísse do quarto de dormir sem sua dentadura.

Todos esses pensamentos, como disse, penetraram de roldão em minha mente, provenientes de várias partes de minha lembrança das investigações e observações da manhã. Apresentaram-se todos em muito menos tempo do que o necessário para ler estas linhas em que os descrevo, enquanto virava e revirava os sapatos, confirmando a minha própria certeza sobre o ponto principal. E, no entanto, quando me deparei com a idéia definitiva que surgira subitamente diante de mim — "*Não era Manderson quem estava em casa na-*

quela noite" —, ela pareceu-me totalmente absurda em sua formulação inicial. Foi certamente Manderson quem jantou na casa e saiu com Marlowe no carro. Pessoas haviam-no visto de perto. Mas seria ele quem regressou às 10? Também essa pergunta me parecia bastante absurda. Mas não podia pô-la de lado. Parecia-me que uma tênue luz estava começando a derramar-se sobre toda a extensão de meu espírito, como se espalha sobre a terra no alvorecer, e que o sol não tardaria a romper no horizonte. Resolvi analisar, um por um, todos os pontos que tinham acabado de me ocorrer, para inferir, se possível, por que algum homem, mascarando-se de Manderson, teria feito coisas que o próprio Manderson jamais faria.

Não tive que procurar muito pelo motivo que poderia ter levado um homem a enfiar à força seus pés nos estreitos sapatos de Manderson. O exame de marcas de pés é perfeitamente conhecido pela polícia. Mas não só o homem estava empenhado em não deixar as marcas de seus próprios pés, como lhe interessava deixar as de Manderson.Todo o seu plano, se minha conjectura estava certa, deve ter sido orientado para produzir a crença em que Manderson estivera aquela noite naquele lugar. Além disso, o seu plano não visava a deixar marcas dos pés. Ele pretendia deixar os próprios sapatos, e assim o fez. A arrumadeira encontrou-os em frente à porta do quarto, como Manderson sempre deixara seus sapatos, e limpou-os, repondo-os mais tarde na sapateira, nessa mesma manhã, depois de o corpo já ter sido encontrado.

Quando passei a considerar sob essa nova luz o fato de a dentadura postiça ter sido deixada sobre a mesinha, uma explicação do que parecia ser a parte mais absurda do caso impôs-se imediatamente. Uma dentadura não é inseparável do seu dono. Se a minha conjectura estava certa, o desconhecido tinha trazido a dentadura para casa com ele e deixara-a no quarto de dormir com o mesmo objetivo com que deixara os sapatos: tornar impossível que alguém duvidasse de que Manderson estivera em casa e ali dormira. Isso, é claro, levou-me à inferência de que *Manderson estava morto antes de o falso Manderson entrar em casa;* e outras coisas confirmaram isso.

Por exemplo, o vestuário, para o qual me voltei agora para rever a posição. Se a minha conjectura estava certa, o desconhecido, calçando os sapatos de Manderson, também tinha estado, por certo, de posse das calças, colete e jaqueta de caça de Manderson. Todas essas peças ali estavam sob os meus olhos no quarto de dormir; e Martin tinha visto a jaqueta — que ninguém poderia ter confundido — no homem que se sentou ao telefone na biblioteca. Era agora mais do que claro (se minhas deduções eram corretas) que essa inconfundível peça de vestuário constituía um elemento fundamental no plano do desconhecido. Ele sabia que Martin o confundiria, visto de relance, com Manderson.

E aí o meu pensamento foi interrompido por um detalhe que me escapara antes. Era tão forte e inconteste a suposição de que era Manderson quem estava lá naquela noite, que nem eu nem ninguém, pelo que eu saiba, havia notado esse ponto: *Martin não tinha visto o rosto do homem; a Sra. Manderson tampouco.*

A Sra. Manderson (a ajuizar por seu depoimento na inquirição, do qual, como já disse, recebi um relato completo feito pelos estenógrafos do *Record* no tribunal) não tinha visto o homem nem muito nem pouco. De fato, dificilmente poderia tê-lo visto, como mostrarei daqui a pouco. Ela mal trocara algumas palavras com ele, sonolenta, reatando uma conversa que tivera com seu marido vivo cerca de uma hora antes. Martin, pelo que percebi, só poderia ter-lhe visto as costas, quando o homem se sentou e ficou debruçado sobre o telefone. Sem dúvida, estava sendo imitada uma pose característica do morto. E o homem tinha posto o chapéu de abas largas de Manderson! Não existe muito caráter específico na nuca e no pescoço. O desconhecido, supondo-se que fosse, de fato, mais ou menos da mesma compleição de Manderson, não precisara de qualquer disfarce além da jaqueta de caça, do chapéu de abas largas e de seu poder de imitação.

Fiz uma pausa nesse ponto para admirar a frieza e a astúcia desse homem. A coisa, comecei vendo então, era totalmente segura e fácil, desde que a imitação fosse bastante boa e seu nervosismo não o traísse. Assegurados esses dois pontos, somente algum percalço imprevisto poderia desmascará-lo.

Volto ao meu deslindamento do problema enquanto estava sentado no quarto do morto, com os sapatos reveladores diante de mim. A razão da entrada pela janela, em vez de pela porta da frente, já terá ocorrido a qualquer pessoa que esteja lendo este relato. Se entrasse pela porta, o homem quase certamente seria ouvido por Martin na copa, do outro lado do corredor; e poderia encontrar-se com ele cara a cara.

Depois, havia a questão do uísque. Eu não lhe atribuíra muita importância; o uísque some, por vezes, das maneiras mais estranhas numa casa que disponha de oito ou nove serviçais; mas tinha parecido estranho que desaparecesse assim nessa noite. Martin ficou francamente assombrado com o fato. Parecia-me agora que muitos homens — recém-saídos, como era provavelmente o caso desse homem, de um negócio sangrento, que incluiu despir um cadáver, e com um papel desesperado ainda por desempenhar — acudiriam a essa garrafa como a um amigo. Sem dúvida, ele tomara um trago antes de mandar chamar Martin; depois de fazer esse truque com desenvoltura e êxito, bebeu provavelmente mais.

Mas tinha sabido quando parar. A pior parte do empreendimento estava por se realizar: a tarefa — de importância claramente vital para ele, por qualquer razão que fosse — de se encerrar no quarto de Manderson e preparar um conjunto de provas convincentes de que o mesmo tinha sido ocupado por Manderson; e isso com o risco — muito tênue, como sem dúvida ele sabia, mas nem por isso menos enervante! — de a mulher do outro lado da porta entreaberta despertar e, de algum modo, o descobrir. É certo que, se ele se mantivesse fora do limitado campo de visão que ela tinha da cama, a Sra. Manderson só poderia vê-lo se se levantasse e fosse até a porta. Eu apurei que, para uma pessoa deitada na cama dela, cuja cabeceira ficava encostada à parede um pouco atrás da porta, nada era visível através do vão da porta, exceto um dos armários que ficam perto da cabeceira da cama de Manderson. Além disso, como esse homem conhecia os hábitos da casa, pensaria que o mais provável era a Sra. Manderson já ter adormecido. Um outro ponto a favor dele poderia ter sido o relacionamento estremecido entre marido e mulher, que eles tentavam encobrir mantendo, entre outras coisas, a prática usual de dormirem em quartos ligados, mas que todos quantos privavam com o casal sabiam muito bem ser pura fachada. Por isso, o desconhecido esperava que, mesmo no caso da Sra. Manderson o ouvir, não tomaria conhecimento da suposta presença do marido.

Assim, dando prosseguimento à minha hipótese, segui o desconhecido até o quarto de dormir e vi-o meter mãos ao trabalho. E foi com a minha própria respiração presa que pensei no pavoroso choque com que ele deve ter ouvido o som que mais temia dentre todos: a voz sonolenta proveniente do quarto contíguo.

O que a Sra. Manderson realmente disse, foi incapaz de recordar na inquirição. Acredita ter perguntado ao seu suposto marido se dera um bom passeio de automóvel. E o que é que o desconhecido faz? Penso que chegamos, nesse momento, a um ponto sumamente significativo. Ele não só responde à Sra. Manderson na voz do marido dela — postado de pé diante do toucador, hirto, ouvindo o som de seu próprio coração desarvorado, assim o imagino —, mas joga uma audaciosa cartada, dando uma explicação. E diz que, numa súbita inspiração, enviou Marlowe no carro a Southampton; que o mandara a fim de lhe trazer uma importante informação de um homem que iria para Paris no vapor daquela manhã. Por que um homem que praticamente não se comunicava com a esposa lhe contaria esses detalhes, e a respeito de um assunto que dificilmente seria de qualquer interesse para ela? Por que esses detalhes *a respeito de Marlowe?*

Tendo levado a minha história até este ponto, apresentarei agora as seguintes e definitivas proposições: que em algum momento entre cerca de 10 horas, quando o carro arrancou, e cerca das 11 Manderson foi fuzilado — provavelmente a considerável distância da casa, uma vez que não se ouviu nenhum tiro; que o corpo foi trazido de volta, deixado perto do barracão e despojado de suas roupas exteriores; que num dado momento por volta das 11 horas um homem que não era Manderson, usando os sapatos, o chapéu e a jaqueta de caça daquele, entrou na biblioteca pela janela do jardim; que ele trazia consigo as calças pretas, o colete e a capa para andar de carro de Manderson, a dentadura retirada da boca do morto e a arma com que o assassinato havia sido cometido; que escondeu tudo isso, tocou a campainha para chamar o mordomo e sentou-se na poltrona ao lado do telefone, com o chapéu enfiado na cabeça e de costas para a porta; que esteve ocupado com o telefone todo o tempo em que Martin permaneceu na sala; que ao subir para o andar do quarto de dormir entrou silenciosamente no quarto de Marlowe e colocou o revólver com que o crime tinha sido perpetrado — o revólver de Marlowe — no estojo sobre o consolo donde fora retirado; depois foi até o quarto de Manderson, colocou aqueles sapatos do lado de fora da porta, jogou as roupas sobre uma cadeira, pôs a dentadura na tigela de vidro na mesinha de cabeceira e selecionou um conjunto de vestuários, um par de sapatos e uma gravata no guarda-roupa do quarto de dormir.

Neste ponto, farei uma pausa em minha exposição sobre o procedimento desse homem, a fim de abordar uma questão para a qual o caminho está agora suficientemente preparado:

Quem era o falso Manderson?

Recapitulando o que era de meu conhecimento, ou poderia quase com absoluta certeza ser depreendido a respeito dessa pessoa, formulo as cinco conclusões seguintes:

(1) Ele mantinha estreitas relações com o morto. Em sua representação na presença de Martin e em sua fala com a Sra. Manderson, não cometeu erros.

(2) Era de uma compleição não muito diversa da de Manderson, especialmente quanto à estatura e à largura de ombros, que são os principais elementos determinantes do caráter das costas de uma pessoa sentada, quando a cabeça está encoberta e o corpo enverga uma roupa solta. Mas seus pés eram maiores, embora não muito, do que os de Manderson.

(3) Ele possuía considerável aptidão para a imitação e o teatro — provavelmente alguma experiência, também.

(4) Estava minuciosamente familiarizado com a rotina da casa de Manderson.

(5) Tinha uma necessidade vital de criar a crença em que Manderson estava vivo e dentro de sua casa até algum tempo depois da meia-noite na noite de domingo.

Esses são os pontos que considerei certos ou muito próximos de o serem. Era até onde eu podia discernir. E era muita coisa.

Passo a fornecer, numa ordem correspondente à dos parágrafos acima numerados, os fatos pertinentes que pude obter acerca do Sr. John Marlowe, tanto dele próprio como de outras fontes:

(1) Ele tinha sido secretário particular do Sr. Manderson, numa base de grande intimidade, durante quase quatro anos.

(2) Os dois homens eram aproximadamente da mesma estatura, cerca de 1,75m; ambos eram de compleição sólida e espadaúdos. Marlowe, que era cerca de 20 anos mais novo, era mais esguio, embora Manderson estivesse em boas condições físicas. Os sapatos de Marlowe (dos quais examinei diversos pares) eram um número maior que os de Manderson, portanto um pouco mais compridos e largos.

(3) Na tarde do primeiro dia da minha investigação, depois de ter chegado aos resultados ora detalhados, expedi um telegrama para um amigo pessoal, um ex-colega em Oxford, que eu sabia estar interessado em assuntos teatrais, nos seguintes termos:

Favor telegrafar ficha de John Marlowe sobre atividades teatrais em Oxford alguma época década passada muito urgente e confidencial.

Meu amigo respondeu no seguinte telegrama, que me chegou na manhã seguinte (e manhã da inquirição judicial):

Marlowe foi membro Sociedade Dramática Universitária de Oxford durante três anos e presidente em 19 — interpretou Bardolph Cleon e Mercúcio excelente na composição de tipos e imitações muito solicitado para recitais foi protagonista de alguns trotes históricos.

Eu fui levado a expedir meu telegrama, que produziu essa resposta tão proveitosa, ao ver sobre a cômoda do quarto de Marlowe uma fotografia dele e dois outros em trajos dos três seguidores de Falstaff, com a inscrição de *As alegres comadres,* e ao notar que ela estampava o carimbo de uma firma de fotógrafos de Oxford.

(4) Durante sua ligação com Manderson, Marlowe tinha vivido como se fosse um membro da família. Nenhuma outra pessoa, salvo a criadagem, tinha a possibilidade de que ele dispunha de conhecer em detalhes a vida doméstica dos Mandersons.

(5) Apurei sem dúvida nenhuma que Marlowe chegou a um hotel de Southampton na segunda-feira de manhã, às 6,30, e que lá tratou de executar a tarefa que, de acordo com a sua história e com a declaração que havia sido feita à Sra. Manderson no quarto pelo falso Manderson, lhe fora confiada por seu patrão. Regressara depois no carro a Marlstone, onde mostrara grande surpresa e horror com as notícias do crime.

São estes, afirmo, os fatos importantes acerca de Marlowe. Devemos agora examinar o fato número 5 (tal como exposto acima) em ligação com a conclusão número 5 a respeito do falso Manderson.

Eu chamaria primeiro a atenção para um importante fato. *A única pessoa que declarou ter ouvido Manderson mencionar Southampton antes de ele ter saído no carro foi Marlowe.* A sua história — confirmada em certa medida pelo que o mordomo entreouviu — era de que a viagem tinha sido toda combinada numa conversa particular antes de eles saírem e que não podia dizer quando lhe fiz a pergunta, por que razão Manderson teria escondido suas intenções, espalhando que ia dar um passeio com Marlowe para aproveitar a bonita noite enluarada. Esse ponto, entretanto, não atraiu a atenção. Marlowe tinha um álibi inexpugnável com sua presença em Southampton por volta das 6:30; ninguém pensou nele em ligação com o homicídio, que deveria ter sido cometido depois das 12:30 — a hora em que Martin, o mordomo, tinha ido para a cama. Mas foi o Manderson que regressou do passeio quem se empenhou em mencionar ostensivamente Southampton a duas pessoas. *Chegou mesmo a telefonar para um hotel em Southampton e fazer perguntas que corroboravam a história de Marlowe sobre sua missão.* Trata-se do telefonema em que ele estava absorvido quando Martin entrou na biblioteca.

Consideremos agora o álibi. Se Manderson estava em casa naquela noite, e se só saiu pouco depois das 12:30, Marlowe não teria a mínima possibilidade de ter tido participação direta no homicídio. É uma questão da distância entre Londres e Southampton. Se ele tivesse partido de Marlstone na hora em que se presume que o tenha feito, ou seja, entre 10 e 10:30, com uma missão de Manderson, a corrida teria sido muito facilmente feita nesse tempo. Mas seria fisicamente impossível para o carro — um Northumberland de 4 cilindros e 15 h.p., um carro de potência média — chegar a Southampton às 6:30, a menos que saísse de Marlstone à meia-noite, o mais tardar. Os motoristas que examinarem o mapa rodoviário e fizerem os cálculos requeridos, como eu fiz na biblioteca de Manderson nesse dia, concordarão que, com base nos fatos tal como se apresentaram, não havia em absoluto como formular qualquer acusação contra Marlowe.

Mas, ainda que não fossem como pareciam ser: se Manderson estava morto por volta das 11 horas e se, mais ou menos por essa hora, Marlowe o personificou em White Gables; se Marlowe se retirou para o quarto de Manderson... como pode tudo isso conciliar-se com o aparecimento dele em Southampton na manhã seguinte? *Ele tinha de sair da casa, sem ser visto nem ouvido, e partir no carro por volta da meia-noite.* E Martin, um sujeito bom de ouvido, esteve acordado na copa até às 12:30, com a porta aberta, atento à campainha do telefone. Ele estava praticamente de sentinela junto à escada, a única escada que ligava o andar dos quartos de dormir ao térreo.

Com essa dificuldade, chegamos à última e crucial fase de minha investigação. Tendo os pontos ora expostos claros em minha mente, passei o resto do dia, antes da inquirição, conversando com várias pessoas e recapitulando a minha história, testando-a ponto por ponto. Só consegui encontrar um ponto fraco, o fato de Martin ter permanecido acordado até às 12:30; e, como a instrução que ele havia recebido nesse sentido era certamente parte do plano, objetivando corroborar o álibi de Marlowe, eu sabia que tinha de haver algures uma explicação. Se eu não pudesse encontrar essa explicação, a minha teoria seria imprestável. Devo ser capaz de provar que na hora em que Martin foi dormir o homem que se fechara no quarto de Manderson podia estar a muitos quilômetros de distância, na estrada para Southampton.

Entretanto, eu já tinha uma idéia bastante boa — como talvez o leitor destas linhas também tenha, nesta altura, se fui suficientemente claro até aqui — sobre o modo como foi maquinada a fuga do falso Manderson antes da meia-noite. Mas eu não queria que soubessem o que eu estava prestes a fazer. Se eu me arriscasse a ser descoberto em ação, não teria como ocultar a verdadeira direção de minhas suspeitas. Portanto, resolvi só testar esse ponto no dia seguinte, durante a primeira audiência da inquirição judicial. Eu tinha sido informado de que ela se realizaria no hotel e calculei que teria White Gables à minha disposição, dada a ausência dos seus principais residentes.

De fato, assim aconteceu. Quando as testemunhas começaram a depor no hotel eu estava trabalhando arduamente em White Gables. Tinha uma máquina fotográfica comigo. Fiz buscas, de acordo com princípios bem conhecidos e comumente usados pela polícia — e, com bastante freqüência, por mim próprio —, com vistas à obtenção de certos indícios. Sem descrever a minha pesquisa, posso dizer desde já que descobri e fotografei duas impressões digitais recentes muito grandes e distintas na testeira polida da gaveta superior direita da cômoda no quarto de Manderson; mais cinco (entre um certo número de impressões menores e mais recentes feitas por outras mãos) na porta envidraçada do quarto da Sra. Manderson, uma porta-janela que permanecia sempre aberta à noite com uma cortina corrida; e mais três na tigela em que a dentadura postiça de Manderson fora encontrada.

Levei a tigela comigo. Apanhei também alguns artigos que selecionei no quarto de dormir de Marlowe, contendo as mais nítidas das inúmeras impressões digitais que são sempre encontradas em artigos de toalete de uso cotidiano. Eu já tinha em meu poder, feitas em folhas arrancadas da minha agenda, algumas excelentes impressões digitais de Marlowe que ele fizera na minha presença sem se aperceber disso. Eu mostrei-lhe as folhas, perguntando se ele as reconhecia; e os poucos segundos durante os quais as segurou entre os dedos foram mais do que suficientes para deixar impressões que pude mais tarde revelar.

Às 6 da tarde, duas horas depois de o júri ter anunciado o seu veredito contra uma pessoa ou pessoas desconhecidas, meu trabalho estava concluído, e eu podia declarar que duas das grandes impressões deixadas nas vidraças e as três na tigela tinham sido deixadas pela mão esquerda de Marlowe; que as três restantes na porta-janela e as duas na cômoda eram da sua mão direita.

Às 8 horas, eu fazia no estabelecimento do Sr. H. T. Copper, fotógrafo de Bishopsbridge, e com a sua ajuda, uma dúzia de ampliações das impressões digitais de Marlowe, mostrando claramente a identidade daquelas que ele fizera involuntariamente na minha presença com as que deixara em artigos de seu quarto e com as que descobri da forma descrita, estabelecendo assim os fatos de que Marlowe estivera recentemente no quarto de Manderson, onde não tinha usualmente nada que justificasse sua presença, e no quarto da Sra. Manderson, onde tinha ainda menos. Espero que seja possível reproduzir essas impressões para publicação com este relato.

Às 9 horas eu estava de volta ao meu quarto do hotel, preparando-me para iniciar a redação deste manuscrito. Minha história estava completa.

Concluo apresentando estas proposições adicionais: que na noite do crime o indivíduo que se fazia passar por Manderson, estando no quarto desse, disse à Sra. Manderson, como já dissera a Martin, que Marlowe estava nesse momento a caminho de Southampton; que, tendo tomado suas providências no quarto, apagou a luz e deitou-se na cama vestido; que esperou até estar certo de que a Sra. Manderson adormecera; que se levantou então e atravessou furtivamente o quarto da Sra. Manderson em meias, levando sob o braço a trouxa de roupa e os sapatos para o corpo; passou para trás da cortina, empurrando só um pouco mais a porta-janela com as mãos, transpôs a balaustrada de ferro da varanda e deixou-se cair a poucos metros do macio gramado que circunda a casa.

Tudo isso podia muito bem ter sido feito em meia hora desde que entrara no quarto de Manderson, o que, segundo Martin, ocorreu por volta das 11:30.

O que aconteceu em seguida os leitores e as autoridades poderão conjecturar por si mesmos. O cadáver foi encontrado na manhã seguinte vestido — mas em desalinho. Marlowe, no carro, apareceu em Southampton às 6:30.

Finalizo este manuscrito em minha sala de estar do hotel em Marlstone. São 4 horas da manhã. Vou para Londres no trem que sai ao meio-dia de Bishopsbridge e imediatamente após a minha chegada colocarei estas páginas em suas mãos. Peço-lhes que comuniquem a substância das mesmas ao Departamento de Investigações Criminais. PHILIP TRENT.

XII

Dias Aziagos

"ESTOU DEVOLVENDO O CHEQUE que me enviou pelo que fiz no caso Manderson", escreveu Trent a Sir James Molloy, de Munique, local para onde tinha ido imediatamente depois de ter entregado nos escritórios do *Record* uma breve mensagem rematando seu trabalho no caso de forma nada excitante. "O que eu lhe enviei não valia um décimo dessa quantia; mas eu não teria escrúpulos em embolsá-la se não tivesse tomado a decisão — não me pergunte o porquê — de não receber dinheiro nenhum em relação com esse caso. Se não houver objeções, gostaria que você me pagasse o que escrevi de acordo com a tabela corrente e entregasse o dinheiro a alguma instituição que não se dedique a maltratar pessoas, se é que conhece alguma. Vim a esta cidade para visitar alguns velhos amigos e pôr em ordem as minhas idéias, e a idéia que me acode mais assiduamente é que, por algum tempo, quero um emprego que envolva bastante atividade. Descobri que sou incapaz de pintar; não poderia pintar nem um muro. Quer me experimentar como seu correspondente exclusivo em alguma parte? Se você me conseguir uma boa aventura, prometo que lhe enviarei belas crônicas. Depois disso, poderei serenar e trabalhar."

Sir James enviou-lhe instruções por telegrama para que seguisse imediatamente para Curlândia e Livônia, onde o cidadão Browning estava às soltas de novo e a cidade e o campo ardiam em revolta armada. Foi uma missão itinerante, e durante dois meses Trent deixou-se levar ao sabor da sorte, que lhe bafejou não menos do que o usual. Foi o único correspondente que viu o General Dragilew ser abatido a tiros numa rua de Volmar por uma jovem de 18 anos. Presenciou incêndios, linchamentos, fuzilamentos em massa, enforcamentos; todos os dias sua alma se enojava diante das imbecilidades nascidas do desgoverno. Muitas noites ele deitou-se rondado pelo perigo. Muitos dias teve que jejuar. Mas não houve uma noite nem uma manhã em que não visse o rosto da mulher a quem desesperadamente amava. Descobriu em si mesmo um orgulho infeliz na força duradoura dessa loucura. Interessava-lhe como fenômeno; surpreendia-o e esclarecia-o. Jamais lhe acontecera tal coisa antes. Confirmava-lhe muita coisa que ele achava duvidosa na experiência documentada dos homens.

Não era que, aos 32 anos, ele pudesse pretextar ignorância desse mundo da emoção. Sobre o seu conhecimento, basta dizer que tudo o que ele aprendera lhe viera sem que ele procurasse ou comprasse, e não guardava lembranças intoleráveis; aberto para as realidades do sexo, ainda era perturbado por seu insondável mistério. Caminhava na vida cheio de um estranho respeito por certas fraquezas femininas e de um terror muito simples por certas forças femininas. Alimentava uma fé um pouco confortadora em que alguma coisa subsistia nele que viria a ser despertada, e que a voz que o despertaria seria ouvida a seu devido tempo, e não através de qualquer busca insistente.

Mas não pensara na possibilidade de que, se isso viesse a se concretizar algum dia, a verdade pudesse chegar numa forma tão sinistra. As duas coisas que o tinham tomado inteiramente de surpresa em seus sentimentos em relação a Mabel Manderson tinham sido a forma insana e repentina como surgiram com força total e fulminante e, ao mesmo tempo, a sua extravagante inviabilidade. Antes de lhe acontecer, sempre se mostrara propenso a rir da suposta permanência da paixão não correspondida como uma generosa ilusão pueril. Sabia agora que estava errado, e vivia amargamente nesse conhecimento.

Aos olhos de sua fantasia, a mulher sempre surgia como estava quando teve a primeira visão dela, com o gesto que lhe tinha surpreendido quando passou por ela sem ser visto à beira dos penhascos; aquele amplo gesto de arrebatada alegria por sua nova liberdade, o qual lhe tinha dito mais explicitamente do que palavras que a viuvez significou para ela a libertação de um tormento e que lhe confirmara com terrível força a suspeita, ativa em sua mente há algum tempo, de que essa viuvez também era o passaporte para a felicidade com um homem a quem ela amava. Ele não podia identificar para si mesmo com certeza o momento em que pela primeira vez suspeitou disso. A semente dessa idéia deve ter sido plantada, acreditava ele, em seu primeiro encontro com Marlowe. Sua mente deve ter registrado automaticamente que um vigor e um donaire tão evidentes, com a aparência pessoal e as maneiras que o jovem possuía, podiam ir longe para impressionar qualquer mulher afetivamente disponível. E a ligação entre isso e o que o Sr. Cupples lhe contara sobre a vida conjugal dos Manderson deve ter se estabelecido nas profundezas inconscientes da mente de Philip Trent. Por certo isso se lhe apresentara como algo já estabelecido quando ele começou, após ter se considerado satisfeito quanto à identidade do assassino, a procurar o motivo para o crime. Motivo, motivo! Com que desespero tinha procurado um outro, voltando as costas a esse pensamento sombrio de que Marlowe — obcecado de paixão como ele próprio e conhecedor talvez de verdades enlouquecedoras acerca da infelicidade de Mabel Manderson — tinha arrancado uma folha, a mais culpável, do livro de Bothwell. Mas em todas as suas investigações na época, em todas as suas meditações posteriores sobre o assunto, nada descobrira que pudesse instigar Marlowe a semelhante ato — nada exceto a tentação, cuja força total ele não podia avaliar mas que, se realmente existiu, deve ter influído de modo irrefreável um espírito audacioso em que o escrúpulo fora, de certo modo, perdido. Se ele podia confiar em seus sentidos, o jovem não era louco, nem malvado, por natureza. Mas isso não podia absolvê-lo. O assassínio por amor a uma mulher, sabia ele, não era um crime raro! Se a fragilidade moderna do impulso nas classes confortáveis e seu respeito pelos modernos métodos de investigação o tinham tornado raro entre elas, estava longe, porém, de impossível. Seria apenas necessário um homem de igual audácia e inteligência, com a alma intoxicada pelos vapores de uma intriga inebriante, para planejar e executar semelhante proeza.

Mil vezes, com um coração repleto de angústia, ele procurara encontrar razões para repelir o temor de que Mabel Manderson soubesse demais sobre o que fora maquinado contra a vida de seu marido. De que ela conhecia toda a verdade, depois de consumado o crime ele não poderia duvidar; o seu inesquecível colapso na presença dele quando lhe foi feita, de modo súbito e sem rodeios, a pergunta a respeito de Marlowe varrera sua última esperança de que não existisse amor entre o par e, além disso, pareceu-lhe denunciar o medo da descoberta. Em todo caso, ela ficara sabendo toda a verdade após a leitura do que ele lhe deixara sobre a mesa;

e era óbvio que nenhuma suspeita pública fora lançada sobre Marlowe desde então. Portanto, Mabel Manderson destruíra o seu manuscrito e confiava em sua palavra para manter o segredo que ameaçava a vida de seu amante.

Mas era o pensamento monstruoso de que ela talvez soubesse que o homicídio estava sendo tramado, tendo-se mantido num silêncio de criminosa conivência, que obcecava o espírito de Trent. Ela poderia ter suspeitado, poderia ter desconfiado de algo. Seria concebível que ela estivesse a par de toda a trama, que fosse cúmplice? Ele nunca poderia esquecer que a sua primeira suspeita do motivo de Marlowe para o crime tinha sido despertada pelo fato de sua fuga ter sido realizada através do quarto de Mabel Manderson. Nessa altura, quando ainda não a vira, Trent não pusera muitos obstáculos à idéia de igual culpa e de cooperação por parte dela. Imaginara a mulher como uma histérica impulsiva, tão implacável quanto uma megera em seu ódio e em seu amor, uma ardorosa e solícita cúmplice, quem sabe até a autora intelectual do crime.

Depois, Trent vira-a, falara com ela, ajudara-a em sua fraqueza; e tais suspeitas, desde o primeiro encontro de ambos, ficaramlhe parecendo a mais vil das infâmias. Tinha visto seus olhos e sua boca; respirara a atmosfera da mulher. Trent era um daqueles que se julgam capazes de farejar no vento a presença da verdadeira perversidade. Diante de Mabel Manderson, ele sentia a íntima certeza da essencial bondade do coração dela. E isso não era desmentido pelo fato de naquele dia à beira dos penhascos, ela se ter abandonado por um momento ao sentimento de alívio pelo final de sua servidão, de seus anos de incompreensão e de maternidade frustrada. Ele acreditava que, em sua carência, ela se voltasse para Marlowe; mas não acreditava que tivesse qualquer conhecimento dos sinistros propósitos do outro.

Entretanto, as revoltantes dúvidas retornavam a todo instante, e Trent recordava que tinha sido quase na presença dela que Marlowe fizera seus preparativos, no quarto do homem assassinado; que tinha sido pela janela do próprio quarto dela que Marlowe escapara da casa. Teria ele abandonado sua astúcia e corrido o risco de contar a ela, então, o que ocorrera? Ou, como Trent achava mais provável, continuara interpretando seu papel, tendo escapado enquanto ela dormia? Trent não acreditava que Mabel Manderson tivesse conhecimento de todo o embuste quando depôs na inquirição.

Suas palavras tinham o timbre do depoimento honesto, sincero. Ou — a pergunta nunca seria silenciada, embora ele a desprezasse — teria ela permanecido imóvel, esperando ouvir os passos no quarto ao lado e o assovio que lhe anunciaria estar tudo acabado? Entre as sórdidas possibilidades da natureza humana, seria possível que a mais sombria crueldade e a mais negra fasidade se ocultassem atrás daquele rosto de aparência tão generosa, tão leal e tão gentil? Esses pensamentos dificilmente o abandonavam quando ele estava só.

Trent serviu a Sir James com sua habitual competência, recebendo seu salário durante seis meses, e depois regressou a Paris, onde se dedicou de novo ao trabalho com um coração mais desanuviado. Recuperara suas energias e começou a viver mais alegremente do que esperava no seio de uma tribo de amigos estranhamente selecionados, franceses, ingleses e americanos, artistas, poetas, jornalistas, policiais, porteiros de hotel, soldados, advogados, homens de negócios e outros. Sua velha faculdade de interesse compreensivo por seus semelhantes granjeou-lhe, tal como em seus tempos de estudante, privilégios raramente concedidos aos ingleses. Desfrutou de novo da rara experiência de ser acolhido no seio de uma família francesa. Foi admitido na grave confidência dos *jeunes,* e achou-os tão certos de que haviam surpreendido os segredos da arte e da vida quanto tinham estado os *jeunes* que por ali tinham andado dez anos antes. Em sua intimidade, a família francesa era igual às que ele conhecera no passado, inclusive os móveis e os padrões do papel de parede, mas os jovens, percebeu ele com pena, eram totalmente diferentes de seus antecessores. Eram muito mais superficiais e pueris, na realidade muito menos argutos. Os segredos que eles extraíam do universo eram muito menos importantes e interessantes do que os segredos arrancados pelos antigos *jeunes.* Trent acreditava nisso, e deplorava-o, até ao dia em que se encontrou sentado num restaurante ao lado de um homem de aspecto exageradamente bem nutrido em quem, apesar dos estragos causados por uma existência confortável, reconheceu um dos *jeunes* de seu próprio período. Esse e mais três ou quatro outros costumavam descrever-se a si mesmos como os Eremitas do Novo Parnaso. Ele e sua escola declamavam às portas dos cafés e conversavam em grupos em qualquer esquina, mais do que se espera que um anacoreta, por via de regra, conviva com seus semelhantes; mas as regras eram justamente o que eles tinham jurado destruir. Proclamavam, em especial, que o verso era livre. O Eremita do Novo Parnaso estava agora trabalhando no Ministério do Interior e já fora condecorado; expressou a Trent a opinião de que o que a França precisava, acima de tudo, era uma mão de ferro. Pôde citar o preço exato pago por certas traições do país, das quais Trent jamais ouvira falar. Assim, foi levado a fazer a velha descoberta de que tinha sido ele quem mudara, tal como o seu amigo da administração pública, e que *les jeunes* ainda eram os mesmos. Contudo, encontrou dificuldade em definir precisamente o que tinha perdido que fosse assim de tanta importância; a menos que fosse uma coisa tão simples quanto o bom humor.

Numa manhã de junho, quando descia a encosta da Rue des Martyrs, viu aproximar-se uma figura de que se lembrava. Relanceou rapidamente à sua volta, pois a idéia de reencontrar o Sr. Bunner era inaceitável. Durante algum tempo ele reconhecera que sua ferida estava sarando sob o fascínio do trabalho criativo; pensava com menos freqüência e com menos dor na mulher que amava. Não pretendia que lhe voltasse a lembrança daqueles três dias.

Mas a rua estreita e retilínea não oferecia refúgio, e o americano viu Trent quase que imediatamente. A cordialidade espontânea do outro fez com que Trent se sentisse envergonhado, pois ele tinha gostado desse homem logo que o conhecera. Sentaramse em redor de uma refeição, e o Sr. Bunner ficou falando. Trent escutou-o, agora que se dispusera a isso, com verdadeiro prazer, contribuindo ocasionalmente com uma pergunta ou comentário. Além de gostar da companhia do outro, deleitava-se com a sua conversa, com suas intermináveis surpresas verbais.

O Sr. Bunner estava, segundo parecia, residindo em Paris como o principal agente continental da firma Manderson e plenamente satisfeito com sua posição e perspectivas. Discursou a esse respeito durante uns 20 minutos. Esgotado o tema, passou a contar a Trent, que confessou estar ausente da Inglaterra há um ano, que Marlowe, pouco tempo depois da morte de Manderson, tinha ingressado no negócio de seu pai, que estava de novo florescendo, e que praticamente já o controlava sozinho. Os dois continuavam mantendo certa intimidade e estavam até planejando agora passar as férias juntos no verão. O Sr. Bunner falou com sincera admiração do talento de seu amigo para os negócios.

— Jack Marlowe tem uma grande cabeça — declarou ele —, e se tivesse mais experiência eu não gostaria de o ter contra mim. Só me criaria dificuldades o tempo todo.

Enquanto a conversa do americano fluía, Trent escutava-o com uma perplexidade crescente. Tornou-se cada vez mais claro que algo estava muito errado em sua teoria sobre a situação; não se fazia a menor menção de sua figura central. Um pouco depois, o Sr. Bunner mencionou que Marlowe estava noivo e com data marcada para se casar com uma jovem irlandesa, cujos encantos ele celebrou com sincero entusiasmo.

Trent juntou as mãos nervosamente por baixo da mesa. O que poderia ter acontecido? Suas idéias resvalavam e fugiam-lhe. Finalmente, reuniu forças suficientes para fazer uma pergunta direta.

O Sr. Bunner não estava muito bem informado dos detalhes. Sabia que a Sra. Manderson tinha deixado a Inglaterra imediatamente após o apuramento dos negócios do marido e tinha vivido algum tempo na Itália. Regressara não fazia muito tempo a Londres, onde decidira que não iria viver na casa de Mayfair e adquiriu uma menor no bairro de Hampstead; também comprara uma no campo, segundo ouvira dizer, mas ignorava onde. Dizia-se que ela freqüentava muito pouco a sociedade.

—E pensar naquele montão de dólares esperando por alguém que os areje — disse o Sr. Bunner, com uma nota de patético desconsolo na voz. — Puxa, ela tem dinheiro para não precisar fazer nada mesmo que viva duzentos anos. O velho deixou-lhe uma bolada e tanto. E pense só na figura que ela poderia fazer na sociedade. É uma mulher bela e também a de mais nobres sentimentos que até hoje conheci. Mas não parece ter adquirido o hábito de gastar dinheiro do jeito que ele deve ser gasto.

Suas palavras tornaram-se agora um solilóquio: os pensamentos de Trent estavam ocupando toda a sua atenção. Pretextou um compromisso, e os dois homens despediram-se cordialmente.

Meia hora depois, Trent estava em seu estúdio, pondo suas idéias rápida e mecanicamente em ordem. Queria saber o que tinha acontecido; tinha que descobrir, de um modo ou de outro. Não poderia abordá-la pessoalmente, bem o sabia; jamais lhe recordaria a vergonha de seu último encontro com ele; eram muito remotas as possibilidades de que voltasse a pôr os olhos nela. Mas tinha que saber!... Cupples estava em Londres... Marlowe estava lá... E, de qualquer modo, Paris começava a entediá-lo.

Tais pensamentos iam e vinham. Por baixo de todos eles, retesavam-se as fibras de uma corda invisível que lhe repuxava implacavelmente o coração e que ele amaldiçoava nos momentos em que não conseguia negar para si mesmo a existência daquilo que a todo custo desejava recalcar. A loucura, a inútil e deplorável loucura disso!

Em 24 horas suas frágeis raízes em Paris tinham sido arrancadas, e Trent olhava, por sobre um mar plúmbeo, a brilhante muralha dos penhascos de Dover.

Mas, embora tivesse instintivamente selecionado, entre as inúmeras sugestões que lhe acudiam ao cérebro, aquelas que melhor se adequavam ao seu propósito, Trent foi retardado logo que decidiu dar início a seus planos.

Tinha decidido que deveria ver primeiramente o Sr. Cupples, que estaria em situação de lhe contar muito mais coisas do que o americano. Mas o Sr. Cupples estava viajando, e seu regresso só era esperado para dali a um mês; e Trent não dispunha de qualquer desculpa razoável para antecipar o seu regresso. Quanto a Marlowe, não pretendia defrontar-se com ele enquanto não tivesse tentado, pelo menos, fazer um reconhecimento geral da situação. Conteve-se de cometer a suprema loucura de procurar a casa da Sra. Manderson em Hampstead; não poderia entrar nela, e só pensar na possibilidade de ser surpreendido espiando em suas vizinhanças era o bastante para lhe fazer o sangue subir ao rosto.

Hospedou-se num hotel, alugou um estúdio e, enquanto aguardava o regresso do Sr. Cupples, tentou em vão mergulhar no trabalho.

Ao cabo de uma semana, teve uma idéia que logo passou a pôr em prática com alvoroçada precipitação. No último encontro entre ambos, Mabel Manderson fizera menção a seu gosto pela música. Trent passou desde então a ir regularmente à ópera. Talvez a visse; e se, apesar de sua cautela, fosse visto por ela, poderiam se ignorar — qualquer mortal pode ir à ópera.

Assim, lá ia todas as noites, sozinho, passando o mais rapidamente que podia pelas pessoas que se apinhavam no vestíbulo; e todas as noites saía sabendo que ela não estivera no teatro. Era um hábito que lhe produzia uma espécie de excitação, associada à excitação de sua busca; pois também ele amava a música, e nada lhe proporcionava maior paz enquanto sua magia perdurasse.

Uma noite, ao entrar, estugando o passo através da multidão brilhante, sentiu um leve toque em seu braço. Inundado por uma incrível certeza, voltou-se.

Era ela. Tão mais radiante na ausência de mágoa e ansiedade, no fato de estar sorrindo e no encanto do vestido de noite, que Trent não conseguiu articular palavra. Também o seio dela arfou um pouco mais rapidamente, e havia uma luz de audácia em seus olhos e faces quando o cumprimentou. Suas palavras foram poucas:

— Não perderei uma nota de *Tristão e Isolda* — disse —, e o senhor tampouco deve. Venha ver-me no intervalo.

Mabel Manderson deu-lhe o número do camarote.

XIII

Erupção

Os DOIS MESES SEGUINTES foram um período na vida de Trent que ele, desde então, nunca mais recordou sem calafrios. Encontrou-se com a Sra. Manderson uma meia dúzia de vezes, e a cada vez a fria afabilidade dela, um meio sutilmente calculado entre o mero conhecimento e a primeira fase da intimidade, desconcertava-o e enlouquecia-o. Na ópera, ele a encontrara, para sua maior surpresa, na companhia de uma certa Sra. Wallace, uma trêfega matrona a quem ele tinha conhecido em seus tempos de infância. Ao que parecia, a Sra. Manderson, após seu regresso da Itália, tinha freqüentado círculos a que ele pertencia por natureza e criação. Isso resultou, disse ela, de ter plantado sua tenda no terreno de caça deles; muitos dos amigos dele eram-lhe quase vizinhos. Ele tinha uma tênue mas horrenda lembrança de se ter mostrado, naquela ocasião, muito contrário à sua própria índole, contrafeito, o rosto escaldando, falando com loquacidade idiota de suas aventuras nas províncias bálticas, e descobrindo, de tempos em tempos, que estava se dirigindo unicamente à Sra. Wallace. A outra dama, quando Trent se lhes juntou, tinha perdido por completo a ligeira aparência de agitação com que o parara no vestíbulo. Agora falava satisfeita de suas próprias viagens, da maneira como estabelecera residência em Londres e das pessoas que ambos conheciam.

Durante a segunda metade da ópera ele permaneceu no camarote, e então, quando se sentou atrás dela, perdeu a consciência de tudo salvo do ângulo da face de Mabel Manderson, do volume de sua cabeleira, das linhas de seu ombro e braço, de sua mão pousada no braço almofadado da cadeira. O cabelo negro tinha-lhe parecido, finalmente, uma floresta incomensurável, labiríntica e encantada, atraindo-o para uma aventura fatal... Ao fim do espetáculo, ele estava pálido e subjugado, tendo-se despedido dela de um modo bastante formal.

A vez seguinte em que a viu foi numa casa de campo onde ambos eram convidados; nas vezes subseqüentes, ele já tinha conseguido controlar-se satisfatoriamente. Ajustara-se à maneira dela e comportara-se, pensava, de forma adequada e diferente... levando-se em conta que ele vivia num verdadeiro paroxismo de perplexidade, remorso e desejo. Trent não podia depreender nada, absolutamente nada, das atitudes dela. Que a Sra. Manderson tinha lido o manuscrito dele e compreendido a suspeita indicada pela última pergunta que lhe fizera em White Gables estava além de qualquer possibilidade de dúvida. Assim, como podia ela tratá-lo tão amistosa e francamente, da mesma forma como tratava todos os homens que não a tinham insultado?

Pois tornara-se claro à intuição de Trent que, apesar da ausência de qualquer sombra de diferenciação nos modos exteriores dela, uma injúria tinha sido cometida, e ela a sentira. Por diversas vezes, nas raras e breves ocasiões em que conversaram afastados de outras pessoas, essa mesma intuição lhe dizia que Mabel Manderson estava querendo abordar o assunto; e todas as vezes ele desviava a conversa com uma habilidade nascida do medo. Tomou duas resoluções. A primeira era que, quando terminasse um trabalho que lhe fora encomendado e o prendia a Londres, viajaria e permaneceria fora por algum tempo. A tensão era excessiva. Já não mais ardia de ansiedade por conhecer a verdade; nada lhe faltava para confirmar a sua fixa convicção íntima de que cometera um erro crasso, de que interpretara de maneira totalmente errada a situação, de que interpretara mal as lágrimas dela, de que se estigmatizara aos olhos dela como um idiota caluniador. Deixou de especular sobre os motivos de Marlowe no assassinato de Manderson. O Sr. Cupples regressou a Londres, e Trent não lhe perguntou nada. Ele sabia agora que o outro estava com toda a razão naquelas palavras — Trent recordou-as com a ênfase com que elas foram proferidas: "Nenhuma força na Terra a teria persuadido a admitir isso... enquanto ela se considerasse ligada a ele."

Trent encontrou a Sra. Manderson num jantar na imensa e tumular casa do tio, em Bloomsbury, e lá ele conversou durante a maior parte da noite com um professor de arqueologia recém-chegado de Berlim.

Sua outra resolução foi que não ficaria sozinho com ela.

Mas quando, alguns dias depois, ela lhe escreveu solicitando-lhe que fosse vê-la na tarde seguinte, Trent não fez a menor tentativa para arranjar uma desculpa. Esse convite era um desafio formal.

Enquanto celebrava o ritual do chá, e ainda por mais algum tempo, ela aderiu com uma desenvoltura tão natural à conversação levemente nervosa de Trent sobre os assuntos do dia, que ele começou a alimentar a esperança de que Mabel Manderson tivesse mudado de idéia e renunciado ao que ele não podia duvidar que tivesse sido sua intenção ao convidá-lo: encurralá-lo e ter com ele uma conversa muito séria. A aparência dela era, no momento, de perfeita despreocupação, sorridente, o que o levou a recordar, não pela primeira vez desde aquela noite na ópera, o que foi escrito há muito tempo a respeito de uma princesa de Brunswick: "Sua boca possui dez mil feitiços que tocam a alma." Ela deu uma volta pela sala onde o recebera, apontando aqui e ali um tesouro resgatado aos despojos de uma centena de lojas de antigüidades, rindo a propósito de suas buscas, descobertas e barganhas. E quando ele lhe perguntou se consentiria em deliciá-lo de novo com uma de suas peças favoritas que a ouvira executar numa outra casa, ela anuiu imediatamente.

Ela tocou com uma perfeição de execução e sentimento que o comoveu agora tanto quanto o impressionara antes.

— A senhora é uma artista nata — disse serenamente quando ela terminou e os derradeiros frêmitos musicais haviam se dissipado. — Eu estava certo disso antes de a ter ouvido pela primeira vez.

— Tenho tocado muito há bastante tempo. Tem sido um grande conforto para mim — respondeu ela com simplicidade e voltando-se para Trent, sorrindo. — Quando foi que percebeu pela primeira vez o meu gosto pela música? Ah, é claro: eu estava na ópera. Mas isso não prova muita coisa, não acha?

— Não — disse ele distraidamente, com os sentidos ainda monopolizados pela música que acabara de escutar. — Penso que o soube logo na primeira vez em que a vi. — O alcance de suas próprias palavras deixou-o tenso. Pela primeira vez o passado foi lembrado.

Houve um breve silêncio. A Sra. Manderson encarou Trent e depois desviou apressadamente o olhar. Suas faces tingiram-se de leve rubor, e ela apertou os lábios como se fosse assoviar. Então, com o gesto desafiador de ombros que ele recordava de outros momentos, ela ergueu-se subitamente do piano e foi sentar-se numa cadeira defronte dele.

— Essa sua observação foi muito oportuna — começou ela lentamente, olhando para a ponta de seus sapatos — para nos levar ao que eu queria dizer. Pedi-lhe que viesse aqui hoje intencionalmente, Sr. Trent, porque não podia suportar isso por mais tempo. Desde aquele dia em que me deixou em White Gables venho dizendo para mim mesma que não tinha a menor importância o que o senhor pudesse pensar a meu respeito naquele caso; o senhor não era certamente a espécie de homem capaz de falar com outros sobre o que acreditava ter sido a minha conduta, depois que me falou de suas razões para suprimir seu manuscrito. Perguntava a mim mesma que importância isso poderia ter. Mas, é claro, eu sabia o tempo todo que era importante. Sim, importava terrivelmente. Porque o que o senhor pensava não era verdade!

Ela ergueu os olhos e enfrentou calmamente o olhar dele. Trent, com o rosto completamente inexpressivo, não desviou os olhos.

— Desde que comecei a conhecê-la deixei de pensar isso.

— Muito obrigada — disse, ruborizando-se de súbito. Depois, brincando com uma luva, acrescentou: — Mas eu quero que saiba o que *era* verdade. Eu ignorava se alguma vez voltaria a vê-lo — prosseguiu em voz mais baixa —, mas achava que, se isso ocorresse, deveria falar-lhe sobre o assunto. Não me parecia que fosse difícil fazê-lo, porque o senhor sempre me pareceu uma pessoa compreensiva; e, além disso, não se espera que uma mulher que tenha sido casada encontre a mesma espécie de dificuldades de uma jovem para falar sobre tais coisas, quando necessário. E então reencontramo-nos, e eu descobri que era realmente difícil. O senhor tornou as coisas difíceis.

— Como? — perguntou Trent, calmamente.

— Não sei. Mas... sim, eu sei. Foi por que me tratou exatamente como se nunca tivesse pensado ou imaginado nada daquilo a meu respeito. Eu sempre supusera que, se o visse de novo, o senhor me fuzilaria com aquele olhar duro, horrível, que tinha quando me fez a sua última pergunta — lembra-se? — em White Gables. Em vez disso, tratou-me como a qualquer outra pessoa conhecida. Foi simplesmente... — ela hesitou e espalmou as mãos — gentil. Sabe, depois da primeira vez na ópera, quando falei com o senhor, fui para casa perguntando-me se o senhor teria realmente me reconhecido. Quer dizer, pensei que poderia ter reconhecido meu rosto sem se lembrar quem eu era. Conhece aquela situação de "eu conheço aquela cara mas não sei de onde"...

Trent soltou uma pequena risada, mas nada disse. Mabel Manderson sorriu.

— Bem, não me recordava se o senhor mencionara meu nome, e por isso pensei que talvez pudesse ter sido isso. Mas, na vez seguinte, na casa dos Ireton, o senhor disse-o, e então fiquei sabendo; e uma dúzia de vezes, durante estes poucos dias, estive quase a ponto de ganhar coragem para lhe contar tudo, mas nunca foi o bastante. Comecei desconfiando de que não me deixaria fazê-lo e se esquivaria ao assunto se eu o abordasse. Não estava certa? Diga-me, por favor.

Ele fez um gesto de concordância.

— Mas por quê?

Trent manteve-se silencioso.

— Bem — disse ela —, terminarei o que tenho a dizer, e depois espero que o senhor me diga por que teve de tornar as coisas tão difíceis. Quando comecei a perceber que não me deixaria falar do assunto consigo, fui ficando ainda mais decidida a fazê-lo. Suponho que não se apercebeu de que eu insistiria em falar, mesmo que me desencorajasse. Atrevo-me a dizer que não o poderia ter feito se tivesse sido culpada, como o senhor pensou. Entrou hoje em minha sala de estar e estou certa de que pensou que eu não me atreveria a isso. Bem, agora está vendo.

Mabel Manderson tinha perdido todo o seu ar de hesitação. Como gostava de dizer, tinha falado com entusiasmo e, no ardor de seu objetivo de aniquilar o equívoco que a perturbara por tanto tempo, sentia-se agora senhora da situação.

— Vou contar-lhe a história do equívoco que cometeu — prosseguiu enquanto Trent, com as mãos juntas sobre os joelhos, ainda a encarava enigmaticamente. — Terá que acreditar nela, Sr. Trent. É a pura verdade, com todas as suas confusões, coisas escondidas, contradições e erros perfeitamente naturais que ninguém pensa duas vezes em admitir como fatos. Por favor, entenda que não o culpo e nunca o culpei por ter chegado à conclusão a que chegou. O senhor sabia que as minhas relações com o meu marido estavam muito estremecidas, e sabe o que isso, com muita freqüência, significa. O senhor percebeu antes que eu lhe contasse, espero, que ele adotara uma atitude ofensiva para comigo; e eu fui suficientemente tola ao tentar explicar isso. Dei-lhe como explicação a mesma que, no início, dava a mim mesma, antes de me aperceber da odiosa verdade: disse-lhe que Manderson estava decepcionado comigo porque eu não assumira um papel de destaque na sociedade. Bem, isso era verdade; ele estava realmente desapontado. Mas pude perceber que o senhor não estava convencido. Tinha adivinhado o que levei muito mais tempo para entender, porque sabia até que ponto isso era irracional. Sim, o meu marido tinha ciúmes de John Marlowe. O senhor adivinhou isso.

"Depois, comportei-me como uma idiota quando percebi que o senhor descobrira isso. Foi um golpe muito violento, entende, justamente quando eu supunha que toda a humilhação e toda a tensão tinham chegado ao fim e que essa crença errônea tinha morrido com ele. O senhor praticamente perguntou-me se o secretário de meu marido não era meu amante, Sr. Trent. *Tenho* que dizer isso porque quero que entenda por que sucumbi e fiz uma cena. O senhor interpretou isso como uma confissão; pensou que eu era culpada e talvez até uma cúmplice no crime... Isso me feriu profundamente; mas talvez o senhor não pudesse pensar outra coisa, não sei."

Trent, que até esse instante não desviara os olhos do rosto dela, deixou pender a cabeça a essas palavras. E não a reergueu quando Mabel Manderson prosseguiu:

— Mas realmente não passava de um mero choque e aflição o que me fez sucumbir naquele instante, e a lembrança de todo o infortúnio que uma suspeita louca significara para mim. E, quando me recompus, o senhor já tinha desaparecido.

Ela levantou-se, caminhou até uma escrivaninha ao lado da janela, abriu uma gaveta e retirou um envelope comprido e fechado.

— Este é o manuscrito que deixou comigo — disse ela. — Li-o repetidas vezes. Sempre me causou espanto, como a todo o mundo, sua argúcia em coisas desse gênero. — Um sorriso vagamente malicioso cintilou no rosto dela e logo se dissipou. — Acho que foi um esplêndido trabalho, Sr. Trent... quase esqueci que era a minha própria história, tão absorvente ela me pareceu. E quero dizer-lhe agora, enquanto tenho isto na minha mão, o quanto lhe agradeço por seu ato generoso e cavalheiresco de ter sacrificado esse triunfo pessoal em vez de ter posto em perigo a reputação de uma mulher. Se tudo aquilo tivesse acontecido como o supôs, os fatos teriam vindo a lume quando a polícia assumiu o caso que o senhor lhes entregou. Creia-me, compreendo o que fez e nunca deixei de ser grata, mesmo quando me sentia esmagada pela sua suspeita.

Enquanto expressava sua gratidão sua voz tremia ligeiramente e seus olhos brilhavam. Trent não percebeu nada disso. Sua cabeça ainda estava inclinada para a frente. Parecia não estar escutando. Ela colocou o envelope na mão dele, que estava aberta, de palma para cima, sobre seus joelhos. Um toque de suave delicadeza nesse ato o fez erguer os olhos.

— A senhora poderia... — começou Trent, lentamente.

Ela ergueu a mão. — Não, Sr. Trent — interrompeu-o, postada de pé diante dele. — Deixe-me terminar antes que diga qualquer coisa. É para mim um alívio tão indescritível ter quebrado finalmente o gelo, e quero terminar a história enquanto ainda estou experimentando a sensação de triunfo por tê-la começado. — Voltou a afundar no sofá donde inicialmente se levantara. — Estou-lhe contando uma coisa que ninguém mais sabe. Todos sabiam, suponho, que algo tinha acontecido entre nós, embora eu fizesse o possível e o impossível para escondê-lo. Mas não creio que alguém tivesse sequer conjecturado qual era a idéia de meu marido a tal respeito. As pessoas que me conhecem não pensam esse gênero de coisas sobre mim, creio eu. E a fantasia dele opunha-se de forma ridícula aos fatos. Vou-lhe dizer qual era a situação. O Sr. Marlowe e eu éramos bons amigos desde que ele tinha vindo trabalhar conosco. Apesar de toda a sua inteligência — meu marido dizia que ele tinha o cérebro mais penetrante de todos os homens que conhecia —, eu via-o praticamente como um rapaz. Sou um pouco mais velha do que ele, e o Sr. Marlowe tinha uma espécie de condescendente ausência de ambição que me fazia julgá-lo ainda mais pueril. Certo dia meu marido perguntou-me o que eu gostava mais em Marlowe, e, não tendo realmente ponderado muito, respondi: "Bem acho que as boas maneiras dele." Surpreendi-me muito quando Manderson fez uma expressão zangada ao ouvir a minha resposta e, depois de um silêncio, me disse, sem olhar para mim: "Sim, Marlowe é um cavalheiro."

"Nunca mais se voltou a falar nisso até cerca de um ano atrás, quando descobri que tinha acontecido com o Sr. Marlowe o que eu sempre esperara que fosse acontecer: ele apaixonou-se desesperadamente por uma jovem americana. Mas, para minha revolta, ele escolhera a moça menos merecedora do seu amor entre quantas nós costumávamos receber. Ela era filha de pais ricos e fazia deles o que queria; muito bela, bem-educada, excelente nos esportes, nada mais lhe interessava nesse mundo além do seu divertimento pessoal. Era uma das mais irresponsáveis namoradeiras que conheci, e de uma esperteza incrível para manter flertes simultâneos. Todo mundo sabia disso, e o Sr. Marlowe deve ter ouvido comentários a respeito; mas ela enfeitiçara-o literalmente. Não sei como foi que ela conseguiu isso, mas posso imaginar. Ela gostava de Marlowe, sem dúvida; mas era mais do que evidente, para mim, que ele era mais um joguete nas mãos dela. A coisa estava ficando tão idiota, que acabei me enfurecendo. Um dia, pedi a Marlowe que me levasse a passeio num bote a remo que tínhamos no lago... tudo isso aconteceu na nossa casa à beira do lago George. Nunca tínhamos estado juntos sozinhos até esse dia. No barco, falei com ele. Procurei ser o mais delicada possível, e ele recebeu minhas ponderações de forma admirável... mas não acreditou numa só palavra. Teve mesmo a imprudência de me dizer que eu não sabia compreender a natureza de Alice. Quando lhe lembrei suas perspectivas na vida — eu sabia que ele não possuía quase nada —, respondeu-me que, se ela o amasse, ele poderia conquistar qualquer posição que quisesse no mundo. Ouso dizer que isso podia muito bem ser verdade, dado o seu talento e suas amizades: ele é não só muito bem-relacionado como também popular. O esclarecimento, entretanto, chegou-lhe pouco depois desse nosso encontro.

"Meu marido ajudou-me a saltar do barco quando regressamos. Ele fez uma piada com o Sr. Marlowe a respeito de qualquer coisa, lembro-me bem; em tudo o que aconteceu depois, Manderson jamais alterou, nem por um instante, sua conduta para com ele, e essa foi uma das razões por que levei tanto tempo a dar-me conta do que meu marido pensava a respeito de meu relacionamento com o seu secretário. Contudo, mostrou-se reservado e silencioso para comigo naquela noite — mas não furioso. Depois que ele meteu essa idéia na cabeça, ficou perfeitamente frio e inexpressivo. Depois do jantar, dirigiu-me a palavra somente uma vez. O Sr. Marlowe estava lhe falando sobre um cavalo que tinha comprado para a fazenda de Kentucky, e meu marido encarou-me e disse: 'Marlowe pode ser um cavalheiro, mas raramente sai perdendo num negócio de cavalos.' O comentário surpreendeu-me, mas então — e mesmo na ocasião seguinte em que nos viu juntos — não havia entendido o que ele tinha em mente. Essa outra vez foi a manhã em que o Sr. Marlowe recebeu uma pequena e afável nota da moça solicitando suas congratulações, pois acabara de ficar noiva. Isso aconteceu em nossa casa de Nova York. Ele parecia tão destroçado, tão infeliz, no café da manhã, que pensei que estivesse doente e fui mais tarde ao gabinete onde ele trabalhava perguntar-lhe o que estava acontecendo. Marlowe nada disse, limitando-se a estender-me a nota e ir para a janela. Satisfez-me que tudo estivesse acabado entre eles, mas, ao mesmo tempo, estava terrivelmente pesarosa por ele, é claro. Não me lembro do que lhe disse a título de consolo, mas recordo que pus minha mão no braço dele, que continuava imóvel e de olhos fixos no jardim. E nesse exato momento surgiu meu marido na porta aberta com alguns papéis na mão. Limitou-se a olhar-nos de relance, dando em seguida meia volta, e retornou silenciosamente ao seu gabinete. Pensei que ele tivesse ouvido o que eu estava dizendo para confortar e encorajar o Sr. Marlowe e que aquilo tinha sido um gesto delicado da parte dele. O Sr. Marlowe não o viu nem o ouviu. Meu marido foi para o Oeste naquela manhã, enquanto eu estava fora. Mesmo então eu ainda não havia compreendido. Ele tinha o costume freqüente de viajar de súbito, sem avisar ninguém, se algum projeto de negócio o chamava.

"Somente quando ele regressou, uma semana mais tarde, é que eu me dei conta da situação. Estava com um aspecto estranho, estava pálido, e assim que me viu perguntou-me onde estava Marlowe. Seja como for, o certo é que o tom como fez essa pergunta revelou-me tudo num instante. Quase me faltou o ar; fiquei louca de indignação. Você sabe, Sr. Trent, creio que não me importaria nada se alguém me julgasse capaz de romper abertamente com o meu marido e de o deixar por outrem. Atrevo-me até a dizer que poderia ter feito isso, pois não me faltaram oportunidades. Mas essa reles suspeita... um homem em quem ele confiava... e a idéia de encobrimento. Isso deixou-me colérica. Cada átomo de orgulho vibrou em mim até me fazer tremer dos pés à cabeça, e jurei para mim mesma, naquele momento, que jamais mostraria, por palavra ou ato, estar consciente de que Manderson alimentava semelhante pensamento a meu respeito. Decidi que me comportaria exatamente como sempre me comportara... e assim fiz até o último instante. Embora soubesse que se erguera agora entre nós um muro que nunca poderia ser derrubado, mesmo que ele me pedisse perdão e eu lho concedesse. Jamais lhe revelei que tinha notado uma mudança na sua conduta.

"E assim foi passando o tempo. Creio que nunca poderei suportar de novo um período de tensão como aquele. Meu marido mostrava uma polidez muda e fria sempre que estávamos sós — e isso só acontecia quando era inevitável. Nem uma única vez aludiu ao que havia em sua mente; mas eu sentia-o e ele sabia disso. Ambos éramos obstinados em nossas diferentes atitudes. Para o Sr. Marlowe, ele mostrava-se mais amistoso do que nunca... só Deus sabe por quê. Eu imaginava que ele estivesse planejando algum tipo de vingança. Tenho certeza absoluta de que o Sr. Marlowe nunca soube o que se suspeitava dele. Eu e ele continuamos sendo bons amigos, embora nunca mais me falasse de problemas íntimos depois daquele seu desapontamento; mas fiz questão de continuar a vê-lo tanto quanto o via antes. Então viemos para a Inglaterra e para White Gables, e depois disso sobreveio... a pavorosa morte de meu marido."

Esboçou um gesto com a mão direita, numa expressão de finalidade.

— O senhor conhece o resto... muito mais do que qualquer outro homem — acrescentou ela, e olhou-o de frente com uma expressão singular.

Trent perguntou de si para si o que poderia significar esse olhar, mas isso foi apenas uma sombra passageira em seu pensamento. Intimamente, todo o seu ser estava possuído de gratidão. A vivacidade voltou-lhe ao rosto. Muito antes de Mabel Manderson ter terminado sua história, ele já reconhecera a certeza de sua verdade, assim como desde os primeiros dias de seu renovado relacionamento vinha duvidando da história que sua imaginação construíra em White Gables, sobre alicerces que lhe pareciam tão bons.

— Não sei — disse Trent — como começar as desculpas que tenho de lhe pedir. Não existem palavras para dizer-lhe como me sinto envergonhado e infeliz quando me dou conta de quanto a minha suspeita foi apenas uma grosseira e pretensiosa forma de chegar a uma conclusão estouvada que satisfazia à minha vaidade. Sim, suspeitei... da senhora! Quase tinha esquecido que fui tão idiota. Quase... não por completo. Por vezes, quando estava só e recordava toda aquela insensatez, eu me desprezava pelo que tinha feito e tentava imaginar quais eram realmente os fatos. Tentava encontrar uma desculpa que me inocentasse.

Ela interrompeu-o rapidamente:

— Que absurdo! Seja razoável, Sr. Trent. O senhor só me vira em duas únicas ocasiões em toda a sua vida antes de me procurar com a sua solução para o mistério. — De novo a expressão singular apareceu e sumiu do rosto dela. — Por falar em insensatez, acho que realmente insensato é um homem como o senhor pretender convencer uma mulher como eu de que eu tinha "inocência" escrita com grandes letras na testa; tão grandes que o senhor não pôde acreditar em provas muito fortes contra mim depois de me ter visto apenas duas vezes.

— O que quis dizer com "um homem como eu"? — perguntou Trent, num tom algo impetuoso. — Considera-me uma pessoa desprovida de instintos normais? Eu não digo que a senhora impressione as pessoas como uma espécie simples e transparente de caráter... o que o Sr. Calvin Bunner costuma chamar "um livro aberto"; não digo que um estranho não pudesse achá-la capaz de perversidades, se houvesse boas provas disso; mas digo e reafirmo que um homem que, depois de vê-la e de estar em sua atmosfera, foi capaz de associá-la ao tipo de abominação que eu imaginei é um idiota — a espécie de idiota que receia confiar em seus próprios sentidos... Quanto a eu ter tornado difícil sua abordagem do assunto, como disse, é verdade. Foi simplesmente uma questão de covardia moral. Eu percebi que a senhora desejava esclarecer o assunto de uma vez por todas, e repugnava-me a idéia de discutir o meu injurioso equívoco. Tentei demonstrar por minhas atitudes que era como se nada tivesse ocorrido. Esperava que me perdoasse sem quaisquer palavras. Não posso perdoar-me e nunca o farei. E no entanto, se a senhora soubesse...

Trent interrompeu-se bruscamente e depois acrescentou, num tom tranqüilo:

— Bem, aceita tudo isso como um pedido de desculpas? O pior hábito de penitência que já se pôs... a mais abrasiva cinza sobre a cabeça... Eu não pretendia ficar inflamado assim — concluiu constrangido.

A Sra. Manderson riu, e seu riso arrebatou-o. Por essa altura, ele conhecia bem esse súbito caudal de notas de júbilo brotando em cascata, a perfeita expressão de contentamento — por diversas vezes ele tentara diverti-la meramente para deleitar-se ao som de seu riso.

— Mas eu gosto de vê-lo inflamado — disse ela. — O tombo que leva quando descobre que está no ar sem ter onde se agarrar é deveras divertido. Ah, agora estamos os dois rindo. Que final triunfante para as nossas explicações, depois de todo o meu temor acerca do momento em que teria de esclarecer tudo isso consigo. E agora está terminado, e o senhor sabe; e nunca mais falaremos disso.

— Assim espero — corroborou Trent, com sincero alívio. — Se está decidida a ser tão generosa comigo, não serei eu a insistir em ser fulminado por seus raios. E agora, querida Sra. Manderson, é melhor que eu me despeça. Mudar de assunto depois de tudo isso seria como brincar de esconde-esconde depois de um terremoto. — Trent levantou-se.

— Tem razão — concordou ela. — Mas não! Espere um pouco. Há uma outra coisa... faz parte do mesmo assunto; e devemos reunir todas as peças agora, enquanto estamos tratando disso. Por favor, sente-se.

Ela apanhou o envelope do manuscrito de Trent em cima da mesa, onde estivera até então.

— Quero falar sobre isto.

Trent franziu o cenho e dirigiu a Mabel Manderson um olhar interrogativo.

— E eu também, se realmente deseja — disse ele pausadamente. — Há uma coisa que eu gostaria imensamente de saber.

— Diga.

— Uma vez que a minha razão para suprimir essa informação não passava de uma fantasia, por que é que nunca fez uso dela? Quando comecei a perceber que estava errado a seu respeito, pensei comigo mesmo que o seu silêncio significava que a senhora não tinha ânimo bastante para fazer uma coisa que poria uma corda em redor do pescoço de um homem, não importando o que ele pudesse ter feito. Posso entender perfeitamente esse sentimento. Foi isso? Uma outra possibilidade em que pensei foi que a senhora sabia de algo que justificava ou desculpava o ato de Marlowe. E também pensei que poderia ter sido um simples horror, inteiramente à parte dos escrúpulos humanitários, por ter que aparecer em público em ligação com um julgamento por homicídio. Muitas testemunhas importantes, em tais casos, têm que ser praticamente forçadas a aparecer para fazer seus depoimentos. Elas acham que é uma desonra serem vistas à sombra do cadafalso.

A Sra. Manderson bateu de leve com o envelope sobre os lábios, sem esconder inteiramente um sorriso.

— Suponho que não pensou numa outra possibilidade, Sr. Trent.

— Não. — Trent pareceu intrigado.

— Refiro-me à possibilidade de que estivesse errado a respeito do Sr. Marlowe, assim como havia estado a meu respeito. Não, não. Não precisa me dizer que a cadeia de provas está completa. Sei que está. Mas provas de quê? De que o Sr. Marlowe representou o papel de meu marido nessa noite e, tendo escapado através da janela do meu quarto, construiu um álibi. Li o seu relato repetidas vezes, Sr. Trent, e não vejo como se possa duvidar dessas coisas.

Trent olhou-a com os olhos semicerrados. Nada fez para preencher a breve pausa que se seguiu. A Sra. Manderson alisou sua saia com um ar preocupado, como se coligisse suas idéias.

— Não fiz uso dos fatos que descobriu — disse pausadamente, por fim — porque me pareceu muito provável que fossem fatais para o Sr. Marlowe.

— Estou inteiramente de acordo — comentou Trent, num tom incolor.

— E — prosseguiu Mabel Manderson, erguendo os olhos para ele com uma expressão de inesperada firmeza —, como eu sabia que Marlowe era inocente, não podia expô-lo a semelhante risco.

Outra pequena pausa. Trent esfregou o queixo, simulando refletir sobre o que acabara de ouvir. Em seu foro íntimo, estava se dizendo, sem muita convicção, que essa atitude da Sra. Manderson era muito correta e digna, que era muito feminina e que ele gostava da feminilidade dela. Era-lhe permitido — mais do que permitido — colocar sua crença leal no caráter de um amigo acima das mais claras demonstrações do intelecto. Não obstante, aquilo irritou-o. Gostaria que a declaração de fé da Sra. Manderson tivesse sido um pouco menos positiva em sua forma. Era irracional demais dizer peremptoriamente "eu sabia". De fato, isso não se harmonizava com ela. Se ser irrazoável quando a razão conduz ao desagradável era um traço especialmente feminino, e se a Sra. Manderson o possuía, ela estava acostumada a revesti-lo melhor do que qualquer mulher que conhecia.

— Está sugerindo — disse ele por fim — que Marlowe construiu um álibi para si próprio, usando meios a que somente um homem desesperado teria recorrido, para escusar-se de um crime que não cometeu? Foi ele quem lhe disse que era inocente?

Ela soltou uma breve risada de impaciência.

— Então você pensa que ele me persuadiu. Não, não é nada disso. Estou simplesmente certa de que ele não fez aquilo. Ah! Estou vendo que acha isso absurdo. Mas atente para como é contraditório e pouco razoável, Sr. Trent! Não faz muito, estava explicando-me com grande sinceridade que tinha sido uma rematada tolice ter alimentado certas suspeitas sobre mim, depois de ter me conhecido e de ter estado em minha atmosfera, conforme disse.

Trent mexeu-se em sua cadeira. Mabel Manderson olhou-o de relance e prosseguiu:

— Ora, eu e a minha atmosfera estamos-lhe muito agradecidas, mas devemos defender os direitos de outras atmosferas. Eu conheço muitíssimo melhor a atmosfera do Sr. Marlowe do que o senhor conhece a minha, mesmo neste momento. Via-o constantemente, e isso durante muitos anos. Não pretendo dizer que conheço tudo sobre ele, mas sei que ele é incapaz de um crime sangrento. A idéia de ele ter planejado um homicídio me é tão impensável quanto a idéia de o senhor ter roubado a bolsa de uma pobre mulher, Sr. Trent. Posso imaginar o senhor matando um homem, entende... se o homem tiver merecido isso e tiver tido uma chance igual de matá-lo. Eu mesma seria capaz de matar uma pessoa, em certas circunstâncias. Mas o Sr. Marlowe seria incapaz de fazê-lo, não importa qual fosse a provocação. Tinha um temperamento que nada nesse mundo podia abalar e encarava a natureza humana com uma espécie de fria magnanimidade que encontrava desculpas para tudo. Não se tratava de uma pose, não; podia-se ver que era uma parte dele. Nunca a pôs em evidência, mas ela estava sempre presente. Por vezes era até irritante... Lembro-me de que quando estávamos nos Estados Unidos ouvi pessoas falarem de linchamento na presença dele. Ficou calado e inexpressivo, parecendo não escutar; mas podia-se sentir a repulsa que provinha dele em ondas. Realmente, ele abominava e odiava a violência física. Sob certos aspectos, era um homem deveras estranho, Sr. Trent. Dava-me a sensação de que poderia fazer coisas inesperadas — conhece essa sensação que certas pessoas suscitam? Que papel ele realmente desempenhou nos eventos dessa noite, nunca serei capaz de conjecturar. Mas ninguém que o conhecesse poderia acreditar na possibilidade de ele tirar deliberadamente a vida de alguém.

Uma vez mais, um movimento de sua cabeça expressou que ela havia terminado, e ela recostou-se no sofá, olhando calmamente para o seu interlocutor.

— Portanto — disse Trent, que seguira as palavras da Sra. Manderson com a maior atenção —, somos forçados a regressar a duas outras possibilidades que eu não considerara merecedoras de atenção até este momento. Aceitando tudo o que a senhora disse, ele ainda poderia, concebivelmente, ter matado em autodefesa; ou poderia tê-lo feito por um lamentável acidente.

Ela anuiu.

— É claro que também pensei nessas duas explicações quando li o seu manuscrito.

— E suponho que a senhora tenha pensado, assim como eu, que em ambos os casos a coisa natural e obviamente a mais segura a fazer seria uma declaração pública da verdade, em vez da encenação de uma série de despistamentos que certamente o indicariam como culpado aos olhos da lei, se alguma coisa lhe saísse errada.

— Sim, refleti sobre tudo isso até me doer a cabeça. E pensei que alguma outra pessoa poderia ter feito isso e que ele estaria simplesmente protegendo o culpado. Mas isso parecia-me uma loucura. Não conseguia ver luz alguma nesse mistério e depois de algum tempo resolvi deixar que as coisas se esclarecessem por si mesmas. Tudo o que estava bem claro para mim era que o Sr. Marlowe não era um assassino e que, se eu contasse o que o senhor havia descoberto, o juiz e os jurados pensariam certamente que ele o era. Prometi a mim mesma que falaria tudo isso consigo se porventura nos encontrássemos de novo; e agora cumpri a minha promessa.

Trent, com o queixo apoiado na mão, contemplava fixamente o tapete. A excitação da busca da verdade estava crescendo rapidamente nele. Em seu íntimo, não aceitara como indiscutível a descrição do caráter de Marlowe pela Sra. Manderson. Mas esta falara de um modo bastante firme e convicto; ele não podia, em absoluto, rejeitar essa possibilidade, e sua teoria estava muito abalada.

— Só há uma forma de esclarecer isso — disse Trent, erguendo a cabeça. — Devo procurar Marlowe. Incomoda-me muito deixar as coisas nesse pé. Chegarei à verdade, seja ela qual for. Poderia contar-me como foi que ele se comportou depois que eu saí de White Gables?

— Nunca mais o vi depois disso — informou Mabel Manderson simplemente. — Alguns dias depois eu fiquei doente e não saí do meu quarto. Quando desci, ele já saíra e estava em Londres resolvendo coisas com os advogados. Não voltou para o funeral. Imediatamente depois do sepultamento, decidi viajar para o estrangeiro. Algumas semanas depois chegou-me uma carta dele dizendo que já concluíra sua tarefa e dera aos advogados toda a assistência possível. Agradeceu-me pelo que chamou de todas as minhas gentilezas e despediu-se. Não dizia nada sobre seus planos para o futuro, e achei estranho que não dissesse uma só palavra acerca da morte de meu marido. Não respondi. Sabendo o que sabia, não pude. Naqueles dias, arrepiava-me toda vez que pensava na pantomima daquela noite. O que eu queria era nunca mais o ver nem ouvir falar dele.

— Então não sabe o que foi feito dele?

— Não. Mas acredito que o tio Burton (o Sr. Cupples, o senhor sabe) possa informar-lhe. Ele disse-me, algum tempo atrás, que encontrara o Sr. Marlowe em Londres e conversara com ele. Eu mudei de assunto. — Fez uma pausa, e sorriu com um leve traço de malícia. — Bem que gostaria de saber o que o senhor supôs que tinha acontecido ao Sr. Marlowe depois que o senhor se retirou da cena do drama que montou de forma tão engenhosa para sua satisfação pessoal.

Trent engoliu em seco.

— Quer realmente saber?

— Eu perguntei, não foi? — replicou ela, tranqüilamente.

— Está pedindo que me humilhe de novo, Sra. Manderson. Muito bem. Vou dizer-lhe o que pensei que teria grande possibilidade de descobrir quando regressasse a Londres de minha viagem ao continente: que a senhora tinha se casado com Marlowe e que estavam vivendo no estrangeiro.

Ela ouviu-o com impassível compostura.

— Por certo não poderíamos viver muito confortavelmente na Inglaterra com o dinheiro dele e o meu — observou ela, com ar pensativo. — Ele não tinha praticamente nada.

Trent encarou-a fixamente — ficou "boquiaberto", contou-lhe ela algum tempo depois. De momento, ela riu um pouco embaraçada.

— Vamos, Sr. Trent! Será que disse alguma coisa espantosa? É claro que o senhor sabe... Pensei que fosse do conhecimento de todos, nessa altura dos acontecimentos... Estou certa de que já o esclareci com bastante freqüência... Se eu me casar de novo perco tudo o que meu marido me deixou.

O efeito dessa fala sobre Trent foi curioso. Por alguns instantes, seu rosto foi tomado pela emoção da surpresa. Quando isso passou ele se refez gradualmente e sentou-se, numa atitude tensa. Ele parecia, pensou Mabel Manderson ao ver-lhe os nós dos dedos ficarem cada vez mais brancos nos braços da cadeira, um homem preparado para suportar a dor nas mãos de um cirurgião. Mas tudo o que ele disse, num tom de voz mais baixo do que o seu usual, foi:

— Não tinha idéia disso.

— Pois assim é — disse ela calmamente, brincando com um anel em seu dedo. — Realmente, Sr. Trent, não é uma coisa muito incomum. Creio que estou satisfeita com isso. Em primeiro lugar, por ter-se tornado de conhecimento geral, garantiu-me contra um bom número de atenções de uma espécie que uma mulher na minha posição tem que suportar, por via de regra.

— Sem dúvida — disse ele gravemente. — E em segundo lugar?

Ela olhou-o interrogativamente.

— Ah! — riu. — O outro aspecto preocupou-me ainda menos. Ainda não encontrei um homem suficientemente tolo para querer casar com uma viúva de temperamento egoísta, hábitos e gostos luxuosos e só com o pouco que meu pai me deixou.

Ela abanou a cabeça, e algo no gesto despedaçou o que restava da compostura e da presença de espírito de Trent.

— Ainda não encontrou! — exclamou ele, levantando-se num movimento arrebatado e avançando um passo na direção de Mabel Manderson. Então eu vou mostrar-lhe que a paixão humana nem sempre é abafada pelo cheiro do dinheiro. Vou terminar o assunto.. o meu assunto. Vou dizer-lhe o que me atrevo a pensar que muitos homens melhores do que eu também quiseram dizer-lhe mas não tiveram o que eu estou tendo neste momento: a desfaçatez ou o atrevimento para o dizer. Eles recearam fazer um papel ridículo. Eu não. A senhora fez com que eu me acostumasse a esse sentimento esta tarde. — Riu alto, em meio à torrente de palavras, e abriu os braços. — Olhe para mim! Sou o espetáculo do século! Sou um homem que declara que a ama e que lhe pediria para renunciar à maior fortuna do mundo para ficar ao seu lado!

Ela escondeu o rosto nas mãos. Trent ouviu-a dizer, com a voz entrecortada:

— Por favor... não fale assim.

— Fará uma grande diferença para mim — respondeu ele — se permitir que eu diga tudo o que tenho a dizer antes de sair. Talvez seja de mau gosto, mas correrei o risco; quero aliviar a minha alma; ela necessita de uma confissão franca. Isto é a pura verdade. A senhora me perturbou desde o primeiro instante em que a vi — e a senhora não o sabia —, sentada à beira dos penhascos em Marlstone, estendendo os braços para o mar. Era somente a sua beleza que me enchia o espírito. Ao passar pela senhora, parecia-me que toda a vida existente no lugar estava entoando uma canção sobre a senhora, feita de vento e de raios de sol. E a canção permaneceu em meus ouvidos. Mas até a sua beleza não seria agora mais do que uma lembrança vazia para mim, se isso tivesse sido tudo. Foi quando a acompanhei do hotel até a sua casa, após a inquirição, com a sua mão em meu braço, que... o que foi que aconteceu? Eu sabia apenas que sua magia mais forte atingira em cheio o alvo, e que eu nunca mais esqueceria aquele dia, fosse qual fosse o amor de minha vida. Até aquele dia eu a admirava como se admira a beleza de um lago sereno; mas a partir de então eu senti o fascínio da divindade do lago. E na manhã seguinte as águas estavam agitadas, e ela emergiu — a manhã em que a procurei com as minhas perguntas, extenuado de dúvidas que eram mais pungentes do que dores, e quando a vi sem sua pálida e doce máscara de compostura, e caminhou resplandecente com os olhos e as mãos palpitantes de vida, percebi que, para uma criatura como a senhora, nada mais tinha havido senão o vazio e um desperdício de si mesma durante todos esses anos. Uma revolta louca cresceu então em mim, e meu espírito clamava por dizer o que finalmente lhe estou dizendo hoje: que a vida nunca mais voltaria a ser para mim uma coisa plena, porque a senhora não podia amar-me, e eu estava preso para sempre na rede dos seus cabelos negros e no feitiço de sua voz...

— Oh, pare! — gritou ela, jogando subitamente a cabeça para trás, o rosto chamejante e as mãos enclavinhadas nas almofadas a seu lado. Falou rápida e ofegante, tomada de uma surpresa que a desconcertara.

— Sr. Trent, não me fará esquecer o senso comum. O que significa tudo isso? Ah, não o estou reconhecendo... parece um outro homem! Já não somos crianças. Acaso esqueceu isso? O senhor está falando como um adolescente enamorado pela primeira vez. É insensato, irreal... eu sei, mesmo que não se aperceba disso. Não quero ouvi-lo. Mas o que foi que lhe aconteceu? — Tinha a voz entrecortada. — Como pode esse sentimentalismo partir de um homem como o senhor? Onde está o seu autodomínio?

— Acabou! Foi-se! — exclamou Trent, com uma gargalhada abrupta. — Foi-se agora mesmo. Irei atrás dele daqui a um minuto. — Olhou seriamente dentro dos olhos dela. — A verdade é que não estou me importando muito agora. Eu nunca poderia declarar-me à sombra de sua grande fortuna. Era pesado demais. Nada existe de reprovável nesse sentimento, segundo meu ponto de vista. De fato, acho que era uma forma de covardia... medo do que a senhora pensasse e muito provavelmente dissesse, medo também dos comentários do mundo, suponho. Mas, tendo se dissipado a sombra, tudo ficou mais fácil, eu pude falar e já não me preocupo tanto. Posso enfrentar as coisas com o espírito serenado, agora que lhe contei a verdade em seus próprios termos. Pode chamar isso de sentimentalismo ou do que quiser. É bem verdade que eu não tinha a menor intenção de fazer uma declaração científica. Já que a contraria, liquidemos com ela. Mas, por favor, acredite que, se para a senhora foi pura comédia, para mim foi algo muito sério. Disse que a amo e a respeito e a guardaria como a coisa mais preciosa e mais cara desse mundo. Agora permita-me que saia.

Mas Mabel Manderson estendeu-lhe ambas as mãos.

XIV

Escrevendo uma Carta

— Se insiste — disse Trent —, as coisas serão feitas do jeito que quer. Mas eu preferia, em definitivo, escrevê-la quando não estivesse com você. Entretanto, se tenho de o fazer, dê-me um bloco de papel mais alvo do que uma estrela ou as asas de um anjo; quer dizer, papel de carta que não tenha o seu endereço impresso. E não subestime o sacrifício que estou fazendo.

Ela recompensou-o.

— O que irei dizer-lhe? — indagou, com a caneta pairando sobre o papel. — Deverei compará-lo a um dia de verão? O que *direi?*

— Diga o que você quer dizer — sugeriu ela, querendo ajudar.

Trent sacudiu a cabeça.

— O que eu quero dizer, o que eu tenho querido anunciar nas últimas 24 horas a cada homem, mulher e criança com quem me cruzo, é: "Mabel e eu estamos noivos, e o mundo é maravilhoso." Mas não seria uma abertura muito boa para uma carta de caráter estritamente formal, para não dizer sinistro. Tudo o que consegui escrever até agora foi: "Prezado Sr. Marlowe". E depois?

— Eis um manuscrito — sugeriu ela — que talvez queira ler.

— Deu-se conta de que nessa sua frase só há três palavras com mais de duas sílabas? Esta carta tem o propósito de impressionar, não o de pô-lo à vontade. Temos que usar palavras compridas.

— Não vejo por quê. Sei que é usual, mas por quê? Tenho recebido muitas cartas de advogados e homens de negócios, e elas sempre começam por "com referência à sua comunicação" ou outra frase de boca cheia, e por aí seguem nesse estilo. Entretanto, quando os vejo eles não falam assim. Isso parece-me ridículo.

— Nada tem de ridículo para eles. — Trent pôs de lado a caneta com uma expressão de alívio e levantou-se. — Deixe-me explicar. Um povo como o nosso, não muito propenso a usar a mente, arranja-se habitualmente com um vocabulário muito simples e reduzido. As palavras compridas são anormais e, como tudo o que é anormal, ou são muito cômicas ou tremendamente solenes. Veja a expressão "antecipação inteligente", por exemplo. Se ela fosse usada em qualquer outro país da Europa, não chamaria a menor atenção. Mas entre nós tornou-se um provérbio; todos sorrimos quando a ouvimos numa fala ou a lemos num editorial; é considerada uma das melhores coisas jamais ditas. Por quê? Simplesmente porque consiste em duas palavras compridas. Quanto mais compridas, melhor. A idéia expressa é tão banal quanto ensopado de carneiro. Depois, temos "impropriedade terminológica". Como todos rolamos de rir ao ouvir isso! E a piada está simplesmente no comprimento das palavras. Acontece o mesmo quando queremos ser muito sérios, muito solenes; fazemos isso recorrendo a palavras compridas. Quando um advogado pode começar uma frase com "em prosseguimento às instruções comunicadas ao nosso preclaríssimo representante", ou outro palavrório semelhante, ele sente estar ganhando merecidamente sua meia libra. Não ria! É a pura verdade. Ora, no continente as pessoas não pensam assim. Elas estão sempre se preocupando com idéias, e o resultado é que qualquer lojista ou camponês tem um vocabulário em uso diário que é chinês para a maioria dos britânicos. Lembro que, tempos atrás, estava jantando com um amigo meu que é motorista de táxi em Paris. Jantávamos num pequeno e sórdido restaurante fronteiro à Central dos Correios, um lugar em que toda a freguesia é de choferes ou carregadores. A conversação era geral, e ocorreu-me que um motorista londrino talvez se sentisse meio como um peixe fora d'água lá. Palavras como "funcionalismo" e "inesquecível" e "extermínio" e "independência" cruzavam-se sobre a minha mesa a todo instante. E eram apenas vulgares e rubicundos choferes. Desculpe — continuou ele, apressadamente, quando Mabel Manderson atravessou a sala e lhe tomou a caneta —, mencionei isso apenas para ilustrar a minha tese. Não estou dizendo que os choferes devam ser intelectuais. Não é isso; concordo com Keats — feliz é a Inglaterra, doces são os seus rudes cocheiros, a simplicidade deles, é o bastante para mim. Mas quando passamos a considerar as pessoas que constituem a força cerebral da coletividade industrial do país, aí... veja só...

— Não, não! — exclamou Mabel Manderson. — De momento não vejo nada, exceto que o seu discurso tem que ser detido de um modo ou de outro, se quisermos avançar com esta ditosa carta para o Sr. Marlowe. Assim nunca mais nos livramos dela. Vamos! — Ela colocou a caneta na mão de Trent, que a olhou com desagrado.

— Advirto-a para não desencorajar a minha oratória — disse ele, simulando abatimento. — Acredite, os homens que não falam são ainda piores do que os homens que falam demais. Ah, cuidado com as naturezas que são mudas. Confesso que estou esquivando-me a escrever essa coisa. É quase uma indecência. É misturar dois estados de espírito: escrever a espécie de carta que pretendo escrever e, ao mesmo tempo, estar aqui sentado na mesma sala com você.

Ela conduziu-o até a cadeira abandonada diante da escrivaninha e impeliu-o suavemente a sentar-se nela.

— Bem, mas tente, por favor. Quero ver o que você escreve e quero que a carta siga para ele imediatamente. Entenda, eu ficaria bastante satisfeita em deixar as coisas no pé em que estão; mas você diz que tem de chegar à verdade e, sendo assim, quero que seja o mais breve possível. Escreva agora — você sabe que pode, se quiser — e a enviarei logo que esteja pronta. Você não sente isso... a impaciência para levar a inquietante carta ao correio, livrar-se dela para que, mesmo que quisesse, não poder tê-la de volta, e não haver mais lugar para vacilações?

— Farei como deseja — disse ele, debruçando-se sobre o papel, que datou como se estivesse em seu hotel. A Sra. Manderson baixou os olhos para a cabeça inclinada de Trent, um fulgor de ternura em seus olhos, e esboçou um gesto como se fosse passar sua mão acariciadora pelos cabelos algo revoltos dele. Mas não os tocou. Encaminhou-se em silêncio para o piano e começou tocando suavemente. Passaram-se dez minutos antes que Trent falasse.

— E se ele preferir responder que não dirá nada?

A Sra. Manderson olhou-o sobre o ombro.

— É claro que ele não se atreverá a seguir essa alternativa. Ele falará para impedir que você o denuncie.

— Mas eu não vou fazer isso, de qualquer modo. Você não permitiria... assim disse, não foi? Aliás, eu não o faria, mesmo que você consentisse. Vejo agora as coisas muito duvidosas.

— Mas — cortou ela, rindo — o pobre Marlowe ignora quais sejam as suas intenções!

Trent suspirou.

— Que coisas extraordinárias são os códigos de honra! — comentou com ar abstrato. — Sei que há coisas que eu deveria fazer sem pensar duas vezes a respeito, que faz a gente sentir-se aviltado se as comete — como pôr um olho negro em alguém que nos insultou ou praguejar violentamente se esfolo o nariz contra uma parede, num recinto às escuras. E agora, você está calmamente me recomendando que blefe Marlowe mediante uma ameaça tácita que não pretendo concretizar; uma coisa que o mais perverso dos demônios que pululam no inferno não faria, na embriaguez da culpa... bem, de qualquer modo, não farei isso.

Voltou a escrever e a Sra. Manderson, com um sorriso indulgente, recomeçou tocando suavemente.

Minutos depois, Trent disse:

— Enfim, cheguei ao sinceramente seu. Quer dar-lhe uma lida?

Ela atravessou pressurosamente a sala na penumbra e acendeu uma lâmpada de leitura ao lado da escrivaninha. Depois, inclinando-se sobre o ombro dele, leu o seguinte:

CARO SR. MARLOWE,

Talvez se recorde de que nos encontramos, em circunstâncias infelizes, em junho do ano passado em Marlstone.

Nessa ocasião era meu dever, como representante de um jornal, fazer uma investigação independente sobre as circunstâncias da morte de Sigsbee Manderson. Assim fiz e cheguei a algumas conclusões. Pelo manuscrito anexo, o qual foi originalmente redigido como reportagem para o meu jornal, poderá saber quais foram essas conclusões. Por razões que não considero necessário expor, decidi no último momento não as tornar públicas, nem as comunicar a você, e elas são conhecidas apenas de duas pessoas, além de mim.

Neste ponto, a Sra. Manderson ergueu rapidamente os olhos da carta. As sobrancelhas negras uniram-se.

— Duas pessoas? — disse com expressão interrogativa.

— O seu tio é a outra. Procurei-o a noite passada e contei-lhe a história toda. Tem alguma coisa contra isso? Sempre me senti constrangido por evitar falar-lhe sobre o caso, pois eu mesmo o induzi a esperar ser posto ao corrente de tudo o que eu descobrisse, e o meu silêncio parecia estar querendo fazer mistério. Mas agora está tudo esclarecido e não há mais razões para protegê-la. Quis que ele soubesse tudo. Seu tio é também um conselheiro muito arguto e eu gostaria de tê-lo comigo quando for ver Marlowe. Tenho a impressão de que duas cabeças serão melhor do que uma do meu lado, durante a entrevista.

Ela suspirou.

— Sim, é claro, o tio deve conhecer a verdade. Espero que não haja absolutamente mais ninguém. — Ela apertou-lhe a mão. — Quero tanto que todo esse horror seja enterrado... enterrado bem fundo. Estou muito feliz agora, querido, mas estarei ainda mais feliz quando você tiver satisfeito essa sua curiosidade insaciável, tiver descoberto tudo e jogado uma pá de cal em cima de tudo isso.

Mabel continuou a leitura.

Muito recentemente, porém, chegaram ao meu conhecimento fatos que me levaram a alterar a minha decisão. Não quero dizer com isso que publicarei o que descobri, mas que decidi entrar em contato consigo e solicitar-lhe uma declaração particular. Se tiver algo a dizer que coloque o assunto sob uma diferente luz, não posso imaginar nenhuma razão para que se omita.

Espero, portanto, que me informe quando e onde posso procurá-lo; a menos que prefira que a entrevista tenha lugar em meu hotel. Em qualquer dos casos, desejo que o Sr. Cupples, de quem certamente se lembra e que já leu o documento anexo, também esteja presente.

Sinceramente seu,

PHILIP TRENT

— Que carta mais empertigada! — disse ela. — Agora tenho a certeza de que você não poderia torná-la mais rígida se estivesse em seus aposentos.

Trent enfiou a carta e o anexo num envelope grande.

— Sim — disse ele —, penso que isto vai surpreendê-lo um bocado e talvez o faça pular na cadeira. Acontece que isto não pode correr o risco de se extraviar. É preferível mandar um mensageiro especial com ordens para entregá-lo somente nas mãos dele. Se Marlowe estiver ausente, isto não poderá ficar por lá.

Mabel Manderson concordou.

— Eu posso arranjar isso. Espere um pouco.

Quando ela voltou, Trent estava explorando o estojo das partituras musicais, e Mabel ajoelhou-se no tapete ao lado dele.

— Diga-me uma coisa, Philip.

— Se for uma das poucas que sei...

— Quando você viu meu tio à noite passada, contou-lhe... a nosso respeito?

— Não — respondeu Trent. — Lembro que você nada me dissera sobre contar a alguém. Acho que cabe a você, não lhe parece?, decidir se devemos tornar o mundo nosso confidente já ou mais tarde.

— Então você lhe dirá? — Mabel tinha os olhos postos em suas mãos juntas. — Desejo que seja *você* a contar-lhe. Talvez você possa adivinhar por quê... Bem, isso está decidido, não é? — Ela ergueu de novo os olhos para ele, e por alguns momentos houve silêncio entre eles.

Trent reclinou-se por fim na funda poltrona.

— Que mundo! — disse. — Mabel, quer tocar ao piano algo que expresse simples alegria, a coisa autêntica, nada de febril ou como espinhos entre flores, mas alegria mesmo, alegria que se tenha decidido a favor do universo? É um estado de espírito que não pode durar eternamente, assim, será melhor extrair-lhe tudo o que pudermos.

Ela dirigiu-se ao piano e feriu alguns acordes enquanto pensava. Depois começou a executar com toda a sua alma o tema do último movimento da Nona Sinfonia, que é como o som da abertura dos portões do Paraíso.

XV

Esperteza em Dobro

UMA VELHA ESCRIVANINHA de carvalho com a parte central muito funda estava colocada perto da janela de uma sala sobranceira ao parque St. James. A sala era ampla, mobiliada e decorada por alguém que tinha gosto em seu trabalho; mas a influência do homem solteiro fazia-se sentir pesadamente. John Marlowe abriu a escrivaninha e retirou um envelope comprido e gordo do compartimento do fundo.

— Segundo entendi — disse ele para o Sr. Cupples —, o senhor já leu isto.

— Li-o pela primeira vez há dois dias — respondeu o Sr. Cupples, que, sentado num sofá, inspecionava a sala com uma expressão benigna. — Discutimo-lo minuciosamente.

Marlowe voltou-se para Trent.

— Aí está o seu manuscrito — disse-lhe, colocando o envelope sobre a mesa. — Já o li três vezes. Não acredito que um outro homem pudesse ter chegado tão perto da verdade quanto o senhor, como expôs aqui.

Trent ignorou o cumprimento. Sentou-se perto da mesa, olhando fixamente o fogo na lareira, com suas longas pernas dobradas sob a cadeira.

— Está sugerindo, é claro — começou ele, puxando o envelope para o seu lado —, que a verdade não está toda nesse relato e que há mais a ser revelado agora. Estamos prontos para o ouvir assim que quiser começar. Espero que seja uma longa história, e, por mim, quanto mais longa melhor; quero entender tudo nos mínimos detalhes. O que ambos gostaríamos, penso, seria ouvir uma descrição preliminar de Manderson e de suas relações com ele. Pareceu-me desde o começo que o caráter do morto deve ser, de alguma forma, um elemento importante no caso.

— Tem toda razão — respondeu Marlowe, com expressão taciturna. Atravessou a sala e sentou-se a um canto do alto guarda-fogo acolchoado. — Começarei como o senhor sugeriu.

— Quero dizer-lhe de antemão — cortou Trent, encarando o outro nos olhos — que, embora esteja aqui para o ouvir, ainda não tenho qualquer razão para duvidar das conclusões que formulei aqui — deu uma palmada no envelope. — Portanto, o que nos estará expondo é uma defesa, entendido?

— Perfeitamente. — Marlowe estava frio e completamente senhor de si, um homem muito diferente daquele ser nervoso e abatido de que Trent se lembrava em Marlstone, um ano e meio antes. Sua figura alta e esbelta era apoiada na perfeição do tono muscular. Seu semblante era franco, os olhos azuis, límpidos — embora ainda tivessem, quando fazia uma pausa para reunir suas idéias, a expressão que tinha perturbado Trent no primeiro encontro de ambos. Somente as linhas de sua boca mostravam que ele sabia estar numa posição difícil e que pretendia enfrentá-la.

— Sigsbee Manderson não era um homem mentalmente normal — começou Marlowe em sua voz tranqüila. — A maioria dos homens muito ricos que conheci na América só chegaram à riqueza em virtude de uma ganância anormal, ou de uma atividade anormal, ou de uma força pessoal anormal, ou de uma sorte anormal. Nenhum deles possuía um intelecto marcante. Manderson também se deleitava em empilhar riqueza; trabalhava incessantemente para isso; era um homem de vontade dominadora; teve também seu quinhão de sorte. Mas o que o tornava um indivíduo singular era a sua capacidade mental. Em seu próprio país, eles provavelmente diriam que a característica mais impressionante de Manderson era a forma implacável como perseguia seus objetivos; mas existem centenas deles que teriam executado os planos de Manderson com a mesma ausência de consideração pelos outros, se pudessem ter arquitetado e dado forma aos planos.

"Não estou dizendo que os americanos não sejam espertos; são dez vezes mais espertos do que nós, como nação. Mas nunca conheci outro que mostrasse tamanho grau de sagacidade e antevisão, tais dotes de memória e tenacidade mental, uma força tão irresistível de inteligência em ação — o que estava por trás de tudo o que Manderson fez em sua carreira de capitalista. Chamavam-no "Napoleão de Wall Street" com freqüência nos jornais; mas poucas pessoas sabiam tão bem quanto eu a grande verdade que havia nesse apelido. Em primeiro lugar, ele parecia nunca esquecer um fato que lhe pudesse ser útil; e fazia sistematicamente com os fatos comerciais o que, segundo li, Napoleão fazia com os fatos militares. Estudava-os em sumários especiais que eram preparados para ele a curtos intervalos e que ele sempre tinha ao seu alcance, de modo que pudesse apanhar seus relatórios sobre carvão ou trigo ou estradas de ferro ou fosse o que fosse em qualquer momento livre. Depois, era capaz de traçar um plano mais audacioso e mais hábil do que qualquer um dos seus competidores.

"As pessoas habituaram-se à idéia de que Manderson jamais faria a coisa mais óbvia, mas nunca foram além disso; a coisa que ele realizava era quase sempre uma surpresa, e boa parte do seu êxito decorria disso. Wall Street agitava-se quando circulava a notícia de que o "velho pirata" estava na praça, pronto para abrir fogo, e seus adversários, com freqüência, pareciam render-se tão facilmente quanto os do Coronel Crocket, e acreditar na história. A trama que vou descrever-lhes teria ocupado a maioria dos homens por largo tempo. Manderson poderia ter tramado a coisa toda, até o menor detalhe, enquanto fazia a barba.

"Eu costumava pensar que sua dose de sangue índio, embora remota, devia ter algo a ver com a argúcia e a obstinação implacável do homem. Por estranho que pareça, essa ascendência era desconhecida de todos, exceto dele próprio e de mim. Foi quando Manderson me pediu para aplicar o meu gosto pelo trabalho genealógico à história obscura de sua própria família que descobri haver nele uma contribuição de sangue do chefe iroquês Montour e de sua esposa francesa, uma mulher terrível que governou a política selvagem das tribos do nordeste americano há 200 anos. Os Manderson estavam ativos no negócio de peles na fronteira da Pensilvânia daqueles tempos, e vários deles se casaram com índias.

"Além do de Montour, outras doses de sangue índio podem ter sido transmitidas a Manderson, pelo que pude apurar, através de uniões anteriores e subseqüentes; alguns dos antecedentes das mulheres não eram absolutamente identificáveis, e houve muitas gerações de pioneiros antes que o país todo fosse trazido para a civilização.

"Minhas pesquisas deixaram-me com a idéia de que existe muito do sangue aborígene na composição genealógica da atual população americana e que esse está bastante disseminado. As famílias mais recentes celebravam constantemente uniões matrimoniais com as mais antigas; assim, muitas delas possuíam traços hereditários nativos; e mostravam-se muitas vezes orgulhosas disso, naqueles tempos. Entretanto, Manderson considerava uma desgraça a mistura de sangue, uma idéia que ganhou ainda mais força nele, suponho, com a ascensão da questão negra, depois da guerra. Ficou estupefato com o que lhe contei sobre sua genealogia e mostrou-se ansioso por ocultá-lo de todo mundo. Obviamente, nunca revelei isso a ninguém enquanto ele viveu e não penso que ele me supusesse capaz dessa inconfidência; mas tenho refletido, desde então, que sua mente complexa mudou de idéia a meu respeito desse tempo em diante. Isso aconteceu cerca de um ano antes de sua morte.

— Manderson tinha — perguntou o Sr. Cupples tão inesperadamente que os outros se sobressaltaram — qualquer atitude religiosa definível?

Marlowe refletiu por alguns momentos.

— Nenhuma de que eu tenha ouvido falar. O culto e a oração eram-lhe inteiramente desconhecidos, pelo que eu soubesse, e nunca o ouvi mencionar a religião. Eu duvidaria de que ele tivesse qualquer noção da existência de Deus ou de que fosse capaz de conhecer Deus através das emoções. Mas soube que, em criança, tinha tido uma criação religiosa com um forte aspecto moralista. Sua vida privada era, na usual acepção limitada comum, inatacável. Ele era quase ascético em seus hábitos, exceto o fumo. Convivi com ele durante quatro anos sem que jamais o surpreendesse numa falsidade verbal direta, quando era useiro e vezeiro em praticar a impostura sob outras formas. Poderiam entender a alma de um homem que nunca hesitou em tomar medidas que teriam o efeito de ludibriar pessoas, que usou de todos os estratagemas do mercado para enganar e que, ao mesmo tempo, tinha o escrúpulo de nunca dizer uma mentira direta sobre as questões mais insignificantes? Manderson era assim, mas não era o único. Suponho que poderíamos comparar o seu estado de espírito ao de um soldado que é pessoalmente um homem sincero mas que não recuaria diante de nada para enganar o inimigo. As regras do jogo permitem isso; e o mesmo pode ser dito do mundo dos negócios, tal como muitos homens de negócio o encaram. Entre eles é sempre tempo de guerra.

— É um mundo triste — observou o Sr. Cupples.

— Sem dúvida — concordou Marlowe. — Ora, eu estava dizendo que se podia confiar sempre na palavra de Manderson se ele a dava numa forma definida. A primeira vez que o ouvi dizer uma rematada mentira foi na noite em que morreu; e isso, creio, livrou-me de ser enforcado como seu assassino.

Marlowe olhou para a luz acima de sua cabeça, e Trent mexeu-se impacientemente em sua cadeira.

— Antes de chegarmos a esse ponto — disse —, diga-nos exatamente em que pé estavam suas relações com Manderson durante os anos em que você esteve com ele.

— Ficamos em excelentes termos do começo ao fim — respondeu Marlowe. — Nada que se parecesse com uma amizade (ele não era um homem para fazer amigos), mas os melhores termos que pode haver entre um empregado de confiança e seu chefe. Fui trabalhar com ele como secretário particular logo depois de ter colado grau em Oxford. Deveria ter ingressado na firma de meu pai, onde estou agora, mas esse sugeriu que eu deveria ver o mundo durante um ano ou dois. Por isso aceitei esse emprego de secretário, que parecia prometer uma boa soma de experiências variadas, e deixei que um ano ou dois se estendessem até quatro anos, antes de tudo acabar. A oferta chegou-me através da última coisa no mundo que eu teria apresentado como qualificação para um emprego: saber jogar xadrez.

Ao ouvir essas palavras, Trent bateu uma palma acompanhada de uma exclamação. Os outros olharam-no surpresos.

— Xadrez! — repetiu Trent. — Você sabe — disse, levantando-se e acercando-se de Marlowe —, qual foi a primeira coisa que notei a seu respeito em nosso primeiro encontro? Foram os seus olhos, Sr. Marlowe. Não pude situá-los então, mas agora sei onde já tinha visto esses olhos antes. Estavam na cabeça do grande Nicolai Korchagin, com quem uma vez me sentei no mesmo vagão durante dois dias de viagem de trem. Pensei que nunca esqueceria o olhar do enxadrista depois disso, mas não fui capaz de o qualificar quando o vi no senhor. Desculpe a interrupção — terminou Trent subitamente, retomando sua atitude impassível na cadeira.

— Jogo xadrez desde a minha infância, e com bons jogadores — esclareceu Marlowe simplesmente. — Acho que é um dom hereditário, se é que se lhe pode chamar um dom. Na universidade, eu era tão bom quanto os melhores, e dediquei boa parte de meu cérebro a ele e à Sociedade Dramática, enfim, ao jogo e ao teatro em geral. Em Oxford, acho que vocês sabem disso, os estímulos à diversão, à custa da educação do indivíduo, são intermináveis e encorajados pelas autoridades.

"Bem, certo dia, no final do meu último ano, o Dr. Munro, do Queen's College, a quem eu nunca derrotara, mandou-me chamar. Disse-me que eu era um enxadrista bastante razoável. Respondi-lhe que era muito amável de sua parte dizer-me isso. Então ele continuou: 'Informaram-me que você também caça.' Eu respondi: 'Vez por outra.' Ele perguntou: 'Há mais alguma coisa que possa fazer?' 'Não', disse eu, não gostando muito do tom da conversa; o velho geralmente conseguia irritar qualquer um. Resmungou mal-humorado e depois disse-me que tinham sido feitas consultas em nome de um milionário americano que queria um secretário inglês. O nome desse homem de negócios era Manderson, acrescentou ele. Pareceu que ele nunca o tinha ouvido antes, o que era muito possível, pois o Dr. Munro vangloriava-se de nunca ter aberto um jornal e de nunca ter dormido fora do colégio nos últimos 30 anos. Se eu conseguisse polir minha pronúncia — como disse o velho —, teria uma boa chance de conseguir o emprego, pois os únicos pontos indispensáveis eram xadrez, equitação e uma educação em Oxford.

"Bem, foi assim que me tornei secretário de Manderson. Durante largo tempo gostei imensamente do emprego. Quando se está ligado a um ativo plutocrata americano na força da vida, não existem muitos momentos monótonos. Além disso, tornou-me financeiramente independente. Meu pai teve alguns sérios reveses nos negócios por essa época, e eu sentia-me feliz por poder viver sem necessidade de receber mesada dele. No final do primeiro ano, Manderson dobrou-me o salário. 'É muito dinheiro', disse ele, 'mas espero não ter prejuízo.' Nessa época, de fato, eu estava fazendo muito mais do que acompanhá-lo pela manhã nos passeios a cavalo e jogar xadrez com ele à noite, que tinham sido os principais requisitos para o emprego. Estava encarregado de suas casas, de sua fazenda em Ohio, de acompanhá-lo em suas caçadas no Maine, de cuidar de seus cavalos, seus carros e seu iate. Converti-me num guia ambulante de horários de trens e num expert na compra de charutos.

"Bem, agora entendem qual era a minha posição em relação a Manderson durante os últimos dois ou três anos de nossa ligação. Era uma vida feliz para mim, no todo. Estava permanentemente ocupado, meu trabalho era variado e interessante; também dispunha de tempo para me divertir e de dinheiro para gastar.

"Em dado momento, fiz um papel idiota a respeito de uma jovem, e esse não foi para mim um tempo feliz, tão grande foi a decepção que sofri; mas, ao mesmo tempo, ensinou-me a compreender a enorme bondade da Sra. Manderson. — Marlowe inclinou a cabeça na direção do Sr. Cupples ao dizer isso. — Ela talvez prefira falar-lhe a esse respeito. Quanto ao marido, ele nunca variou em sua atitude para comigo, apesar da mudança que lhe sobreveio nos últimos anos de sua vida, como sabem. Tratou-me bem e generosamente, à sua maneira fria e distante, e nunca senti que ele tivesse se arrependido de me ter contratado — era nesse pé que convivíamos diariamente, e tendo a crer que em satisfação mútua. E foi a continuidade dessa atitude por parte dele até o fim que tornou tão chocante a revelação, subitamente mostrada na noite em que ele encontrou seu fim, acerca da profundidade do ódio tresloucado que havia contra mim na alma de Manderson."

Os olhos de Trent e do Sr. Cupples cruzaram-se por um instante.

— O senhor suspeitara antes que ele o odiasse? — perguntou Trent.

No mesmo instante o Sr. Cupples indagou:

— A que atribui isso?

— Até aquela noite nunca havia desconfiado de que ele tivesse a mínima má vontade contra mim. Há quanto tempo isso existia eu ignoro. Nem posso imaginar por que nascera. Fui obrigado a pensar, quando considerei a coisa naqueles dias terríveis após a morte dele, que era um caso de mania de perseguição de um louco que acreditava que eu estivesse conspirando contra ele, como acontece freqüentemente nesses casos. Essa convicção insana deve ter estado na raiz de seu comportamento. Mas quem pode sondar os abismos da fantasia de um lunático? Podem imaginar o estado mental de um homem que se condena à morte com o único objetivo de mandar para a forca alguém a quem odeia?

O Sr. Cupples agitou-se bruscamente em sua cadeira.

— O senhor está dizendo que Manderson foi responsável por sua própria morte? — perguntou.

Trent olhou-o de soslaio, com uma expressão de impaciência, e voltou sua observação firmemente para o rosto de Marlowe. Com o alívio da narração, esse estava agora menos pálido e retraído. Aquela conversa lhe fazia bem.

— Foi o que eu disse — respondeu Marlowe concisamente, olhando o outro de frente. O Sr. Cupples meneou a cabeça.

— Antes de passarmos à elucidação de sua declaração — observou o tio de Mabel no tom de quem está discutindo um ponto de ciência abstrata —, pode ser assinalado que o estado mental que o senhor atribui a Manderson...

— Vamos ouvir primeiro a história toda? — interrompeu Trent, colocando amistosamente sua mão no braço de Cupples. — O senhor estava nos contando — prosseguiu, voltando-se para Marlowe — em que pé estavam as coisas entre o senhor e Manderson. Quer nos contar agora os fatos que aconteceram naquela noite?

Marlowe deu-se conta da ênfase quase imperceptível com que Trent proferira a palavra "fatos".

— Bunner e eu jantamos com o Sr. e a Sra. Manderson naquela noite de domingo — começou ele, falando cuidadosamente. — Era como os outros jantares em que os quatro tínhamos estado juntos inúmeras vezes. Manderson estava taciturno, como ultimamente nos havíamos acostumado a vê-lo. Éramos nós, os outros convivas, que sustentávamos a conversa. Deveriam ser umas 9 horas quando abandonamos a mesa. A Sra. Manderson foi para a sala de visitas, e Bunner foi ao hotel ver uma pessoa de suas relações. Manderson pediu-me que fosse ao pomar nos fundos da casa, dizendo-me que queria ter uma conversa. Ficamos caminhando para cima e para baixo na vereda ali existente a uma distância em que não podíamos ser ouvidos da casa, e Manderson, enquanto fumava seu charuto, conversou comigo com seu tom frio e deliberado. Nunca me parecera mais equilibrado ou mais bem disposto em relação a mim. Disse que precisava de mim para fazer um importante serviço. Estava em curso um negócio de grande vulto. Era algo muito sigiloso. Bunner nada sabia, e quanto menos eu soubesse melhor. Queria que eu fizesse exatamente como ele me instruísse e que não me preocupasse em procurar motivos. A seu devido tempo tudo ficaria claro.

"Posso dizer que isso era muito característico do método de trabalho de Manderson. Se, algumas vezes, precisasse que um homem fosse um mero instrumento em suas mãos, não hesitava em lho dizer na cara. Garanti-lhe que podia confiar em mim e que eu estava pronto. 'Agora?', perguntou ele. Eu disse, é claro, que sim.

"Manderson fez um gesto de anuência e disse (reproduzirei as palavras dele o melhor que puder relembrá-las): 'Bem, então preste atenção. Há um homem na Inglaterra agora que está metido nessa coisa comigo. Devia partir amanhã para Paris no vapor do meio-dia de Southampton para o Havre. O nome dele é George Harris... pelo menos é o nome que usa para viajar. Lembra-se desse nome?' 'Sim', disse eu, 'quando fui a Londres a semana passada pediu-me que reservasse nesse nome um camarote para o barco que sai amanhã. Eu entreguei-lhe a passagem.' 'Exatamente. Aqui está ela', disse Manderson, tirando a passagem de um bolso.

" 'Agora', prosseguiu cutucando-me o peito com a ponta apagada do charuto, como era seu hábito fazer quando queria sublinhar alguma frase, 'acontece que George Harris não pode deixar a Inglaterra amanhã. Acho que vou querê-lo onde ele está. E também quero Bunner onde *ele* está. Mas alguém tem que seguir naquele barco e levar certos papéis a Paris. Caso contrário meu plano vai por água abaixo. Você irá?' 'Mas claro que sim', respondi. 'Estou aqui para obedecer ordens.'

"Ele mordeu o charuto e disse: 'Tudo bem. Mas não se trata de ordens comuns, não do tipo que se possa exigir de um homem, como se fizesse parte de suas obrigações normais para com um patrão. A questão é a seguinte. A transação em que estou empenhado é uma em que nem eu nem qualquer pessoa com ligações conhecidas comigo deve aparecer por enquanto. Isso é vital. Mas essa gente com quem estou me defrontando conhece a sua cara tão bem quanto a minha. Se souberem em certos meios que o meu secretário viajou para Paris neste momento e esteve com certas pessoas — e isso seria sabido assim que acontecesse —, o jogo estará acabado.' Jogou fora a ponta do charuto e olhou-me interrogativamente.

"Não estava gostando nada daquilo, mas não deixaria de ajudar Manderson num momento daqueles. Disse-lhe que, pelo visto, eu teria que esconder a minha identidade e que faria todo o possível para tal. Contei-lhe que costumava ser muito bom em disfarces.

"Manderson mostrou-se satisfeito. 'Isso é ótimo', disse. 'Tinha certeza de que você não me faltaria.' Depois, deu-me as instruções. 'Você pega o carro agora e parte para Southampton. A esta hora não há nenhum trem que nos convenha. Viajará a noite toda e, desde que não ocorra nenhum contratempo, deve chegar lá por volta das 6 da manhã. Mas, seja qual for a hora a que chegue, rume diretamente para o Bedford Hotel e pergunte por George Harris. Se ele estiver lá, diga-lhe que você viajará no lugar dele e peça-lhe para me telefonar. É muito importante que ele saiba disso o mais cedo possível. Mas se ele não estiver no hotel, isso significa que ele já recebeu as instruções que lhe telegrafei hoje e que não partiu para Southampton. Nesse caso, você não tem que se preocupar mais com ele, e simplesmente aguarde o barco. O carro pode ser deixado numa garagem sob um nome falso — não deve dar o meu. Cuide de mudar a sua aparência. Não me importa como, desde que faça um serviço bem-feito. Viaje no barco como George Harris. Finja ser qualquer coisa que lhe apeteça, mas tenha cuidado e fale o menos possível. Quando chegar, alugue um quarto no Hotel St. Petersbourg. Aí receberá um recado ou uma nota dirigida a George Harris, dizendo-lhe onde levar a carteira que eu lhe entregarei. A carteira está fechada e tem que ter o máximo cuidado com ela. Entendeu tudo?'

"Repeti as instruções. Perguntei-lhe se deveria regressar de Paris depois de ter entregado a carteira. 'Assim que quiser', respondeu-me. 'E não se esqueça disto: aconteça o que acontecer, não se comunique comigo em nenhuma etapa de sua viagem. Se não receber a mensagem em Paris à sua chegada, limite-se simplesmente a esperar por ela... dias, se necessário. Mas não me telefone, sob pretexto algum. Entendeu? E agora apronte-se o mais rápido que puder. Irei com você no carro durante alguns quilômetros. Depressa.

"Pelo que me lembro, foi essa a substância exata do que Manderson me disse naquela noite. Fui para o meu quarto, troquei de roupa e enfiei apressadamente alguns objetos de toalete numa bolsa. Tinha a mente em rodopio, menos pela natureza do negócio do que pelo seu caráter tão repentino. Creio ter-lhe dito da última vez em que nos encontramos — voltou-se para Trent — que Manderson compartilhava da predileção nacional por fazer as coisas num estilo de romance de aventuras. Em igualdade de condições, deleitava-se com um pouco de mistificação e melodrama, e pensei comigo mesmo que todo esse enredo era bem ao gosto de Manderson. Corri escadas abaixo com a minha bolsa e juntei-me a ele na biblioteca. Entregou-me uma robusta pasta de couro; de uns 20 cm por 15, presa por uma correia com fechadura. Com algum esforço, consegui enfiá-la no bolso do casaco. Depois fui tirar o carro da garagem detrás da casa.

"Quando o estava guiando para a frente da casa, um pensamento desconcertante me acudiu. Lembrei-me de que tinha apenas alguns xelins no bolso. Havia algum tempo que eu andava com muito pouco dinheiro, e por essa razão — que lhes conto porque se trata de um ponto vital, como verão daqui a instantes — eu estava vivendo temporariamente de dinheiro emprestado. Sempre fui muito despreocupado com o dinheiro enquanto estive com os Manderson e, sendo um animal gregário, fizera inúmeros amigos, alguns deles pertencentes a uma roda de Nova York que pouco mais tinha a fazer do que gastar as consideráveis rendas que lhes eram dadas pelos pais. De qualquer modo, eu era muito bem pago e estava sempre ocupado demais para ir muito longe com eles nessa divertida ocupação. Assim, andava com as minhas finanças muito saudáveis, quando, meramente por curiosidade, comecei a jogar na especulação.

"É uma história muito antiga — sobretudo na Wall Street. Achei que a coisa era fácil; no começo tive sorte; era sempre prudente... e assim por diante. Chegou o dia em que perdi o pé. Numa semana, dei com os burros n'água, como expressou Bunner quando lhe contei o que acontecera; e estava também devendo dinheiro. Recebera a minha lição. Ora, nesse momento de aperto fui a Manderson, contei-lhe o que tinha feito e em que situação me encontrava. Ouviu-me com um sorriso impenetrável e, depois, com a disposição mais complacente que vira durante todo o tempo em que lidei com ele, adiantou me uma soma por conta do meu salário que saldaria toda a minha dívida. 'Não volte a jogar com o mercado', foi tudo o que me disse.

"Ora, naquele domingo à noite Manderson sabia que eu estava praticamente sem dinheiro. Ele sabia que Bunner também sabia. Talvez estivesse informado, inclusive, de que eu tomara um pouco mais emprestado de Bunner para as pequenas despesas até receber o cheque do próximo salário, o qual, em virtude do meu adiantamento, não seria muito grande. Registrem bem esse conhecimento de Manderson.

"Assim que estacionei o carro em frente à casa, entrei na biblioteca e expus essa dificuldade a Manderson.

"O que se seguiu deu-me a impressão, ainda que leve, de que algo muito estranho estava sendo preparado. Assim que mencionei as palavras 'para as despesas', sua mão foi mecanicamente ao bolso do lado esquerdo, onde guardava sempre uma pequena carteira contendo notas até o valor de 100 libras. Era um hábito tão enraizado nele, que fiquei atônito ao vê-lo refrear subitamente esse movimento. Depois, para minha ainda maior estupefação, praguejou em voz baixa. Jamais o vira fazer isso antes; mas Bunner tinha-me contado que, naqueles últimos dias, ele demonstrara freqüentemente sua irritação desse modo quando os dois estavam sozinhos. 'Terá perdido a carteira?', foi a pergunta que me passou pela cabeça. Mas parecia-me que isso não poderia, em absoluto, afetar o seu plano, e direi por quê.

"Na semana anterior, quando eu tinha ido a Londres a fim de executar várias tarefas, incluindo a reserva de uma passagem para o Sr. George Harris, fizera a retirada de mil libras da conta bancária de Manderson, e tudo, a seu pedido, em cédulas pequenas. Eu ignorava a que se destinava essa grande soma em dinheiro vivo, mas sabia que os maços de notas, todos cintados, estavam fechados numa gaveta da escrivaninha da biblioteca, ou tinham estado essa manhã, quando o vi, sentado à escrivaninha, dedilhando os maços para conferi-los.

"Mas, em vez de se encaminhar para a mesa, Manderson ficou parado, olhando-me fixamente. Havia uma expressão de cólera estampada em seu rosto, e foi um espetáculo insólito vê-lo dominá-la gradualmente até que seus olhos readquirissem a habitual frieza. 'Espere no carro', disse lentamente. 'Arranjarei algum dinheiro.' Saímos ambos, e enquanto eu vestia a minha capa no vestíbulo vi-o entrar na sala de visitas que, como se recordam, fica do outro lado.

"Desci para o gramado em frente à casa e fumei um cigarro, caminhando de um lado para o outro. Perguntava-me uma e outra vez onde diabo estariam aquelas mil libras; se estariam agora na sala de visitas e, se fosse esse o caso, por quê? Pouco depois, quando passei junto de uma das janelas da sala de visitas, percebi a sombra da Sra. Manderson através da tênue cortina de seda. Ela estava de pé ao lado de sua escrivaninha. A janela estava aberta, e, ao passar, ouvi-a dizer: 'O que tenho aqui não chega a 30 libras. Será o suficiente?' Não ouvi a resposta, mas no momento seguinte a sombra de Manderson misturou-se com a da esposa e escutei o tilintar de moedas. Depois, enquanto ele veio para perto da janela e eu me afastei, algumas palavras de Manderson chegaram a meus ouvidos — e estas, pelo menos, posso repetir exatamente, pois a estupefação gravou-as na minha memória: 'Vou sair agora. Marlowe persuadiu-me a dar uma volta de carro para aproveitar a noite de luar. Ele insistiu muito, dizendo que isso me ajudará a dormir, e acho que ele tem razão.'

"Disse-lhes que, no decorrer de quatro anos, nem uma única vez ouvi Manderson proferir uma mentira direta acerca de qualquer coisa, grande ou pequena. Acreditava entender a moralidade estranha e superficial daquele homem e poderia jurar que, se ele fosse firmemente pressionado com uma pergunta a que não pudesse furtar-se, ou se recusaria a responder ou contaria a verdade. Mas o que é que eu tinha acabado de ouvir? Não era uma resposta a qualquer pergunta, mas uma declaração voluntária, precisa em seus termos, e que era profundamente falsa. Acontecera o inimaginável. Era quase como se alguém que eu conhecia bem, num momento de grande afinidade e simpatia, me tivesse subitamente esbofeteado sem que nem por quê. Senti o sangue afluir-me à cabeça e permaneci imóvel no gramado. Ouvi então os passos dele na porta da frente, recompus-me e entrei rapidamente no carro. Entregou-me uma bolsa de papel com moedas de ouro e cédulas. 'Há aí mais do que você vai precisar', disse ele, e eu enfiei tudo mecanicamente no bolso.

"Durante um minuto ou pouco mais discuti com Manderson (foi um daqueles *tours de force* de que a mente de uma pessoa é capaz quando sob grande excitação) alguns pontos do percurso, tendo em vista a longa viagem pela frente. Já fizera esse trajeto numerosas vezes durante o dia e acredito que falei com calma e naturalidade a respeito da viagem. Mas, enquanto falava, minha mente latejava num fluxo de suspeitas e medo que subitamente se apossaram de mim. Sentia simplesmente medo associado de algum modo — não sabia como — à presença de Manderson. Uma vez que o meu espírito ficara aberto a isso, o medo me dominou como um exército invasor. Senti — eu sabia — que algo estava inteiramente errado e era sinistro, e que eu era o alvo disso. Depois, meus pensamentos dedicaram-se desesperadamente a encontrar uma resposta para a pergunta: 'Por que razão ele mentiu?' E o sangue latejava-me nas frontes: 'Onde está aquele dinheiro?' A razão batia-se arduamente para fazer vingar a sugestão de que as duas coisas não estavam necessariamente ligadas. O instinto de um homem em perigo não a escutava. Quando nos pusemos em marcha e o carro dobrou a curva para entrar na estrada, era meramente a parte inconsciente de mim que o guiava e fazia ocasionais comentários vazios enquanto avançávamos sob o luar. Dentro de mim havia um confuso e vago alarma que era muito pior do que qualquer terror concreto que pudesse ter que enfrentar.

"A menos de dois quilômetros da casa, como se recordam, passa-se por um portão à esquerda, sendo que do outro lado dele localiza-se o campo de golfe. Tendo chegado a esse local, Manderson disse que queria descer, e eu parei o carro. 'Está tudo bem decorado?' perguntou-me. Fazendo das tripas coração, recapitulei e repeti as instruções que ele me dera. 'Está ótimo', assegurou-me. 'Então, adeus. Cuidado com a carteira.' Essas foram as últimas palavras que o ouvi dizer enquanto o carro se afastava lentamente."

Marlowe levantou-se da cadeira e apertou os punhos sobre os olhos. Estava afogueado com a excitação de sua própria narrativa, e havia em seu olhar o horror de uma recordação que manteve seus ouvintes silenciosos. Sacudiu a cabeça com um movimento brusco, como se quisesse varrer um pesadelo, e depois, com as mãos nas costas, plantou-se de pé diante da lareira e prosseguiu sua história.

— Espero que ambos saibam o que é o espelho retrovisor de um automóvel.

Trent confirmou rapidamente, seu rosto animado pela previsão do que esperava ouvir dentro de instantes; mas o Sr. Cupples, que alimentava um obstinado preconceito contra automóveis, confessou prontamente sua ignorância.

— É um pequeno espelho redondo ou mais freqüentemente retangular — explicou Marlowe — que é encaixado do lado de fora da moldura do pára-brisa, à frente e à direita do motorista, e ajustado de maneira que se possa ver, sem ter que se voltar a cabeça, se algo está vindo por trás para ultrapassá-lo. É um equipamento muito comum, e o carro tinha um. Quando o carro arrancou e Manderson parou de falar atrás de mim, vi nesse espelho algo que desejaria poder esquecer.

Marlowe ficou silencioso por alguns momentos, com os olhos fixos na parede à sua frente.

— O rosto de Manderson — disse ele num tom abafado. — Ele estava de pé na estrada, olhando para mim, apenas alguns metros atrás, e o luar batia-lhe em cheio no rosto. O espelho captou-o apenas por alguns instantes.

"O hábito é uma coisa maravilhosa. Não mudei a posição das mãos nem dos pés nos mecanismos de controle do carro. Na verdade, atrevo-me a dizer que o fato de estar concentrado na condução serviu para amortecer o choque. Já devem ter lido em livros, por certo, sobre homens com olhos que transpareceriam o fundo do inferno, mas talvez ignorem até que ponto essa é uma excelente metáfora. Se eu não soubesse que Manderson estava ali na estrada, não lhe teria reconhecido o rosto. Era o de um louco, distorcido, pavoroso na imbecilidade do ódio, os dentes a descoberto num esgar simiesco de ferocidade e triunfo, os olhos... Pelo retrovisor, só tive vislumbre do rosto. Não vi nenhum gesto que ele tivesse feito enquanto aquela máscara lívida e contorcida olhava na minha direção. E tudo não passou de um lampejo. O carro prosseguiu, ganhando velocidade, e, enquanto ia devorando quilômetros, meu cérebro, subitamente purificado dos vapores da dúvida e da perplexidade, estava tão atarefado quanto o motor soluçante à frente dos meus pés. E entendi tudo.

"No seu manuscrito, Sr. Trent, diz algo a respeito do modo rápido, automático, como as idéias de uma pessoa se organizam em torno de algum novo pensamento esclarecedor. É uma grande verdade. A horrível intensidade do rancor que aqueles olhos esgaseados chispavam contra mim tinha iluminado minha mente como um farol rasgando as trevas. Estava pensando então com toda a clareza e quase com frieza, pois sabia o que — ou pelo menos quem — tinha que temer, e o instinto advertia-me de que não era o momento para ceder às emoções que lutavam por apossar-se de mim. Aquele homem odiava-me como um louco. De súbito, tomei conhecimento desse fato incrível. Mas aquele rosto dissera-me, como teria dito a qualquer pessoa, mais do que isso. Era um rosto de ódio satisfeito, proclamava algum sinistro e criminoso triunfo. Exultava ao ver que eu, afastando-me, estava caminhando ao encontro do meu destino. Que destino?

"Parei o carro. Tinha percorrido cerca de 250 metros, e uma curva fechada escondia-me do ponto da estrada onde deixara Manderson. Recostei-me no banco e refleti. Alguma coisa estava para me acontecer. Em Paris? Provavelmente — senão para que teria sido despachado para lá, com dinheiro e uma passagem? Mas por que Paris? Isso me intrigava, pois eu não alimentava idéias melodramáticas a respeito de Paris. Pus de lado esse ponto, de momento. Voltei minhas atenções para as outras coisas que me tinham deixado perplexo naquela noite. A mentira a respeito de eu 'tê-lo persuadido a fazer um passeio de carro ao luar'. Qual teria sido a intenção disso? Manderson, disse para mim mesmo, vai regressar sem mim, que estou a caminho de Southampton. O que é que ele lhes dirá sobre minha ausência? Como vai explicar seu regresso sozinho e sem o carro? E, ao fazer-me essa pergunta sinistra, minha mente foi invadida pela resposta à última das minhas questões: 'Onde estão as mil libras?' E no mesmo instante veio a resposta: 'As mil libras estão no meu bolso.'

"Levantei-me e saí do carro. Os joelhos tremiam-me, e eu sentia náuseas. A trama agora estava muito clara, pensei. Toda aquela história sobre os papéis e a necessidade de serem levados para Paris não passava de uma cortina de fumaça. Com esse dinheiro de Manderson em meu poder, que ele declararia ter-lhe sido roubado por mim, eu estaria, segundo todas as aparências, tentando fugir da Inglaterra, e para isso ele tomara todas as precauções que a culpa podia sugerir. Ele comunicaria à polícia imediatamente e saberia como a pôr no meu rastro. Eu seria detido em Paris, se conseguisse chegar lá, sendo encontrado com um nome falso, após ter largado o carro sob um nome falso, usado um disfarce e viajado num camarote que fora reservado de antemão, também sob um nome falso. Tratava-se indubitavelmente de um crime cometido por um homem sem dinheiro e, por alguma razão, desesperadamente necessitado dele. Quanto às explicações que eu poderia dar para o caso, elas seriam simplesmente consideradas grotescas.

"Quando esse terrível conjunto de circunstâncias incriminatórias se me apresentou com nitidez, retirei a carteira de minha bolsa. Na intensidade do momento, tinha certeza absoluta de que eu estava certo e de que o dinheiro estava ali. A carteira comportava facilmente os maços de notas. Mas, ao apalpá-la e sopesá-la em minha mão, pareceu-me que devia conter mais do que isso. Era volumosa demais. De que outras coisas mais eu iria ser acusado? No fim das contas, mil libras não eram uma soma tão atraente para tentar um homem como eu a correr o risco de vários anos de prisão. Agitado, mal sabendo o que fazia, apanhei a correia de segurança entre meus dedos, logo acima do fecho, e arranquei-a. O fecho saltou com facilidade. Vocês sabem que essas fechaduras de carteiras são geralmente muito frágeis."

Marlowe fez uma pausa e caminhou para a escrivaninha de carvalho junto à janela. Abrindo uma gaveta cheia de objetos variados, retirou de lá uma caixa de chaves desirmanadas e escolheu uma, distinguida por uma pequena fita vermelha. Entregou-a a Trent.

— Conservei essa comigo — prosseguiu Marlowe — como uma espécie de lembrança mórbida. É a chave do fecho que eu rebentei. Poderia ter poupado esse trabalho se tivesse sabido que essa chave se encontrava então no bolso do lado esquerdo de minha capa. Manderson deve tê-la introduzido furtivamente lá quando a capa estava pendurada no vestíbulo ou quando se sentou a meu lado no carro. Eu poderia ter levado semanas para descobrir esse minúsculo objeto; de fato, só dei com ela dois dias depois da morte de Manderson, mas não tenho dúvidas de que uma busca policial encontraria a chave em cinco minutos. E então eu, com a carteira e seu conteúdo em meu bolso, meu nome falso, meus óculos de disfarce e o resto, não teria outra explicação a dar senão a de que não sabia que a chave estava ali, que seria altamente convincente...

Trent balançava ociosamente a chave por sua fita.

— Como sabe que esta é a chave da carteira? — perguntou rapidamente.

— Eu experimentei. Logo que a descobri, fui experimentá-la e comprovei que se ajustava à fechadura. Eu sabia onde tinha deixado a coisa. E o senhor também, não é verdade, Sr. Trent? — Havia um tênue matiz de zombaria na voz de Marlowe.

— *Touché* — disse Trent, com um sorriso seco. — Eu descobri, entre outros bagulhos, uma carteira vazia com o fecho rebentado na mesa de toucador do quarto de Manderson. Pela sua declaração, foi o senhor quem a pôs ali. Não pude concluir nada com base naquele detalhe. — Trent calou-se, apertando os lábios.

— Não havia razão nenhuma para escondê-la — disse Marlowe. — Mas, voltando à minha história... arrebentei a fechadura e abri a carteira junto a um dos faróis acesos do carro. A primeira coisa que encontrei nela deveria já estar esperando, mas não estava.

Parou e olhou de soslaio para Trent.

— Era... — começou Trent mecanicamente, mas depois conteve-se. — Procure não me envolver mais, por favor — disse ele, encarando o outro. — Já o cumprimentei naquele documento por sua argúcia. Não precisa prová-la fazendo o juiz ajudá-lo agora a expor as provas.

— Está certo — concordou Marlowe. — Não pude resistir. Se o senhor tivesse estado no meu lugar, teria sabido muito antes que eu onde estava a carteira de Manderson. Logo que a vi, é claro, lembrei-me de que ele não a tinha consigo quando lhe pedi o dinheiro e de seu surpreendente ataque de cólera. Ele tinha dado um passo em falso. Já tinha fechado a carteira com o resto do que iria figurar como meu roubo e a colocara em minhas mãos. Abri-a. Enfiadas nas abas, em maços, estavam as notas tal como eu as trouxera de Londres. E com elas havia duas pequenas bolsas de couro cuja aparência eu conhecia muito bem. Meu coração disparou de novo, pois também isso era profundamente inesperado. Nessas bolsinhas Manderson guardava os diamantes em que ele vinha investindo há algum tempo. Não precisei abri-las; podia sentir as minúsculas pedras deslocando-se sob a pressão dos meus dedos. Eu não fazia a mínima idéia de quantos milhares de libras poderiam estar ali. Nós tínhamos encarado a compra de diamantes por Manderson como nada mais que um capricho especulativo. Acredito agora que tenha sido um dos primeiros movimentos no plano para a minha desgraça. Para que alguém como eu pudesse ser acusado de autor do roubo teria que haver nele um poderoso estímulo. Isso tinha sido providenciado, até com exagero.

"Bem, agora está tudo muito claro, pensei, e tenho que agir. Vi de imediato o que tinha de fazer. Eu tinha deixado Manderson a cerca de um quilômetro e meio da casa. Ele levaria uns 20 minutos, 15 se andasse rápido, para regressar à casa, onde, é claro, contaria logo a sua história de assalto e roubo e provavelmente telefonaria à polícia de Bishopsbridge para que me interceptassem. Eu deixara-o há apenas 5 ou 6 minutos; pois tudo o que lhes contei foi pensado num relâmpago, com uma rapidez que eu jamais conhecera. Seria muito fácil ultrapassá-lo de carro antes que ele se aproximasse da casa. Haveria uma entrevista tempestuosa, sem dúvida. Preparei-me para isso e todos os meus temores se dissiparam quando comecei a saborear a satisfação de lhe dizer qual era a minha opinião a respeito dele. Existem provavelmente poucas pessoas que tenham alguma vez encarado positivamente uma entrevista como a que eu iria ter com Manderson; mas eu estava louco de raiva. A minha honra e a minha liberdade tinham sido alvo de uma trama arquitetada com requintes de abominável traição. Não pensei no que aconteceria depois da entrevista. Isso seria resolvido por si mesmo.

"Tinha dado a volta com o carro e já estava avançando velozmente para White Gables, quando ouvi o som de um tiro à minha frente, à direita.

"Parei instantaneamente o carro. Meu primeiro pensamento foi de que Manderson estava atirando em mim. Depois, percebi que o ruído não tinha sido muito perto. Não consegui ver ninguém na estrada, embora o luar a inundasse de claridade. Eu deixara Manderson num lugar logo após a curva que estava agora menos de 100 metros à minha frente. Deixei passar um minuto ou dois, arranquei de novo e fiz a curva em marcha lenta. Depois parei bruscamente, rangendo os pneus na freada violenta e, por instantes, fiquei imóvel, petrificado.

"Manderson estava morto a poucos passos de mim, estendido no gramado do lado de dentro do portão, claramente visível na luz difusa do luar."

Marlowe fez nova pausa, e Trent, com o cenho franzido, perguntou:

— No campo de golfe?

— É claro — disse o Sr. Cupples. — O oitavo buraco fica exatamente ali. — Ele estava ficando cada vez mais interessado enquanto Marlowe continuava e agora brincava febrilmente com sua barba rala.

— No buraco, bem perto da bandeirola — esclareceu Marlowe. — Estava de barriga para cima, com os braços estendidos, o paletó e o pesado sobretudo abertos; a luz brilhava macabramente em seu rosto lívido e no peitilho branco da camisa; cintilava nos dentes e em um dos olhos. O outro. . . o senhor o viu. O homem estava indubitavelmente morto. Quando me sentei, atônito, absolutamente incapaz de pensar, pude até ver um fio de sangue escuro escorrendo da órbita ocular despedaçada para a orelha. Perto dele estavam o seu chapéu preto e, a seus pés, uma pistola.

"Suponho que foram apenas alguns segundos o tempo em que fiquei sentado e impotente olhando para o corpo. Depois levantei-me e caminhei até ele, quase arrastando os pés; pois a verdade fora enfim revelada, e eu compreendera toda a extensão estarrecedora do perigo que me ameaçava. Não era apenas a minha liberdade e a minha honra que o maníaco tinha procurado insidiosamente destruir. Era a morte que ele planejara para mim; morte com a degradação do cadafalso. Para me derrubar com certeza absoluta, ele não hesitara em pôr fim à própria vida; uma vida que já estava ameaçada por um impulso melancólico para a autodestruição; e a agonia final do suicídio tinha sido convertida, talvez, numa diabólica alegria pelo pensamento de que arrastava a minha vida com a dele. Pois, pelo que pude perceber naquele momento, a minha situação era terrivelmente desesperadora. Se já o era na suposição de que Manderson me denunciaria como ladrão, o que pensar agora, que seu cadáver me denunciava como assassino?

"Apanhei o revólver e vi, quase sem emoção, que era o meu. Manderson retirara-o do meu quarto, acho, enquanto eu fora buscar o carro na garagem. No mesmo momento lembrei-me de que tinha sido por sugestão sua que eu mandara gravar nele as minhas iniciais, para distingui-lo de uma arma idêntica de sua propriedade.

"Debrucei-me sobre o corpo e comprovei que não lhe restava qualquer sopro de vida. Devo dizer-lhes aqui que não notei então, nem depois, os arranhões e marcas nos pulsos, que foram interpretados como prova de uma luta com o assaltante. Mas não tenho a menor dúvida de que Manderson se machucou deliberadamente desse modo antes de disparar o tiro; isso era parte do seu plano. Embora eu não tivesse me apercebido desse detalhe, era bastante evidente, ao se observar o corpo, que Manderson, em seu último ato na Terra, não esquecera nada que me vinculasse o máximo possível à sua morte, anulando toda e qualquer sugestão de suicídio. Ele se deu ao trabalho de conservar a pistola tão distante de si quanto possível, e não havia o menor vestígio de fumaça ou de queimadura no rosto. O ferimento estava absolutamente limpo e já deixara de sangrar exteriormente. Levantei-me e fiquei caminhando pelo buraco, analisando os pontos contra mim no caso.

"Eu tinha sido o último a ser visto com Manderson. Persuadira-o — assim ele mentira à esposa e, como soube depois, ao mordomo — a sair comigo para um passeio de carro, do qual ele nunca regressou. A minha pistola o matara. Era verdade que, por ter descoberto a trama, eu me salvara de acumular ainda mais fatos incriminatórios — fuga, ocultação, posse de um tesouro. Mas que necessidade havia deles, no fim das contas? Tal como estava, a situação já era bastante negra, e que esperança poderia existir para mim? O que poderia eu fazer?"

Marlowe veio até a mesa e inclinou-se para a frente, com as mãos apoiadas no tampo.

— Quero — disse muito seriamente — tentar fazê-los entender o que eu tinha em mente quando decidi fazer o que fiz. Espero não entendiá-los, porque devo essa explicação. Talvez pensem que agi como um idiota. Mas afinal a polícia nunca suspeitou de mim. Fiquei caminhando pelo gramado durante um quarto de hora, suponho, pensando na solução como num jogo de xadrez. Tinha de me antecipar e refletir friamente, pois a minha segurança dependia de subverter completamente os planos de um dos homens mais sagazes que existiram até hoje. E lembrem-se de que, apesar de tudo o que eu já conhecia, deviam existir outros detalhes do plano ainda ignorados por mim e que esperavam o momento de me esmagar.

"Dois caminhos óbvios se apresentavam de imediato. Ambos, pensei eu, seriam comprovadamente fatais. Eu poderia, em primeiro lugar, fazer a coisa cem por cento correta: levar de volta o morto para casa, contar a minha história, entregar o dinheiro e os diamantes, e confiar no poder salvador da verdade e da inocência. Quando pensei nisso, tive quase vontade de rir. Vi-me carregando o cadáver para casa e prestando contas de minha conduta, e avaliava o absurdo de toda a minha história sem bases quando apresentasse uma acusação de ódio patológico e traição diabólica contra um homem que, ao que sabia, nunca dissera uma palavra sequer contra mim. A esperteza de Manderson previra tudo e antecipava-se-me a cada passo. Sua cuidadosa ocultação do ódio que me tinha foi um aspecto característico do estratagema; só um homem dotado de seu férreo autodomínio poderia ter conseguido isso. Vocês podem ver como todos e cada um dos fatos em minha declaração pareceriam, à sombra da morte de Manderson, outras tantas e esfarrapadas mentiras. Tentei imaginar-me contando essa história ao meu advogado de defesa. Podia ver o rosto com que ele a ouviria; podia prever sua idéia de que apresentar uma tão impudente mixórdia significaria simplesmente o fim de qualquer que pudesse ser a chance de comutação da pena capital.

"É verdade que eu não teria fugido. Teria carregado o corpo de volta e entregado todos os bens. Mas como é que isso me ajudaria? Apenas sugeriria que eu tinha sucumbido a um súbito pânico depois de ter matado o homem e que não tivera coragem para deitar mão aos frutos do crime; talvez sugerisse que minha intenção não fora matar, mas apenas assustar, e que quando me apercebi de que cometera um homicídio me deu uma tremedeira incontrolável e procurei remediar a coisa o melhor possível. Fosse qual fosse o ângulo por onde encarar a questão, não via esperança de escapar com esse plano de ação.

"A segunda das coisas óbvias era aproveitar a sugestão oferecida pela situação e fugir imediatamente. Também isso seria comprovadamente fatal. Havia o corpo. Não tinha tempo de o ocultar de tal modo que não fosse descoberto na primeira busca sistemática. Mas, não importando o que eu fizesse com o corpo, o fato de Manderson não regressar à casa causaria intranqüilidade dentro de duas ou três horas no máximo. Martin suspeitaria de um acidente de carro e telefonaria à polícia. Ao romper do dia as estradas seriam esquadrinhadas, e consultas, telegrafadas em todas as direções. A polícia agiria com base na hipótese de crime. Estenderia suas redes com energia num caso tão rumoroso como o desaparecimento de Manderson. Portos e estações de estrada de ferro seriam vigiados. Dentro de 24 horas o corpo seria encontrado, e todo o país ficaria em estado de alerta contra mim — e seria pedida a cooperação policial de quase todos os países europeus; não acredito que fosse haver um local em toda a cristandade onde o homem acusado de matar Manderson pudesse passar despercebido, com todos os jornais gritando a sua morte aos ouvidos do mundo inteiro. Todo forasteiro seria um suspeito; todo homem, mulher ou criança seria um detetive. O carro, onde quer que eu o abandonasse, poria gente na minha pista. Se eu tinha de optar entre dois caminhos profundamente inviáveis, então preferia o de contar a disparatada verdade.

"Mas comecei a procurar desesperadamente alguma história que parecesse mais plausível do que a verdade. Poderia salvar o meu pescoço com uma mentira bem engendrada? Uma após outra, várias se sucederam em minha mente; não vale a pena lembrá-las agora. Cada uma tinha suas futilidades e seus perigos; mas todas esbarravam no fato — ou o que se admitia ser um fato — de que eu induzira Manderson a sair comigo e de que ele não voltara com vida. Fui rejeitando idéia após idéia enquanto caminhava perto do morto, e a fatalidade parecia rondar-me cada vez mais sombriamente à medida que os momentos passavam. De súbito, um estranho pensamento me acudiu.

"Por diversas vezes eu tinha repetido para mim mesmo, de um modo semiconsciente, como uma espécie de estribilho, as palavras que ouvira Manderson dizer à esposa: 'Vou sair agora. Marlowe persuadiu-me a dar uma volta de carro para aproveitar a noite de luar. Ele insistiu muito.' Tive um sobressalto ao aperceber-me de que, sem ter a intenção de o fazer, estava dizendo isso com a voz de Manderson.

"Como o senhor mesmo descobriu, Sr. Trent, tenho um dom natural para a imitação. Eu tinha imitado a voz de Manderson muitas vezes, e com tanto êxito que cheguei a enganar o próprio Bunner, que convivia há muito mais tempo com ele do que a própria esposa. Como se recordará — Marlowe voltou-se para o Sr. Cupples —, era uma voz forte, metálica, de grande poder de persuasão, tão incomum que era uma voz fascinante para se imitar e, ao mesmo tempo, muito fácil. Voltei a dizer as palavras para mim mesmo, cuidadosamente, assim... — Marlowe declamou-as, e o Sr. Cupples arregalou os olhos, estupefato — e então dei uma palmada na mureta a meu lado. 'Manderson nunca voltou vivo?', perguntei em voz alta. 'Mas Manderson *voltará* vivo!'

"Em 30 segundos, as linhas gerais de meu plano estavam traçadas em minha mente. Não perdi tempo refletindo sobre os detalhes. Cada fração de segundo era então preciosa. Icei o corpo e estendi-o no chão do carro, coberto por um tapete. Apanhei o chapéu e o revólver. Achei que não restava o menor vestígio no gramado do que havia acontecido ali naquela noite. Enquanto rumava de volta a White Gables, meu plano ganhou forma a meus olhos com uma rapidez e facilidade que me encheram de excitação. Eu ainda podia escapar! Era tão fácil se eu conservasse o sangue-frio! Pondo de lado o insólito e o improvável, eu não deveria fracassar. Queria gritar!

"Perto da casa, moderei a velocidade e reconheci cuidadosamente a estrada. Nada se mexia. Desviei o carro para o campo aberto do outro lado da estrada, uns 20 passos aquém do portãozinho situado na esquina da propriedade. Parei-o atrás de umas medas de feno. Quando, com o chapéu de Manderson em minha cabeça e a pistola em meu bolso, atravessei cambaleando com o corpo em meus braços a estrada enluarada e transpus aquela porta, deixei muitas de minhas apreensões para trás. Com uma ação rápida e um inalterável sangue-frio, pensei que iria ser bem-sucedido."

Com um longo suspiro, Marlowe jogou-se numa das poltronas fundas junto da lareira e passou um lenço pela testa úmida. Também os seus dois ouvintes respiraram fundo, mas de forma não audível.

— O resto vocês conhecem — disse ele. Apanhou um cigarro da caixa ao lado dele e acendeu-o.

Trent observou o tremor muito leve da mão que segurava o fósforo e notou, intimamente, que a sua também não estava muito firme no momento.

— Os sapatos que me traíram em sua investigação, Sr. Trent — prosseguiu Marlowe após um breve silêncio —, foram incômodos durante todo o tempo em que os calcei, mas nem sequer sonhei que eles tivessem esgaçado em qualquer ponto. Eu sabia que nenhuma pegada minha deveria aparecer, por qualquer que fosse o acidente, no chão macio em torno do barracão onde depositei o corpo, ou entre o barracão e a casa, de forma que descalcei os meus sapatos e enfiei os pés nos dele, ainda que com algum custo, assim que transpus a pequena porta. Deixei os meus com o meu paletó e sobretudo perto do corpo, a postos para serem reavidos mais tarde. Fiz uma pegada bem marcada no cascalho macio do lado de fora da porta-janela, e muitas no droguete em torno do tapete. A retirada do vestuário do corpo e voltar a vesti-lo depois com o terno marrom e os sapatos e a colocação de coisas nos bolsos foi um negócio horrível; e tirar-lhe a dentadura da boca foi ainda pior. A cabeça... mas vocês não querem ouvir sobre isso. Naquele momento, eu nem pensei muito nisso. Eu estava era tirando a cabeça do baraço. Devia ter pensado em baixar os punhos da camisa e amarrar os sapatos com mais esmero. E colocar o relógio no bolso errado foi um sério engano. Mas eu tive que fazer tudo tão apressadamente!

"A propósito, o senhor estava errado a respeito do uísque. Após um trago nervoso, não bebi mais; mas enchi um pequeno frasco que estava no aparador e enfiei-o no bolso. Tinha pela minha frente uma noite de muita ansiedade e esforço, e não sabia se seria capaz de agüentar até o fim. Precisaria de um gole ou dois durante a viagem. Por falar nisso, sua margem de tempo para fazer a viagem durante a noite foi bastante generosa. Seu relato diz que, para chegar a Southampton por volta das 6:30, naquele carro e naquelas condições, um homem deveria, mesmo que conduzisse como um demônio, ter deixado Marlstone o mais tardar à meia-noite. Já passava dez minutos da meia-noite quando terminei de vestir o corpo com o outro terno, gravata, relógio e tudo; e depois ainda tive que ir até o carro e pô-lo em marcha. É verdade que não acredito que nenhum outro homem se tivesse arriscado como eu naquele carro, à noite, e com os faróis apagados! Fico gelado só de pensar nisso agora.

"Não tenho muita coisa a dizer sobre o que fiz na casa. Depois que Martin se afastou, fiquei um tempo refletindo sobre as etapas restantes do meu plano, enquanto descarregava e limpava meticulosamente o revólver, usando o meu lenço e uma caneta da escrivaninha. Também coloquei os maços de notas, a carteira e os diamantes na escrivaninha de tampa corrediça, que abri e voltei a fechar com a chave de Manderson. Quando subi ao andar de cima foi um momento exasperante, pois embora estivesse a salvo do olhar de Martin, que estava sentado na copa, havia uma tênue possibilidade de que alguém surgisse inopinadamente no andar dos dormitórios. Eu já encontrara algumas vezes a camareira francesa andando por lá quando o resto da criadagem estava na cama. Bunner, eu sabia, tinha o sono pesado. A Sra. Manderson, segundo eu depreendera de conversas que ouvira, estava usualmente dormindo por volta das 11 horas; eu acreditava que o dom do sono a ajudara a conservar a beleza e a vitalidade, apesar de um casamento que todos nós sabíamos ser infeliz. De qualquer modo, foi preocupante subir as escadas e manter-me a postos para fazer meia volta e retirar-me de novo para a biblioteca ao menor som proveniente de cima. Mas nada aconteceu.

"A primeira coisa que fiz ao chegar ao corredor foi entrar no meu quarto e repor o revólver e as balas no estojo. Depois apaguei a luz e fui silenciosamente para o quarto de Manderson.

"Vocês sabem o que eu tinha que fazer ali. Descalçar os sapatos e depositá-los do lado de fora da porta, deixar o paletó, colete, calças e gravata preta de Manderson, depois de ter esvaziado os bolsos de tudo, escolher um terno, gravata e sapatos para o corpo e colocar a dentadura postiça na tigela, que transferi do lavatório para a mesinha-de-cabeceira, deixando aquelas desastrosas impressões digitais que, no entanto, não escaparam ao Sr. Trent. As impressões na gaveta devem ter sido feitas quando a fechei depois de ter retirado a gravata. Depois tive que me deitar na cama e espojar-me nela para a deixar bem amassada. Vocês conhecem tudo a respeito disso... tudo menos o meu estado de espírito, que não podem imaginar nem eu sou capaz de descrever.

"O pior aconteceu quando eu mal começara minhas operações: o momento em que a Sra. Manderson falou de seu quarto, quando eu a supunha dormindo profundamente. Contudo, eu estava preparado para o caso de isso acontecer; era uma possibilidade; mas, quase me descontrolei, mesmo assim.

"A propósito, posso dizer o seguinte: na contingência extremamente improvável de que a Sra. Manderson se mantivesse acordada e, assim, ficasse fora de questão minha fuga através da janela de seu quarto, eu tinha planejado permanecer simplesmente onde estava mais algumas horas e sair calmamente pela porta. Martin já estaria deitado. Eu poderia ser ouvido ao sair, mas não seria visto. Teria feito justamente como planejara com o corpo, e depois faria o melhor tempo possível no carro até Southampton. A diferença estaria no fato de que, nesse caso, me teria sido impossível fornecer o álibi indiscutível que foi o fato de eu ter chegado ao hotel às 6:30. O máximo que eu poderia fazer seria dirigir-me diretamente ao cais e fazer ali indagações ostensivas que marcassem a minha presença. Em todo o caso, teria estado em Southampton muito antes do navio zarpar ao meio-dia. Eu não conseguia imaginar como alguém poderia suspeitar de mim como autor do suposto homicídio; mas se tal acontecesse, e se eu não tivesse chegado lá antes das 10 horas, digamos, eu não poderia vir a responder: 'É inteiramente impossível ter chegado tão cedo em Southampton depois de ter atirado nele.' Afirmaria simplesmente que tinha sido retardado porque o carro enguiçara, depois de me despedir de Manderson às 10:30 horas, e desafiaria qualquer um a apresentar um só fato que me ligasse ao crime. Ninguém poderia fazê-lo. A pistola, num estojo aberto em meu quarto, poderia ter sido usada por qualquer pessoa, mesmo que se provasse ter sido essa a pistola usada. Ninguém poderia razoavelmente associar-me ao tiro desde que se acreditasse ter sido Manderson quem regressara à casa. A suspeita, confiava eu, não entraria na cabeça de ninguém. De qualquer modo, eu queria introduzir o elemento da absoluta impossibilidade física; sabia que me sentiria dez vezes mais seguro assim. Dessa forma quando percebi pelo som de sua respiração que a Sra. Manderson dormia de novo, atravessei rapidamente seu quarto só em meias e em dez segundos estava na grama com a minha trouxa. Creio que não fiz o menor ruído. A cortina da janela era de um tecido macio e espesso que não farfalhou, e quando abri um pouco mais as portas de vidro não houve qualquer som."

— Diga-me — perguntou Trent, quando o outro se calou para acender um novo cigarro —, por que correu o risco de atravessar o quarto da Sra. Manderson para escapar da casa? Pude perceber, quando examinei a casa, por que motivo o senhor tinha que estar naquele lado da casa; correria o risco de ser visto por Martin ou por algum empregado que estivesse à janela de um dos quartos de dormir da criadagem se saísse por uma janela de um dos outros lados da casa. Mas no lado onde o senhor se encontrava havia três cômodos vazios: dois quartos de hóspedes e a sala de estar da Sra. Manderson. Acho que teria sido mais seguro, depois de ter posto em ação o seu plano no quarto de Manderson, sair em silêncio e escapar através de um desses cômodos... O fato de ter preferido sair pela janela do quarto da Sra. Manderson, entende — acrescentou Trent friamente —, teria sugerido, se isso viesse a ser descoberto, várias suspeitas a respeito da própria esposa. Penso que me entendeu...

Marlowe voltou-se para ele com o rosto subitamente afogueado

— E eu penso que me entenderá, Sr. Trent — respondeu numa voz que tremeu um pouco —, quando digo que, se tal possibilidade me tivesse ocorrido, eu correria qualquer risco para evitar esse caminho... Ah, bem! — prosseguiu mais friamente. — Suponho que qualquer pessoa que não a conhecesse poderia achar que ela sabia ou mesmo ser conivente com o assassinato do marido talvez não parecesse uma idéia tão profundamente tola. Perdoem-me a expressão.

Olhou atentamente para a brasa de seu cigarro e mostrou-se calculadamente ignorante sobre a bandeira vermelha que esvoaçou por um instante nos olhos de Trent ao ouvir-lhe as palavras e o tom em que foram ditas.

Essa emoção, entretanto, foi prontamente dominada.

— Seu comentário é perfeitamente correto — disse Trent com frieza. — Também posso acreditar que, naquele momento, não lhe tenha ocorrido a possibilidade que mencionei. Mas certamente, pondo isso de parte, teria sido mais seguro sair como eu disse: pela janela de um dos quartos vazios.

— Acha que sim? — disse Marlowe. — Tudo o que posso afirmar é que não teria peito para fazer isso. Vou dizer-lhe uma coisa. Quando entrei no quarto de Manderson, fechei a porta dele sobre mais de metade dos meus terrores. Tinha diante de mim o problema num espaço fechado, com apenas um perigo, que era *conhecido*: a Sra. Manderson. A coisa estava quase feita; eu tinha somente que esperar até ter certeza de que ela estivesse adormecida, depois daqueles breves momentos em que acordou, para os quais, como lhes disse, estava preparado, contando aquilo como uma possibilidade. Pondo acidentes de lado, o caminho estava livre. Mas agora suponha que eu, carregando as roupas e os sapatos de Manderson, tivesse aberto aquela porta de novo e me encaminhado, em mangas de camisa e em meias, para um dos quartos vazios. O luar inundava o corredor através da janela da ponta. Mesmo que meu rosto estivesse encoberto, ninguém confundiria minha figura em pé com a de Manderson. Martin poderia andar pela casa em seu jeito silencioso. Bunner poderia sair inopinadamente de seu quarto de dormir. Uma das empregadas que em princípio deveria estar dormindo, poderia surgir de algum canto, vinda do outro corredor — já uma vez encontrara Célestine caminhando furtivamente mais ou menos àquela hora, vinda não se sabe donde. Nenhuma dessas coisas era muito provável; mas, para mim, eram todas prováveis demais. Eram incertezas. Isolado do resto da casa no quarto de Manderson, eu sabia exatamente o que tinha de enfrentar. Enquanto permanecia deitado com minhas roupas no quarto de Manderson e escutava a respiração quase inaudível através da porta aberta, eu sentia uma paz de espírito muito maior (ainda que minha ansiedade fosse terrível) do que quando vira o cadáver no gramado. Congratulava-me até por ter tido a sorte, graças ao fato de a Sra. Manderson ter falado comigo, de apertar um dos parafusos do meu plano, tendo repetido a declaração a respeito de eu ter sido enviado a Southampton.

Marlowe olhou para Trent, que fez um gesto de anuência, como se dissesse que o outro marcara um ponto.

— Quanto a Southampton — prosseguiu —, não tenho dúvidas de que sabem o que fiz quando ali cheguei. Decidi adotar a história de Manderson a respeito do misterioso Harris e representá-la, mas em meu próprio benefício. Era uma mentira cuidadosamente preparada, melhor do que tudo o que eu tivesse podido improvisar. Cheguei mesmo ao ponto de dar um telefonema para o hotel em Southampton na biblioteca, antes de partir, perguntando se Harris estava lá. Como eu esperava, não havia nenhum Harris por lá.

— Foi por isso que o senhor telefonou? — inquiriu Trent rapidamente.

— A razão para telefonar foi colocar-me numa atitude em que Martin não pudesse ver-me o rosto ou qualquer outra coisa senão o paletó e o chapéu mas que, ao mesmo tempo, fosse uma atitude natural e familiar. Mas, enquanto fazia isso, era obviamente melhor efetuar uma chamada autêntica. Se eu simplesmente tivesse fingido estar telefonando, o pessoal do interurbano poderia ter então informado que naquela noite não tinha havido qualquer chamado de White Gables.

— Uma das primeiras coisas que fiz foi averiguar isso — comentou Trent. — Esse telefonema e o telegrama que expediu de Southampton para o morto para dizer que Harris não aparecera e que o senhor estava regressando... apreciei especialmente esses dois truques.

Um sorriso meio sem jeito aflorou no rosto de Marlowe por um momento.

— Creio que não tenho mais nada a contar-lhes. Voltei para Marlstone e enfrentei o seu amigo detetive com todo o sangue-frio que me restava. O pior foi quando eu ouvi que o senhor, Sr. Trent, estava cuidando do caso... não, isso não foi o pior. O pior foi quando o vi saindo dos arbustos no dia seguinte, afastando-se do barracão onde eu depositara o corpo. Por um horrível instante pensei que fosse espetar um dedo no meu peito e dizer: "Foi o senhor". Agora que já contei tudo, não acho que tenha uma aparência tão terrível.

Fechou os olhos, e houve um breve silêncio. Depois, Trent levantou-se de súbito.

— O que é agora? Interrogatório? — indagou Marlowe, olhando-o seriamente.

— Nada disso — tranqüilizou Trent, esticando as longas pernas. — É só para eu movimentar um pouco as pernas. Não quero fazer mais perguntas. Acredito no que nos contou. Acredito não por ter gostado desde o início de sua cara ou porque isso evita constrangimentos, que são as razões mais usuais para se acreditar numa pessoa, mas porque a minha vaidade me diz que nenhum homem poderia mentir para mim sistematicamente durante uma hora sem que eu não acabasse percebendo. A sua história é extraordinária; mas Manderson era um homem extraordinário... e o senhor também. Agiu como um doido varrido, fazendo o que fez; mas concordo inteiramente com o senhor que, se tivesse agido como um homem em seu perfeito juízo, não teria a menor chance de ser levado a sério por um juiz e um júri. Uma coisa é indiscutível, seja qual for o ângulo por onde se encare o caso, o senhor é um homem de coragem.

A cor afluiu ao rosto de Marlowe, e ele hesitou, escolhendo palavras. Antes que pudesse falar, o Sr. Cupples levantou-se e tossiu.

— De minha parte — disse ele —, jamais o imaginei culpado, nem por um só instante. — Marlowe voltou-se para ele em grata surpresa, e Trent com um olhar incrédulo.

— Mas — prosseguiu o Sr. Cupples, segurando-lhe a mão —, há uma pergunta que gostaria de lhe fazer.

Marlowe fez um gesto de anuência, nada dizendo.

— Suponhamos — disse o Sr. Cupples — que uma outra pessoa fosse suspeita do crime e levada a julgamento. O que é que você faria?

— Penso que a minha obrigação era clara: levaria a minha história aos advogados a quem entregasse a minha defesa, e seria o que o destino quisesse.

Trent riu em voz alta. Agora que o caso terminara, seu humor estava ficando rapidamente ingovernável.

— Posso ver a cara deles! — disse ele. — Na verdade, porém, ninguém mais esteve em momento algum em perigo. Não houve a menor evidência contra quem quer que fosse. Fui ver Murch na Scotland Yard esta manhã e ele disse-me que acabara por concordar com a opinião de Bunner de que aquilo fora um caso de vingança por parte de alguma gangue americana da Mão Negra. Assim terminava o caso Manderson. Pelas barbas de Moisés! Que idiota um homem pode ser quando pensa que é extraordinariamente esperto! — Apanhou o volumoso envelope de cima da mesa e jogou-o no meio do fogo. — Acabou-se, amigo! O mundo não sentirá sua falta. Mas olha só! Está ficando tarde... quase 7 horas, e Cupples e eu temos um compromisso às 7:30. Devemos ir. Até a vista, Sr. Marlowe. — Encarou o outro nos olhos. — Trabalhei duro para colocar uma corda em redor do seu pescoço. Considerando as circunstâncias, não sei se me culpará ou não. Um aperto de mão?

XVI

O Último Lance

— QUE HISTÓRIA FOI ESSA de que temos um compromisso às 7:30? — perguntou o Sr. Cupples quando os dois saíram do portão do bloco de apartamentos. — Temos mesmo?

— Certamente que sim — respondeu Trent. — Você vai jantar comigo. Só uma coisa pode celebrar condignamente esta ocasião, e essa coisa é um jantar que eu pagarei. Não, não! Eu convidei primeiro! Cheguei agora ao fundo de um caso ímpar — um caso que perturbou o meu espírito durante um ano —, e, se isso não é um boa razão para um jantar especial, então não sei o que pode ser. Cupples, não iremos para o meu clube. Isto vai ser uma farra, e ser visto num clube de Londres num estado de agradável emoção é mais do que suficiente para arruinar a carreira de um homem. Além disso, o jantar no clube é sempre o mesmo, ou pelo menos sempre arranjam para que o gosto seja o mesmo, não sei como. O jantar eterno no meu clube entediou milhões de sócios como eu e continuará entediando no futuro; mas esta noite deixemos que o banquete transcorra sem a nossa presença. Não iremos onde os sátrapas se acotovelam nos salões. Vamos ao Sheppard's.

— Quem é Sheppard? — perguntou o Sr. Cupples benevolamente, enquanto caminhavam pela Victoria Street. Seu companheiro dava mostras de uma alacridade incomum, e um policial, observando-lhe o rosto, sorriu com indulgência diante da expressão de felicidade que ele só podia atribuir ao álcool.

— Quem é Sheppard? — ecoou Trent com uma ênfase mordaz. — Essa pergunta, perdoe-me que lhe diga, Cupples, é inteiramente característica do espírito de indagação sem objetivo que predomina nesses dias inquietos. Sugiro que jantemos no Sheppard's, e instantaneamente você encolhe os braços e, num frenesi de orgulho intelectual, quer saber quem é Sheppard antes de transpor o limiar do Sheppard's. Não vou pactuar com os vícios do espírito moderno. Sheppard's é um lugar onde se pode jantar. Não conheço Sheppard. Nunca me ocorreu que Sheppard exista. Provavelmente é um mito de origem totemista. Tudo o que sei é que você pode saborear um lombo de carneiro no Sheppard's que já fez muitos visitantes americanos amaldiçoarem o dia em que Cristóvão Colombo nasceu... Táxi!

Um táxi parou junto ao meio-fio, e o motorista recebeu as instruções com um aceno majestoso.

— Uma outra razão que tenho para sugerir o Sheppard's — continuou Trent, acendendo febrilmente um cigarro —, é que vou casar com a mulher mais maravilhosa do mundo. Espero que a conexão de idéias esteja clara.

— Você vai casar com Mabel! — gritou o Sr. Cupples. — Meu querido amigo, que excelente notícia me dá! Venha de lá esse aperto de mão, Trent; isso é maravilhoso! Parabenizo ambos do fundo do coração. E permita-me que lhe diga — não quero interromper seu estado de feliz excitação, que é muitíssimo natural, e lembro-me de ter passado por circunstâncias análogas há muitos anos —, mas eu tinha sinceramente grandes esperanças de que isso acontecesse! Mabel já conheceu tanta infelicidade, e no entanto é uma mulher formada nos grandes princípios de humanidade para ser a melhor influência na vida de um bom homem. Mas eu ignorava a opinião dela a seu respeito, Trent. A *sua* a respeito de Mabel eu já conhecia há algum tempo — prosseguiu o Sr. Cupples, piscando o olho de um modo que faria inveja à mais mundana das criaturas. — Percebi imediatamente quando vocês dois estavam jantando em minha casa e você ficou ouvindo o Professor Peppmüller mas não tirava os olhos de Mabel. Alguns de nós, mais velhos, ainda não perdemos de todo a percepção das coisas, meu caro.

— Mabel diz que sabia disso ainda antes — respondeu Trent, com uma expressão levemente desconcertada. — E eu, que pensava estar representando bem o papel de um homem que não estivesse perdidamente apaixonado por ela. Bem, a verdade é que eu nunca fui muito bom em dissimulação. Não me espantaria se até o velho Peppmüller tivesse notado alguma coisa através de seus óculos com lentes de fundo de garrafa. Mas, por mais canhestro que eu tenha sido como pretendente não-declarado — continuou, readquirindo sua vivacidade —, vou ser muito pior agora. Quanto aos seus parabéns, agradeço mil vezes porque sei que são sinceros. Você é o tipo de sujeito inquietante que faria uma cara feia se pensasse que estávamos cometendo um tremendo erro. A propósito, não posso evitar de comportar-me esta noite como um tolo e um tagarela inconseqüente. Você vai ter que se esforçar por me agüentar. Talvez fique mais fácil se eu cantar uma música para você... uma de suas velhas favoritas. Qual era aquela canção que você costumava cantar? Ah, era assim, não era? — Trent acompanhou essa estrofe com o tacão do sapato marcando o ritmo no chão do táxi:

There was an old nigger, and he had a wooden leg.
He had no tobacco, no tobacco could he beg.
Another old nigger was as cunning as a fox,
And he always had tobacco in his old tobacco-box. *

— E agora o coro!

Yes, he always had tobacco in his old tobacco-box.

— Mas você não está cantando! Eu pensava que você faria o céu vibrar!

— Mas se eu nunca cantei isso em toda a minha vida! — protestou o Sr. Cupples. — Nunca ouvi isso antes!

— Tem certeza? — perguntou Trent, duvidoso. — Bem, suponho que terei de aceitar a sua palavra a esse respeito. É uma bela canção, de qualquer modo. De uma certa forma, parece expressar os meus sentimentos melhor do que qualquer outra coisa no presente momento; sai espontaneamente dos lábios. Da plenitude do coração é a boca que fala, como dizia o bispo de Bath e Gales quando escutava um discurso do Sr. Balfour.

— Quando foi isso? — perguntou o Sr. Cupples.

— Ora, por ocasião da proposta de lei sobre a Notificação Obrigatória de Doenças de Galinheiro — respondeu Trent, rindo. — Aliás, uma medida que, como se lembrará, fracassou redonda-

* Tradução livre: Havia um preto velho que tinha uma perna de pau. / Não tinha fumo, fumo não podia mendigar. / Um outro preto velho era vivo como uma raposa. / E sempre tinha fumo em sua tabaqueira.

mente. Alto! — interrompeu-se, quando o táxi dobrou a esquina e entrou numa ampla e movimentada avenida. — Já chegamos. — O táxi parou.

— Aqui estamos — disse Trent, pagando ao motorista e conduzindo o Sr. Cupples para uma longa sala apainelada com bastantes mesas e um borborinho de conversas. — Esta é a casa de saciação dos famintos, esta é a mansão emoldurada de rosas. Estou vendo três bookmakers comendo costeletas de porco em minha mesa favorita. Ficaremos com aquela no outro canto.

Conferenciou com o garçom enquanto o Sr. Cupples, numa agradável meditação, se esquentava junto à lareira.

— O vinho aqui — recomeçou Trent, enquanto se sentavam — é quase que certamente feito de uvas. O que vamos beber?

O Sr. Cupples despertou de sua meditação.

— Acho que vou beber leite com soda.

— Fale baixo! — cortou Trent. — O maître tem o coração fraco e pode ouvir você. Leite com soda! Cupples, você pode pensar que tem uma constituição robusta, e não duvido de que tenha, mas advirto-o contra esse hábito de misturar bebidas detestáveis, o que já causou a morte de muitos homens mais robustos que você. Está ainda a tempo de começar a ser prudente. Encha o seu copo com um excelente vinho de Samos e deixe a soda para as hordas turcas. Aí vem a nossa comida.

Trent deu uma outra ordem ao garçom, que arrumou os pratos diante deles e voltou a afastar-se rapidamente.

— Pedi um vinho que conheço bem — disse ele — e espero que você o experimente. Se você fez alguma promessa, então em nome de todos os santos beba água, que está aí ao seu lado, mas não busque uma notoriedade barata pedindo leite com soda.

— Não, não fiz nenhuma promessa — respondeu Cupples, examinando seu carneiro com olhos favoráveis. — Acontece simplesmente que o vinho não me cai bem. Comprei uma vez uma garrafa e bebi para ver como era, e fiquei doente. Mas é muito provável que aquele fosse um vinho de má qualidade. Provarei um pouco do seu, pois é o seu jantar, e asseguro-lhe, meu caro Trent, que gostaria de fazer algo incomum para mostrar-lhe como me sinto contente nessa ocasião. Há muitos anos que não sentia uma satisfação tão completa. Pensar — refletiu ele em voz alta enquanto o garçom lhe enchia o copo — que foi resolvido o mistério Manderson, que um inocente foi ilibado de culpas e que, para culminar, vejo confirmada a felicidade de Mabel e a sua... tudo num dia só! Bebo à sua saúde, meu querido amigo. — E o Sr. Cupples tomou um gole muito pequeno do vinho.

— Você tem uma natureza magnânima — disse Trent, comovido. — A sua aparência exterior denuncia a imensidão de sua alma. Vê-lo fazer o sacrifício de beber vinho à minha saúde foi algo tão inesperado quanto ver um elefante regendo a orquestra na ópera. Estimado Cupples! Que o seu copo possa conservar sempre esse delicado matiz rosado!... Ah, não, nada disso! — exclamou, surpreendendo uma sombra de desconforto que perpassou no rosto de seu companheiro quando voltou a provar do vinho. — Não tenho o direito de me intrometer nos seus gostos. Peço desculpas. Você terá o que quer, mesmo que isso faça o maître cai duro em seu orgulho.

Quando o Sr. Cupples foi servido com sua bebida monástica e o garçom se retirou, Trent olhou por cima da mesa com uma expressão enfática.

— Neste sussurro de muitas conversações entrecruzadas — disse —, podemos falar tão livremente como se estivéssemos num ermo. O garçom está segredando amabilidades ao ouvido da jovem da caixa. É como se estivéssemos aqui os dois sozinhos. O que é que pensa da entrevista dessa tarde?

Trent começou a jantar. Sem interromper a tarefa de cortar seu carneiro em pedaços muito pequenos, o Sr. Cupples respondeu:

— Em minha opinião, o mais curioso foi a ironia da situação. Nós tínhamos a chave que explicava o ódio daquele louco do Manderson, para o qual Marlowe não encontrava justificativa, considerando semelhante atitude um mistério. Sabíamos da obsessão ciumenta do Manderson; um conhecimento que silenciamos, como convinha, em consideração aos sentimentos de Mabel. Marlowe jamais saberá do que é que era suspeito, aos olhos do morto. Estranho! Arrisco-me a pensar que quase todos nós nos movemos inconscientemente em meio a uma rede de opiniões, muitas vezes errôneas, que as outras pessoas alimentam a nosso respeito. Lembro-me, por exemplo, de ter descoberto por mero acaso, há alguns anos, que um certo número de pessoas de minhas relações acreditava que eu tinha sido secretamente recebido na Igreja de Roma. Essa idéia absurda baseou-se no fato, que aos olhos de muitos pareceu conclusivo, de que eu dissera numa conversa ser favorável ao plano de uma abstinência semanal de carne. A crença de Manderson a respeito do seu secretário assentava, provavelmente, uma base muito mais precária. Acho que foi o Sr. Bunner quem lhe contou sobre a natureza enraizada e, segundo parece, hereditária do ciúme mórbido de Manderson. Quanto à história de Marlowe, pareceu-me inteiramente coerente e, em suas características essenciais, não muito extraordinária, uma vez reconhecido, como certamente devíamos fazer, que no caso de Manderson estávamos lidando com uma mente mais ou menos desequilibrada.

Trent riu alto.

— Pois eu devo confessar que achei o caso impressionante e um tanto incomum.

— Só no desenvolvimento dos detalhes — argumentou o Sr. Cupples. — O que é que há de anormal nos fatos essenciais? Um louco concebe uma suspeita sem pés nem cabeça; arquiteta uma trama diabólica contra aquele que supostamente o ofendeu; a trama envolve a sua própria destruição. Assim postas as coisas, o que é que há aí que qualquer homem com um conhecimento mínimo da conduta dos lunáticos qualificaria de extraordinário?

"Vejamos agora o procedimento de Marlowe. Vê-se numa posição perigosa em que, mesmo sendo inocente, se contar a verdade ninguém acreditará nele e estará perdido. Será essa uma situação inaudita? Ele escapou mediante um audacioso e arguto plano de simulação. Isso é uma coisa que pode acontecer todos os dias, e provavelmente acontece."

E o Sr. Cupples atacou o seu carneiro, agora irreconhecível.

— Eu gostaria de saber — disse Trent, após uma pausa alimentar na conversa — se existe alguma coisa que tenha acontecido sobre a face da Terra e que você não possa representar como inteiramente banal e comum, de acordo com a sua linha de argumentação.

Um sorriso amável iluminou o rosto do Sr. Cupples.

— Não deve suspeitar-me de cultivar paradoxos vazios. A minha intenção ficará mais clara, talvez, se eu mencionar algumas coisas que me parecem essencialmente extraordinárias. Vejamos... Bem, eu chamaria a biografia da *Fasciola hepatica,* que devemos às pesquisas de Poulton, de uma coisa essencialmente extraordinária.

— Não estou em condições de argumentar sobre esse ponto — replicou Trent. — A ciência pode ter sorrido com benevolência ao nascimento humilde da fascíola, mas acontece que nunca ouvi falar dela.

— Talvez não seja um assunto apetitoso, e não falo mais nisso. O que eu queria dizer, meu caro Trent, é que existem coisas realmente notáveis acontecendo à nossa volta se estivermos dispostos a vê-las, e não estaremos atribuindo às nossas percepções nenhuma qualidade invulgar se considerarmos apenas extraordinários aqueles casos que são cercados de uma montanha de detalhes sensacionais.

Trent aplaudiu sinceramente, com o cabo da faca na mesa, quando o Sr. Cupples terminou e se refrescou com um gole de leite com soda.

— Faz anos que eu não o ouvia falar assim — disse. — Acredito que deva sentir-se quase tão orgulhoso a seu próprio respeito quanto eu estou. É um caso perdido de intranqüilidade, a que os homens chamam erradamente prazer. Mas, por mais que tenha gostado de ouvi-lo, não vou ficar aqui impassível ouvindo-o tratar sumariamente o caso Manderson como corriqueiro. Pode dizer o que quiser, mas a idéia de representar o papel de Manderson naquelas circunstâncias foi uma idéia extraordinariamente engenhosa, além de arriscada.

— Engenhosa, por certo! Extraordinária, nem tanto! Naquelas circunstâncias (estas palavras são suas...), não era realmente estranho que a idéia ocorresse a um homem arguto. Era quase certo. Marlowe era famoso por sua imitação da voz de Manderson; tinha talento para representar; tinha a mente de um jogador de xadrez; conhecia intimamente os procedimentos das instituições oficiais. Admito que a idéia foi brilhantemente executada; mas tudo lhe estava favorável. Quanto à idéia essencial, não a coloco, no que se refere à engenhosidade, por exemplo, na mesma classe da idéia de utilizar o recuo numa arma de fogo descarregada para acionar o mecanismo de ejeção e recarga. Admito, entretanto, como reconheci no começo, que a respeito dos detalhes o caso tem aspectos incomuns. Adquiriu um alto grau de complexidade.

— Ele impressionou-o realmente dessa forma? — indagou Trent, em tom sarcástico.

— O caso tornou-se complicado — prosseguiu o Sr. Cupples, imperturbável — porque, depois das suspeitas de Marlowe terem sido despertadas, uma segunda mente sutil veio interferir nos planos da primeira. Essa espécie de duelo acontece com freqüência nos negócios e na política, mas imagino que menos vezes no mundo do crime.

— Eu diria que nunca — replicou Trent. — E a razão é que mesmo o criminoso mais esperto raramente é dado a sutilezas estratégicas. Quando isso acontece ele não é apanhado, uma vez que os policiais perspicazes têm ainda menos sutileza estratégica, se isso é possível, do que os criminosos espertos. Mas essa qualidade bastante profunda parece harmonizar-se muito raramente com a compleição criminosa. Veja o caso de Crippen. Era um criminoso muito esperto, como eles dizem. Solucionou o problema central de todo o homicídio clandestino — o sumiço do cadáver — com extrema perfeição. Mas até onde ele enxergou o desenvolvimento ulterior do jogo? O criminoso e o policial são freqüentemente táticos audaciosos e rápidos, mas nem um nem outro é bom o bastante para elaborar mais do que um plano muito simples. No fim das contas, é uma faculdade rara em qualquer setor da vida.

— Uma reflexão perturbadora subsistiu em meu espírito — disse o Sr. Cupples, que parecia ter desistido, momentaneamente, de mais abstrações — em face do que fiquei sabendo esta manhã. Se Marlowe não tivesse desconfiado de nada e tivesse caminhado diretamente para a armadilha, ele teria quase certamente sido enforcado. E pergunto-me quantas vezes um plano para culpar de homicídio uma pessoa inocente não terá sido bem-sucedido na prática. Existem, imagino, numerosos casos em que o acusado, sendo considerado culpado na base de provas circunstanciais, morreu protestando inocência. Nunca mais voltarei a aprovar uma sentença de morte imposta num caso decidido com base em semelhantes provas.

— Pela parte que me toca, nunca fiz isso — respondeu Trent. — Mandar para a forca em tais casos parece-me uma ilustração do fato de se tomar ao pé da letra o ditado de que "nunca se sabe". Concordo com o jurista americano que declarou que não devemos enforcar um pobre diabo por roubar presunto com base em prova circunstancial, mesmo que o presunto esteja debaixo do nariz dele. Quanto às tentativas feitas por pessoas malignas para atribuir crimes a homens inocentes, isso acontece constantemente, é claro. É uma característica notória, por exemplo, de todos os sistemas de governo regidos pela coerção e o autoritarismo, seja na Irlanda, na Rússia, na Índia ou na Coréia; se a polícia não pode pôr a mão num homem que é considerado perigoso por meios legítimos, recorre aos meios pérfidos. Mas há um caso nos julgamentos de Estado que vem muito a propósito, porque, não só tratou-se de um caso em que se imputou um assassinato a pessoas inocentes, mas também o autor da trama fez, com efeito, o mesmo que Manderson: renunciou à própria vida para garantir a morte de suas vítimas. Provavelmente já ouviu falar do caso Campden.

O Sr. Cupples confessou sua ignorância e apanhou outra batata.

— John Mansfield escreveu uma peça admirável sobre esse caso — disse Trent —, e, se ela voltar a ser encenada em Londres, você deve ir vê-la, se gosta de sentir os nervos em frangalhos. Vi muitas vezes mulheres chorando à socapa no teatro nos momentos mais melodramáticos. Santo Deus! Que acessos de histeria não ocorreriam se elas vissem a peça decentemente representada! Bem, os fatos eram estes: John Perry acusou a mãe e o irmão de terem assassinado um homem, e jurou que os tinha ajudado a cometer o crime. Contou uma história com detalhes e tinha uma resposta para tudo, exceto para o curioso fato de o corpo não ter sido encontrado; mas o juiz, que estava provavelmente bêbedo nessa altura — foi nos tempos da Restauração —, nem quis saber disso. A mãe e o irmão negaram a acusação, mas os três prisioneiros foram considerados culpados e enforcados, unicamente com base no depoimento de John. Dois anos depois, o homem por cujo homicídio eles tinham sido enforcados voltou a Campden. Ele tinha sido seqüestrado por piratas e levado para o mar. O seu desaparecimento dera a John a idéia. O fato é que John, por ter se incluído na acusação, o que equivalia a suicídio, convenceu todos sobre a verdade de seu depoimento. Era por demais óbvio que nenhum homem se entregaria à morte com o objetivo de conseguir a forca para outrem. Ora, é essa exatamente a resposta que a acusação teria dado se Marlowe tivesse contado a verdade. Nenhum jurado entre um milhão acreditaria na trama de Manderson.

O Sr. Cupples refletiu sobre isso por alguns momentos.

— Não tenho a sua familiaridade com esse ramo da história — disse finalmente. — Na verdade, não tenho nenhuma. Mas certas recordações da minha própria infância me afluem em ligação com esse caso. Sabemos, pelas coisas que Mabel lhe contou, qual seria a chamada verdade espiritual subjacente a este caso: a profundidade louca do ciúme e ódio que Manderson escondia. Podemos entender que ele seria capaz de tal maquinação. Mas, por via de regra, é na tarefa de penetrar na verdade espiritual que a administração de justiça fracassa. Por vezes essa verdade é deliberadamente escondida, como no caso de Manderson. Outras vezes, penso eu, é encoberta porque pessoas simples são realmente incapaz de expressá-las, e os outros não a adivinham. Quando eu era um garoto em Edimburgo, todo o país fervilhava de indignação com o crime de Sandyfor Place.

Trent esboçou um aceno de cabeça.

— Sim, o caso da Sra. McLachlan. Ela era inocente, sem dúvida.

— Os meus pais achavam isso — disse o Sr. Cupples. — Eu também achei isso quando tive idade bastante para ler e entender aquela história excessivamente sórdida. Mas o mistério do caso era tão denso e sombrio, e procurar a verdade por trás das mentiras contadas por todos os envolvidos era tão desesperador, que todos ficaram convencidos da inocência de James Fleming. Toda a Escócia tomou partido na questão. Foi objeto de debate no Parlamento. A imprensa dividiu-se em dois campos e manifestava-se com fúria. Nunca vi coisa igual. Entretanto, é óbvio, não é? — estou vendo que você leu o caso —, que, se a verdade espiritual sobre aquele homem tivesse sido conhecida, teria havido muito pouca margem de dúvida no caso. Se o que alguns presumiram sobre o temperamento dele era verdade, ele seria bem capaz de assassinar Jessie M'Pherson e depois jogar toda a culpa na pobre e apatetada criatura que esteve por um triz para sofrer a pena capital.

— Até mesmo um velho caduco como Fleming pode ser um mistério insondável para o resto da raça humana — observou Trent —, sobretudo na sala de um tribunal. A lei certamente não refulge quando se depara com um caso que exige muita delicadeza de percepção. Erra facilmente a respeito dos Flemings da vida. Quanto às pessoas cuja índole leva a se envolverem em processos legais, devem sentir-se como se estivessem numa floresta povoada de símios, quer ganhem, quer percam. Bem, atrevo-me a dizer que é bom que elas tenham seus narizes esfregados na realidade vez por outra. Mas o que teriam feito a Marlowe doze realidades de rostos vermelhuscos, sentadas no reservado do júri? A sua história, como ele disse, teria sido muitíssimo pior do que não ter nenhuma defesa. Não é nem mesmo como se existisse uma única prova em apoio à sua história. Pode imaginar como a acusação a reduziria a pedaços? Não vê o juiz simplesmente ignorando-a quando chegasse o momento de fazer o resumo das provas? E os jurados — acho que você já participou de um júri — rosnando com indignação ante a fragilidade da mentira, dizendo uns aos outros que era o caso mais cristalino de que já tinham tido conhecimento, e que teria sido melhor para ele se não tivesse perdido a coragem num momento de crise e tivesse sumido com o dinheiro e as jóias, como era a intenção inicial. Imagine-se nesse júri, não conhecendo Marlowe, e tremendo de indignação diante do exposto — cupidez, homicídio, roubo, súbita covardia, mentira despudorada, impenitente e desesperada! Ora, você e eu julgamo-lo culpado até...

— Peço perdão! — interrompeu o Sr. Cupples, pousando o garfo e a faca. — Tive sempre o maior cuidado, quando recapitulamos tudo à noite passada, em não dizer nada que indicasse tal crença de minha parte. *Eu* tive sempre certeza absoluta de que ele era inocente.

— Você disse qualquer coisa desse gênero há pouco, na casa de Marlowe. Fiquei imaginando o que você estaria querendo dizer com aquilo. Certeza absoluta de que ele era inocente! Como poderia estar certo disso? Você costuma ser mais cuidadoso com os termos que emprega, Cupples.

— Eu disse "certo" — repetiu o Sr. Cupples peremptoriamente.

Trent encolheu os ombros.

— Se você realmente o estava depois de ter lido o meu manuscrito e de termos discutido o caso todo como fizemos, então só posso dizer que você deve ter renunciado totalmente a confiar nas operações da razão humana; uma atitude que, além de ser um mau cristianismo e também um infernal absurdo, é igualmente, por estranho que pareça, péssimo positivismo, a menos que eu esteja interpretando mal esse sistema. Por que diabo você...

— Deixe-me dizer duas palavras, Trent — interrompeu o Sr. Cupples de novo, juntando as mãos sobre o seu prato. — Asseguro-lhe que estou muito longe de renunciar à razão. Estou certo de que ele é inocente, e sempre estive certo disso, por causa de algo que sei e que sempre soube. Você pediu-me há instantes que me imaginasse fazendo parte do júri no julgamento de Marlowe. Isso seria um exercício estéril dos poderes mentais, porque sei que estaria presente no tribunal numa outra capacidade. Eu estaria no banco das testemunhas, depondo a favor da defesa. Você acabou de dizer: "se existisse uma única prova em apoio à sua história". Existe sim, e é o meu depoimento. E — acrescentou calmamente — é uma prova concludente.

Voltou a pegar no garfo e na faca e reencetou seu jantar com expressão de contentamento.

A palidez da súbita excitação converteu Trent numa estátua de mármore, enquanto o Sr. Cupples se caminhava laboriosamente para a sua declaração irretorquível. Proferida a última palavra, o sangue afluiu de novo ao seu rosto, e Trent desferiu uma palmada na mesa, acompanhada de uma risada contrafeita. — Sim, pode ser! — explodiu. — Foi algo que você imaginou, algo com que sonhou durante uma de suas orgias de leite e soda. Você está realmente querendo me dizer que durante todo o tempo em que eu estive em Marlstone trabalhando para deslindar o caso você sabia que Marlowe era inocente. É isso?

O Sr. Cupples, com a boca ainda cheia de sua última garfada, acenou afirmativamente, os olhos brilhantes. Engoliu, limpou cuidadosamente o bigode ralo e depois debruçou-se sobre a mesa, na direção de Trent.

— É muito simples — disse. — Eu mesmo dei o tiro em Manderson.

— Receio tê-lo surpreendido — ouviu Trent da boca do Sr. Cupples. Fez um esforço para sair de sua estupefação, como um mergulhador que adquire impulso para vir à tona, e com um movimento rígido ergueu o copo. Mas esparramou metade do vinho na toalha, e então voltou a pousar cuidadosamente o copo. Respirou fundo e olhou para o outro com um sorriso isento de qualquer indício de divertimento.

— Continue — disse ele.

— Não foi assassinato — começou o Sr. Cupples, brincando com o garfo sobre a toalha. — Vou-lhe contar a história toda. Naquela noite de domingo, estava dando o meu passeio antes de me deitar, tendo saído do hotel por volta das 10:15. Segui pela vereda que atravessa os campos atrás de White Gables evitando a grande curva da estrada, e desemboquei na estrada quase defronte do portão que fica na altura do oitavo buraco no campo de golfe. Entrei por lá com a intenção de caminhar ao longo do gramado até a beira do penhasco e regressar por outro caminho. Tinha dado apenas alguns passos, quando ouvi o carro aproximar-se e o ouvi depois parar junto ao portão. Vi Manderson imediatamente. Lembra-se de eu lhe ter dito que o tinha visto uma única vez vivo depois da nossa briga defronte do hotel? Bem, foi essa a vez. Você perguntou-me se eu o vira, e eu achei que não era necessário inventar uma falsidade.

Trent articulou um breve resmungo, bebeu um gole de vinho e disse friamente: — Prossiga, por favor.

— Estava, como você sabe, uma noite de lua cheia, mas eu encontrava-me na sombra das árvores e junto ao muro de pedra, e, de qualquer modo, eles não podiam supor que houvesse alguém caminhando por perto. Ouvi tudo o que aconteceu, exatamente como Marlowe nos contou, e vi o carro partir na direção de Bishopsbridge. Não distingui o rosto de Manderson quando partiram, pois ele estava de costas para mim, mas jogou o dorso de sua mão esquerda contra o carro com extraordinária violência, para minha grande surpresa. Depois esperei que regressasse a White Gables, pois não queria encontrar-me de novo com ele. Abriu o portão que eu tinha acabado de transpor e ficou ali, imóvel, no gramado. Tinha a cabeça pendente, os braços caídos ao longo do corpo e parecia como que... rígido. Manteve-se nessa atitude tensa por alguns momentos; depois, de súbito, seu braço direito moveu-se rapidamente, e ele enfiou a mão no bolso do sobretudo. Vi seu rosto erguido contra a claridade do luar, os dentes a descoberto num esgar sardônico, os olhos rebrilhando, e nesse instante percebi que o homem estava louco. Quase tão rapidamente quanto essa idéia cruzou minha mente, algo mais faiscou na claridade lívida da noite enluarada. Ele segurava uma pistola e apontava-a contra o próprio peito.

"Posso afirmar agora que sempre duvidarei que Manderson quisesse realmente matar-se naquele momento. Marlowe, naturalmente, pensa que sim, nada sabendo de minha intervenção. Mas eu acho muito provável que ele pretendesse apenas ferir-se e acusar Marlowe de tentativa de homicídio com roubo.

"Naquele instante, porém, eu supus que era de fato suicídio. Antes de me dar conta do que estava fazendo, eu saltara da sombra e agarrara a arma. Manderson repeliu-me violentamente, com um rugido furioso, desferindo-me um terrível murro no peito e encostando a arma na minha cabeça. Mas consegui segurar-lhe os pulsos antes que ele pudesse disparar e agarrei-os com toda a minha força... você se lembra de como eles estavam arranhados e cheios de equimoses. Eu sabia que estava lutando pela minha própria vida, pois o homicídio estava estampado nos olhos dele. Lutamos como dois animais, sem articular uma só palavra. Eu mantinha a mão que segurava a pistola virada para baixo e impedia que a outra se libertasse. Nunca sonhei que pudesse ter forças para um encontro como esse. Depois, num movimento inteiramente instintivo — nunca tive a menor intenção prévia de o executar —, soltei sua mão livre e apoderei-me rapidamente da arma, arrancando-a de seus dedos. Foi um milagre que não tivesse disparado. Recuei rapidamente alguns passos, e ele lançou-se como um gato selvagem para me agarrar pelo pescoço, e eu abri fogo às cegas contra o seu rosto. Não estava a mais de um metro de distância, suponho. Os joelhos dobraram-se-lhe instantaneamente, e ele despencou como um saco no gramado. Joguei a arma fora e debrucei-me sobre ele. Seu coração parou sob a minha mão. Fiquei ajoelhado e imóvel, tomado de uma indescritível perplexidade; não sei quanto tempo fiquei assim, até que ouvi o ruído do carro voltando.

"Trent, durante todo o tempo em que Marlowe ficou caminhando de um lado para o outro naquele buraco, com o luar batendo em seu rosto pálido e extenuado, eu estava a poucos metros dele, agachado na sombra do tojal próximo do nono monte. Não me atrevia a mostrar-me. Estava pensando. A minha discussão pública com Manderson nessa mesma manhã era, com certeza, motivo de falatório no hotel. Asseguro-lhe que todas as horríveis possibilidades da situação me acudiram à mente quando vi Manderson cair. Meu espírito aguçou-se. Sabia o que tinha a fazer. Devia voltar para o hotel o mais rapidamente possível, entrar sem que me percebessem e representar um papel para me salvar. Nunca dizer uma palavra a quem quer que fosse. É claro, eu estava supondo que Marlowe iria comunicar a todo o mundo que tinha encontrado o corpo. Eu achava que ele iria crer que se tratava de suicídio; pensei que todos suporiam isso.

"Quando, por fim, Marlowe começou a levantar o cadáver, esgueirei-me junto ao muro até atingir a estrada perto da casa do clube, onde ele já não podia ver-me. Senti-me perfeitamente frio e tranqüilo. Atravessei a estrada, pulei a sebe e corri pelo prado a fim de alcançar o caminho por onde tinha ido e que vai dar junto ao hotel, atrás de White Gables. Voltei ao hotel botando os bofes pela boca.

— Os bofes pela boca... — repetiu Trent mecanicamente, de olhos ainda fixos em seu companheiro, como que hipnotizado.

— Bem, eu tinha feito uma boa corrida para quem não é dado a proezas atléticas — lembrou-lhe o Sr. Cupples. — Então, ao me aproximar do hotel pelos fundos, pude ver a saleta de leitura através da janela aberta. Não tinha ninguém; transpus o peitoril da janela, fui até a sineta e toquei, depois sentei-me para escrever uma carta que só pretendia escrever no dia seguinte. Vi pelo relógio de parede que passava um pouco das 11 horas. Quando o garçom respondeu à sineta, pedi-lhe um copo de leite e um selo de correio. Pouco depois subi para o meu quarto. Mas não conseguia dormir.

O Sr. Cupples, nada mais tendo a dizer, calou-se. Olhou com uma ponta de surpresa para Trent, que agora se recostava em silêncio, apoiando o queixo numa das mãos.

— Ele não conseguia dormir — murmurou Trent, enfim, num tom cavernoso. — É o resultado freqüente de um excesso de esforço durante o dia. Nada tem de alarmante. — Calou-se de novo, depois ergueu os olhos, com o rosto pálido. — Cupples, estou curado. Nunca mais me ocuparei de um mistério policial. O caso Manderson será o último caso de Philip Trent. Sua vaidade empolada finalmente quebrou-se sobre ele. — O sorriso de Trent reapareceu-lhe nos lábios. — Podia ter suportado tudo menos essa última revelação da impotência da razão humana. Cupples, nada, absolutamente nada me resta dizer, exceto o seguinte: você me derrotou. Bebo à sua saúde, num espírito de humilhação. E *você* pagará o jantar.

A série de romances policiais *O Creme do Crime* prossegue com *O Último Caso de Trent*, cronologicamente situado entre os dois anteriormente publicados, a meio caminho entre Conan Doyle e Ruth Rendell. É o mais popular romance de E.C. Bentley, recheado de saborosos apontamentos de época, às vésperas da guerra de 1914, mas em que brilha, sobretudo, a argúcia de um dos mais charmosos detetives amadores de toda a ficção policial: Philip Trent, homem de sociedade, artista, jornalista, cujos requintes de bom-gosto só perdem para o talento com que deslinda os mais intricados casos em que se envolve. Em *O Último Caso de Trent*, o leitor é levado através de uma desconcertante sucessão de surpresas até ao esclarecimento da morte de um *tycoon* financeiro, Sigsbee Manderson... esclarecimento que será uma surpresa para o próprio Trent!

O CREME DO CRIME

Jorge Zahar Editor